财务软件应用

Caiwu Ruanjian Yingyong

主　编　邹　燕　李卫东　张　冬
副主编　李　丽　刘海燕　侯爱华

西南财经大学出版社
SOUTHWESTERN UNIVERSITY OF FINANCE & ECONOMICS PRESS

序

金蝶国际软件集团有限公司（www. kingdee. com）是香港主板上市公司（股票代码0268）、中国软件产业的领导厂商、亚太地区管理软件龙头企业。金蝶公司为超过80万家企业和政府组织提供了管理咨询和信息化服务。金蝶K/3ERP产品连续6年被IDC评为中国中小企业ERP市场占有率第一名。

金蝶K/3ERP系统集财务管理、供应链管理、生产制造管理、供应商及客户关系管理、分销管理、人力资源管理为一体，以成本管理为目标、以计划与流程控制为主线，通过目标责任的明确落实、有效的执行过程管理和激励，帮助企业建立人、财、物、产、供、销科学完整的管理体系。

本书详细提供了一个全面了解K/3ERP产品的机会。本书讲解篇从新建K/3账套开始，内容涉及总账、报表、应收应付、工资等模块；应用篇以沙盘为实例，模拟企业实际业务经营并与K/3产品相结合，让读者通过实战演练，更加深入了解K/3 ERP系统的全貌，从总体上把握K/3ERP系统的设计思想和功能主线，并对企业的实际运营业务有更深入的了解。

金蝶国际软件集团有限公司
战略客户与实施管理业务部总监　常青
2010年7月

目 录

讲解篇——金蝶 K/3 财务软件应用

应用篇——企业经营模拟（金蝶 K/3 与用友 U8 财务软件应用）

练习篇

第一章

E时代的财务会计

现在市场的业务环境节奏快、信息量大，每天都有超出以往预计的业务，市场由卖方市场转为买方市场，顾客需求急速变化，产品生命周期越来越短，全球市场的形成使得竞争空前激烈。为了能够在竞争中求得生存和发展，组织需要以全新的方式开展业务。

企业的生产经营方式也有所变化——“福特式”的流水线大批量生产正在被小批量、多批次、种类型号多变的柔性制造系统所取代。企业关注的重点从单纯降低批量成本、提高产品质量、提高效益，转为在有利可图的基础上提高客户满意度这个更为全面、综合的目标。这个目标贯穿于企业的所有生产经营活动，从产品的设计、原材料的采购、产品的制造和销售直到售后服务。

环境的变化也促使组织结构和管理方式发生变化。组织在内部建立多个跨职能领域的团队——设计、生产、销售、采购等方面的专业人员组成一个个小小的团队，产品就由这一个个团队生产出来。为了充分利用团队中每一个人的聪明才智，团队应加强对自身的管理，努力实现组织结构平坦化。

信息系统为用户提供信息产品，以支持组织高效运转。随着组织生存环境的变化，组织的生产经营方式、组织结构等方面也发生了变化，同时，用户对信息的需求和预期也相应有了改变。信息使用者对信息的及时性和决策相关性提出更高的要求，希望得到及时、准确、跨职能领域的信息。而实现这一目标需要将财务信息和非财务信息集成①，提高信息的及时性。

第一节　会计信息系统简介

会计工作的发生和发展，除了受社会经济环境的影响外，还受到信息技术的制约和冲击。这是由于社会化工作中所有的规则都应与其他存在着的客观经济环境相适应，然而这些规则的建立和实施，又都不能超越其在信息技术上实现的可能性；反过来，信息技术的发展也为研制新的会计模型、会计规则创造了必要的环境。

① 信息集成的理论基础实际上是工程思想和系统思想的结合。以用户的信息处理要求为出发点，对系统硬件（设备、地理条件、投资等）和软件（用户管理方式、信息类型、处理方式、实施策略、软件产品、开发产品等）进行综合、联系、统筹、系统的分析和设计。

一、会计信息系统在企业管理信息系统中的作用和地位

会计信息系统（AIS，Accounting Information System）是企业管理信息系统中的一个重要的子系统。会计信息是企业生产、管理决策中使用最多的信息，在现代企业决策中处于中心和主导地位。会计信息系统是一个组织处理会计业务，并为企业管理者和决策者提供财务信息、定向信息和决策信息的实体，它通过收集、存储、加工、传输和利用会计信息，对经济活动进行反映和限制。由于会计是以货币的价值形式反映和监督企业的整个生产经营活动过程的，因此，会计信息系统反映的内容涉及供产销各个环节、企业的每个部门及员工。会计信息系统在企业管理信息系统中的重要地位，是由它本身的特点所决定的。

二、企业会计人员与会计信息系统的关系

会计人员既是会计信息系统的组成要素，又是会计信息系统的管理者。会计人员能确定会计信息系统采用什么样的会计模式，并与信息系统管理者一起制定会计信息系统的运行规程，特别是解决会计信息系统的内部控制问题。会计信息系统服务于会计人员，帮助会计人员更有效地处理有关信息，并向用户提供满足其需要的高质量的会计信息。

此外，会计人员的工作重点还包括对企业各项业务活动及资源利用进行绩效评价，对信息技术和信息系统等新技术的应用风险管理，以及与企业经营、发展战略密切相关的会计决策活动。因此，一方面要求会计人员必须是多面手，比如对会计信息系统的管理，实际上要求会计人员应具备系统分析员的部分素质。另一方面会计人员用到的很多管理方法、手段和模型，其他企业管理人员也会用，只是加工的信息对象有差别，而在信息社会，这些对象对所有的信息用户可能是同样开放的。要使会计这一古老的行业在信息社会有立足之地，就必须大力提高会计人员的素质，特别是应掌握会计信息系统的操作。

三、电子商务对会计信息系统的影响

纵观会计的发展历史，可以看到会计的发展动力主要源于企业经营环境的变化和会计信息使用者对信息需求的变化。这两个方面构成了会计赖以存在和发展的会计系统环境。前者要求会计不断地将新的经济业务反映出来，以体现和强化其会计反映的基本功能；后者则要求会计努力满足信息使用者不断变化的信息需要，以增强会计信息使用者在经济决策中的作用，保持其旺盛的生命力。多年来，上述两方面的变化交织在一起，共同推动着会计向前发展，到21世纪，突出表现为网络技术的发展推动电子商务的发展，而电子商务的发展又推动了会计信息系统的发展。

首先，网络化技术平台的应用，使会计信息获取范围扩大、信息冗余度降低。这不仅提高了会计信息的获取、更新和交换速度，方便地产生电子联机实时报告，还使会计信息更具个性化，阅读更为方便，其客观性、真实性得到提高。其次，电子商务的应用促使这种无纸化输入强化了会计的反映功能，还使“会计确认”程序化。因此，电子商务的网络化和无纸化环境，使会计信息系统处于一个良好的开放性环境中。会

计信息系统能动态地、实时地、快速地、准确地获取、处理和反馈发生在业务环境中的会计信息，这给会计信息系统的改革带来了机遇。因此，开发 Internet/Intranet/Extranet 的网上财务软件，也就是现有的 ERP（Enterprise Resource Planning，企业资源计划）系列财务软件，成了当今的时髦话题，同时也促使会计信息系统得到进一步发展。

第二节 ERP 及软件介绍

ERP 是由美国著名的计算机技术咨询和评估集团 Garter Group 公司提出的一整套企业管理系统体系标准，是指建立在信息技术基础上，以提高企业资源效能为系统思想，为企业提供业务集成运行中的资源管理方案。

一、ERP 简介

ERP 建立在信息技术基础上，以系统化的管理思想，为企业决策层及员工提供决策运行手段的管理平台。ERP 不仅是一个软件，更是一种管理思想，它实现了企业内部资源和企业相关的外部资源的整合。通过软件把企业的人、财、物、产、供、销及相应的物流、信息流、资金流、管理流、增值流等紧密地集成起来，实现资源优化和共享。

企业资源规划的合理运用改变了企业运作的面貌。ERP 通过运用最佳业务制度规范（Business Practice）和集成企业关键业务流（Business Processes）来提高企业利润和市场需求反应速度。同时，企业处在日新月异、竞争激烈的市场环境中，必须不断改变、改善企业的经营模式，提高企业竞争力。仅仅关注于企业内部的流程改善、产品开发和制造水平的提高，已经不能适应现时的市场环境。事实说明，处在现代竞争环境中的企业要想生存和持续发展，就必须与商业合作伙伴充分协调，建立一个具有竞争优势的价值链。

ERP 在应用过程中，常伴随着企业流程再造的实施。ERP 有狭义、广义两种解释。狭义仅指企业内部信息系统；广义是指代表着整合企业内、外部信息的经营管理系统，有些人将其称为扩展 ERP（EERP，Extended ERP）。这是由于产业界将 ERP 当做企业资源计划软件的代名词，因此当市面上的企业资源计划软件扩张功能时，ERP 的意义也随之扩大。所以，ERP 的功能包括基本功能、扩展功能两方面。基本功能是所有 ERP 系统软件必须提供的入门功能，强调将企业“内部”价值链上所有功能活动加以整合；扩展功能则是将整合的触角由企业内部拓展到企业的后端厂商和前端顾客。与后端厂商信息系统进行整合是属于供应链管理（SCM，Supply Chain Management）方面的功能，前端顾客信息系统整合则是属于顾客关系管理（CRM，Customer Relationship Management）和销售自动化（SFA，Sales Force Automation）方面的功能，而最近最受瞩目的则是推出了电子商务（EC，Electronic Commerce）方面的解决方案。

二、ERP 软件及功能

ERP 是 20 世纪 90 年代以来逐渐成熟起来的一种现代企业管理思想。其基本思想是采用计算机对整个企业的采购、库存、生产、销售、财务等企业行为进行有效管理，使企业的各种资源都按计划合理调配，以达到减少浪费、提高企业运行效率的目的。ERP 是将企业所有资源进行整合集成管理，简单说就是将企业的三大流：物流、资金流、信息流进行全面一体化管理的管理信息系统。在全球，有许多软件公司都在为实现更有效的 ERP 流程、开发更适用的 ERP 软件而努力。

ERP 软件的合理运用可以帮助企业实现内部业务操作合理化，同时运用功能丰富的协作/合作技术（Collaborative Technologies）帮助企业提高管理水平，扩展企业竞争空间。电子商务所带来的丰富的企业竞争手段和工具，能够帮助企业更好地运用 ERP 将网络商机和传统信息系统中的企业资源信息有效地结合起来。企业、客户、供应商、交易商和企业员工以前所未有的方式通过网站结合在一起。ERP 应用成功的标志是：系统运行集成化，软件的运作跨越多个部门；业务流程合理化，各级业务部门根据完全优化后的流程重新构建；绩效监控动态化，绩效系统能即时反馈以便纠正管理中存在的问题；管理改善持续化，企业建立起了一个可以不断自我评价和不断改善管理的机制。

1. 基本功能——至少应提供五种基本功能

（1）生产规划（PP，Production Planning）系统：让企业以最优水平生产，同时兼顾生产弹性，包括生产规划、物料需求计划、生产控制及制造能力计划、生产成本计划、生产现场信息系统。

（2）物料管理（MM，Material Management）系统：协助企业有效控制物料，以降低存货成本，包括采购、库存管理、仓储管理、发票验证、库存控制、采购信息系统等。

（3）财务会计（FI，Financial Accounting）系统：提供企业更精确、跨国且实时的财务信息，包括间接成本管理、产品成本会计、利润分析、应收应付账款管理、固定资产管理、一般流水账、特殊流水账、作业成本、总公司汇总账。

（4）销售、分销（SD，Sales and Distribution）系统：协助企业迅速掌握市场信息，以便对顾客需求作出最快速的反应，包括销售管理、订单管理、发货运输、发票管理、业务信息系统。

（5）企业情报管理（IM，Information System）系统：提供决策者更实时有用的决策信息，包括决策支持系统、企业计划与预算系统、利润中心会计系统。

2. 扩展功能

一般 ERP 软件提供的最重要的四种扩展功能是：供应链管理（SCM）、顾客关系管理（CRM）、销售自动化（SFA）和电子商务（E－commerce）。

（1）供应链管理（SCM，Supply Chain Management）。它是将从供应商的供应商到顾客的顾客中间的物流、信息流、资金流、程序流、服务和组织加以整合化、实时化、扁平化的系统。SCM 系统可细分为三个区隔：供应链规划与执行、运送管理系统、仓储管理系统。

（2）顾客关系管理（CRM，Customer Relationship Management）和销售自动化（SFA，Sales Force Automation）。这两者都是用来管理与顾客端有关的活动。顾客关系管理系统指能从企业现存数据中挖掘所有关键的信息，以自动管理现有顾客和潜在顾客数据的系统；销售自动化系统指能让销售人员跟踪记录顾客详细数据的系统。CRM

及 SFA 都是强化前端的数据仓库技术，其通过分析、整合企业的销售、营销及服务信息，协助企业提供更客户化的服务，改善企业与顾客间的关系，给企业带来更好的销售机会。

（3）电子商务（EC，E－commerce）。产业界对电子商务的定义存在分歧。电子商务一般是指具有共享企业信息、维护企业间关系、产生企业交易行为三大功能的远程通信网络系统。有学者进一步将电子商务分为企业与企业间、企业与个人（消费者）间的电子商务两大类。

ERP 软件在发达国家的企业中使用非常普遍。据《计算机世界报》报道，全球经济 500 强企业中有超过 80% 的企业使用 ERP 软件来管理企业活动，中小型企业使用 ERP 软件的比例也相当高。

三、国外 ERP 软件简介

目前世界上的 ERP 主要供应商，通常认为是 SAP，Oracle，PeopleSoft，JD Edwards 和 Baan 等（见表 1－1）。这些开发商的实力雄厚，具备丰富的管理领域咨询经验和足够的项目实施和服务能力。本书在软件实务操作部分重点讲的就是 SAP 软件财务会计子模块。

表 1－1　　全球 ERP 主流软件排名

	软件名	软件公司	公司总部	成立时间	产品套件
1	SAP	SAP	德国沃尔多夫	1972 年	R/3
2	Oracle	Oracle	美国加州	1977 年	Oracle Applications
3	JDE	J D Edwards	美国科罗拉多州	1977 年	One World、Genesis、World Software、World Vision
4	Baan	Baan	荷兰	1978 年	Baan ERP
5	SSA	SSA	美国芝加哥	1981 年	BPCS
6	Symix	Symix	美国俄亥俄州	1979 年	SyteLine
7	QAD	QAD	美国科罗拉多州	1979 年	MFG/PRO
8	FOURTH SHIFT	FOURTH SHIFT	美国明尼阿波利斯市	1982 年	Fourth Shift
9	CA	Computer Associates	美国纽约长岛	1976 年	MANMAN/X

1. SAP——功能强劲

最初，IBM 德国分公司的四个工程师提议建设一个新的应用系统，但被 IBM 否决，于是他们成立了自己的公司，即 SAP 的前身。SAP 目前是全球最大的企业管理和协同化电子商务解决方案供应商、全球第三大独立软件供应商。SAP 在 50 多个国家拥有 29 000多名员工，在 120 多个国家和地区拥有 18 800 多家客户、56 000 多个系统安装点以及1 000多万最终用户。世界500强中80%以上的公司都在使用SAP的管理解决方案。SAP早在20世纪80年代就同中国的国营企业合作，并取得了成功。1994年底，SAP在北京建立了代表机构，1995年正式成立SAP中国公司，1996年、1997年陆续设立上海和广州分公司。作为中国ERP市场的绝对领导者，SAP的市场份额已经达到30%，年度业绩以50%以上的速度递增。SAP在中国还有众多的合作伙伴，包括IBM、HP、Sun、埃森哲、毕博、德勤、凯捷安永、欧雅联盟、汉思、东软、高维信诚、联想汉普、神州数码等。

SAP的主打产品R/3是用于分布式客户机/服务器环境的标准ERP软件，其主要功能模块包括销售和分销、物料管理、生产计划、质量管理、工厂维修、人力资源、工业方案、办公室和通信、项目系统、资产管理、控制、财务会计等。R/3适用的服务器平台是：Novell、Netware、NT Server、OS400、Unix；适用的数据库平台是：IBM DB2. Informix、MS SQL Server、Oracle ；开发平台是：ABAP/4语言（SAP特有）和开放的Java平台；支持的生产经营类型是：按订单生产、批量生产、合同生产、离散型生产、复杂设计生产、按库存生产、流程型生产。其用户主要分布在航空航天、汽车、化工、消费品、电器设备、电子、食品饮料等行业。

R/3系统具有广泛的功能性和高水准的集成性，可以满足全方位的商务需求，其中包括财务管理、销售与分销、物料管理、生产计划、人力资源五大功能模块。

（1）财务管理（FICO，Financial Accounting & Cost Management，财务会计与成本管理）。SAP的财务模块是SAP集成链中的核心部分，它由财务会计（FI）子模块和成本会计（CO）子模块构成。财务会计子模块主要介绍了财务记账的基本设置和记录财务数据的主要流程，是了解财务实务的基础。它可提供应收、应付、总账、合并、投资、基金、现金管理等功能，这些功能可以根据各分支机构的需要来进行调整，并且往往是多语种的。同时，科目的设置会遵循任何一个特定国家的有关规定。

成本子模块包括利润及成本中心、产品成本、项目会计、获利分析等功能。它不仅可以控制成本，还可以控制公司的目标，另外还提供信息以帮助高级管理人员作出决策或制定规划，是分析企业经营情况的工具。

SAP财务系统是一个集成的高效商务管理系统，可以适应各公司瞬息万变的财务状况。作为一个现代化的、国际性的会计软件，SAP FI模块将各个会计组件的数据有机结合，提供全面、系统的报告。并且，SAP FI模块的数据透明性和用户友好性都达到了很高的水平，使制定财务决策的工作变得更轻松有效。

（2）销售与分销（SD，Sales and Distribution，销售与分销）系统是处理订单任务的可靠工具。一旦输入销售订单，SAP SD系统便会立即更新所有相关的部分。这种实时联机信息存取的好处是：能节省大量时间，使业务员能够集中精力处理新收到的订单。

（3）物料管理（MM，Material Management，物料管理）。该系统可为用户提供最令人满意的功能。

（4）生产计划（PP，Production Planning），包括资源管理（Resource Management），配方管理（Recipe Management）、过程计划（Process Planning）、过程管理（Process Management）、生产信息管理（Production Information Management），以及Links to LIMS，PCS，DMS 与 LIMS、PCS 和 DMS 的链接等。

（5）人事管理（HR，Human Resource），包括人事管理（Personnel Administration）、招聘（Recruitment）、时间管理（Time Management）、薪金核算（Payroll Accounting）、差旅费核算（Travel Expense Accounting）、组织管理（Organizational Management）、人事发展（Personnel Development）、培训和事件管理（Training and Event Management）、人事成本规划（Personnel Cost Planning）、轮班规划（Shift Planning）等。

R/3 的功能涵盖了企业管理业务的各个方面，这些功能模块服务于各个不同的企业管理领域。在每个管理领域，R/3 又提供进一步细分的单一功能子模块，例如财务会计模块包括总账、应收账、应付账、财务控制、金融投资、报表合并、基金管理等子模块。SAP 所提供的是一个有效的标准而又全面的 ERP 软件，同时软件模块化结构满足了数据单独处理的特殊方案需求。

目前，排名世界 500 强的企业大多使用的都是 SAP 的软件产品。因 R/3 的功能比较丰富，各模块之间的关联性非常强，所以它不仅价格偏高，而且实施难度也高于其他同类软件。R/3 适用于那些管理基础较好、经营规模较大的企业，而普通企业选择 R/3 时，需要充分考虑软件的适用性和价格因素。

2. Oracle——高度集成

Oracle（甲骨文）公司是全球最大的应用软件供应商，其主打管理软件产品 Oracle Applications R11i 是目前全面集成的电子商务套件之一，能够使企业实现经营的全面自动化。Oracle 企业管理软件的主要功能模块包括销售订单管理系统、工程数据管理、物料清单管理、主生产计划、物料需求计划、能力需求管理、车间生产管理、库存管理、采购管理、成本管理、财务管理、人力资源管理、预警系统。Oracle 适用的服务器平台是：DEC Open VMS、NT、Unix、Windows 95/98；数据库平台是：Oracle；支持的生产经营类型是：按订单生产、批量生产、流程式生产、合同生产、离散型制造、复杂设计生产、混合型生产、按订单设计、按库存生产。其用户主要分布在航空航天、汽车、化工、消费品、电器设备、电子、食品饮料等行业。

Oracle 凭借“世界领先的数据库供应商”这一优势地位，建立起构架在自身数据之上的企业管理软件，其核心优势就在于它的集成性和完整性。用户完全可以从 Oracle 公司获得任何所需要的企业管理应用功能，这些功能集成在一个技术体系中。如果用户想从其他软件供应商处获得 Oracle 所提供的完整功能，很可能需要从多家供应商分别购买不同的产品，这些系统分属于不同供应商的技术体系，由不同的顾问予以实施，影响了各个系统之间的协同性。对于集成性要求较高的企业，Oracle 无疑是理想的选择。但企业如果对开放性要求较高，Oracle 显然无法胜任。

3. JDE——适宜“大批量生产”

JDE 系统是一套用于企业商务解决方案的软件产品。其模块包含制造业、分销业、财务、人力资源管理。其中，制造业部分由产品数据管理、厂房设备维修、车间控制、主生产计划、物料需求计划、能力需求计划等模块所组成；分销业部分由预测、需求计划、库存管理、销售订单处理、销售分析、采购订单处理、分销资源计划、仓库管理、电子数据交换①（EDI, Electric Data Interchange）模块所组成；财务部分由总分类账和基础财务、财务模式、预算和分配、应收账、应付账、现金账、多国通货账、固定资产等模块组成。

JDE 适用的服务器平台有：NT、OS/400、Unix、Digital VMS；适用的数据库平台是：IBM DB2. MS SQL Server、Oracle；支持的生产经营类型是：按订单装配、批量生产、按订单设计、合同生产、离散型生产、按订单制造、按库存生产、混合型生产、连续型生产、大批量生产。其用户主要分布在汽车、化工、消费品、电器设备、电子、食品饮料、工业品、金属加工、制药等行业。

JDE 最早是适用于制造业的 MRPII 系统，后来发展成为适用于制造业、金融、分销、建筑、能源、化工、房地产及公用事业方面的商务软件。JDE 的用户遍及世界 35 个国家和地区，销售额也一直高居世界 ERP 软件供应商排名前五位。

JDE 在系统稳定性和运行速度上有优异表现，特别适用于大量生产型的工业企业，而且实施总成本不高。JDE 是完全基于 IBM AS/400 小型机开发的，在其他通用系统上的运行效果不理想。目前 JDE 也在向其他平台扩展。

BaaN

4. Baan——实现“动态企业建模”

Baan 是一个为项目型、流程型和离散型产业供应链提供 ERP 系统和咨询服务的公司。Baan 的软件家族产品支持企业一系列的业务过程，其中包括制造、财务、分销、服务和维护业务。此外，Baan 公司还提供 Orgware——一套组织工具和软件工具，它能帮助企业减少实施时间和成本，实现对系统的不断改进。Baan ERP 适用的服务器平台是：NT、OS/400、Unix、Windows 95/98、IBM S390；适用的数据库平台是：IBM DB2. Informix、MS SQL Server、Oracle；支持的生产类型是：按订单设计、复杂设计生产。其用户主要分布在航空航天、汽车、化工、工业制造等行业。

Baan 通过 Orgware 系统件作为企业建模工具，以保证企业灵活运用软件，它强大的功能能满足企业目前的实际需求，也能满足企业将来的需求。Orgware 把公司本身的业务处理流程作为输入，以标准的企业模型为参考，很快地配置系统来满足企业的需要和特殊要求。这样，企业的 Baan 应用系统的模型就会快速、顺利地被确定下来。业务流程重组（BPR）不力往往是影响 ERP 实施的重要因素。Baan 的动态建模思想和技术不仅有利于保障企业成功实施 ERP 系统，而且便于企业今后依据管理需要重新构建业务框架。业务流程重组有困难或者预计将来业务流程会发生改变的企业，选择 Baan 有利于成功运用 ERP 系统。

5. SSA——为用户量体裁衣

SSA 向用户提供的 BPCS（Business Planning and Control System，商业计划与控制系

① EDI（Electrononic Data Interchange，电子数据交换）是一种以电子方式交换数据的技术，简单说，就是将业务文件按一个公认的标准从一台计算机传输到另一台计算机的电子传输方法。由于 EDI 在商务活动中大大减少了纸张票据的使用，所以通常也被称为“无纸贸易”或“无纸交易”。

统）套件包括财务、分销、制造三大部分，能满足企业在这三个管理领域的大部分需要。BPCS 适用的服务器平台是：OS/400、Unix；适用的数据库平台是：Informix、Oracle；支持的生产类型是：按订单生产，按库存生产，批量生产，连续型、混合型、离散型生产。其用户主要分布在汽车、化工、消费品、离散型、电器设备、电子、食品饮料、机器制造、金属加工、制药等行业。

SSA 的 BPCS 系统的设计具有巧妙的功能和极大的使用弹性，各模块均包含许多用户自定义参数设计功能，可将系统加以裁剪组合，以符合用户的特殊需求。

和 Baan 一样，SSA 为用户设计了快速实施系统方案，以减少实施的时间成本和风险成本。由于 BPCS 强大的自定义功能，使实施 BPCS 的用户无需放弃原来的工作模版，只需根据用户的实际工作情况来裁剪组合系统，以便短时间内上线运用。“我们的软件是为快速实施所设计”、“我们保持着极短的时间——效益期”，这是 SSA 打动用户的独特卖点。

6. Symix——实现客户价值

Symix 是在微机服务器上开发 MRPII 软件的第一家软件公司。Symix 提供的软件产品 SyteLine 套件包含的主要功能模块有：总账、应收款系统、应付款系统、订单管理、采购管理、库存管理、资产管理、预算管理、成本管理、生产计划。Symix 适用的服务器平台是：NT，Unix；适用的数据库是：Progress、Oracle；支持的生产类型是：按订单生产、按库存生产、离散型生产。其用户主要分布在汽车制造、电子电器、机械制造、金属加工等行业。

以客户为中心的商业模式在这几年越来越受到重视，CRM（Customer Relationship Management，客户关系管理）软件便应运而生，并逐步成为企业信息化建设的焦点。虽然 CRM 这一思想并不是 Symix 提出的，但 Symix 却将“以客户为中心”的生产经营理念最大限度地融入到软件中。

大多数 CRM 软件关注的是以客户为中心的营销服务工作，而 Symix 的 CSRP（Customer Synchronized Resource Planning，客户同步资源计划）系统更是以客户为导向，系统地组合企业各项生产经营资源，因此 Symix 自称 CSRP 是超越 ERP 的新型管理思想和软件系统。对于外部市场环境变化较快，或者完全根据客户需求生产的企业，选择 Symix 能较好地实现客户需求拉动式生产。

7. QAD——构建虚拟工厂

QAD 的软件产品 MFG/PRO 系统包含分销、制造、财务三大类别 36 个主要功能模块。QAD 适用的服务器平台是：NT、Unix；适用的数据库平台是：Progress、Oracle；支持的生产类型是：离散型及连续型生产、成批生产、备货生产、按订单生产和重复生产。其用户主要分布在电子工业、汽车制造、医药工业和消费品工业等行业。

以戴尔和阿迪达斯为代表的虚拟工厂经营模式，在以信息技术为主的新经济时代有着特殊的经营优势。QAD 的供应链管理系统就是用来帮助建立虚拟工厂的，这个“工厂”将涉及的不同研发者、供应者、装配者、包装者和批发者组织起来，使它们与客户要求保持一致，然后工厂在产品上标以统一商标并获得利润。QAD 集成的分布式 MFG/PRO 系统能运行于虚拟工厂的整个经营管理过程，以便使“工厂”将其客户与他们自己很好地结合起来，然后再与供应商以及供应商的供应商联系在一起。MFG/PRO

系统可以设置成一台机器多个数据库、多台机器单数据库、一台机器分开的数据库、多台机器分散的数据库。这种灵活的数据库配置，可以实现任意数目的用户机同时存取任意数目的数据库服务器，以确保虚拟工厂在不同地区、不同信息环境下协同运作。

8. Fourth Shift——简便实用的“四班”

Fourth Shift（四班）公司成立于1982年，总部位于美国明尼阿波利斯市。Fourth Shift软件包含40多个管理模块，覆盖生产、采购、销售、客户服务等集成子系统。其适用的服务器平台是：Novell Netware、NT、Windows 95/98；适用的数据库平台是：MS SQL Server；支持的生产类型主要是：离散型生产、按订单生产，也可用于流程式连续生产型企业。其用户主要分布在日用消费品、电子电器、计算机行业。

Fourth Shift是一套适于中小制造企业应用的软件系统，其功能虽然不如SAP的软件丰富，但基本符合中小企业在生产管理、物流管理、财务管理等方面的需求，而且具有简便实用、成本低廉、实施期短（一般3~6个月完成实施）等特点。虽然Fourth Shift在世界管理软件销售排名上不是很靠前，但在中国及其他亚太地区的市场上表现不俗。这与Fourth Shift符合这些地区大部分企业的实际需求，以及Fourth Shift一直以来在产品和服务本地化方面所做的努力不无关系。

目前Fourth Shift的财务会计系统已经通过中国财政机构符合中国会计管理制度的评审。中小制造企业特别是离散型制造业在选择企业管理软件时，Fourth Shift可以作为首选对象。

9. CA——兼容并包

CA（Computer Associates）公司是以开发大型机软件起家的软件产品公司，由美籍华人王嘉廉于1976年创立。CA的产品家族非常庞大，MANMAN/X是其提供的一个完整的制造业管理系统。该系统由制造、工程、财务、销售与售后服务、系统工具五大部分组成，其中每一部分又由各功能模块构成。例如，制造部分中包含了基础资料、库存管理、计划（MPS，MRP，CRP）管理、采购管理、车间控制和成本会计部分。MANMAN/X不受工作平台或操作系统环境的限制，适用于Oracle、INGRES等各种关系型数据库并附带专有数据库系统。

CA软件最大的特点在于其兼容并包的通用性和开放性。由于开放、模块化结构，MANMAN/X完全独立于计算机软/硬件环境，即允许选择能最好工作的平台，而它适用的数据平台也非常广泛。同时，该系统能满足用户各种生产经营类型的要求，包括各种制造方法单独的或任何组合的应用，可以满足用户的许多特定需求。MANMAN/X提供的修改菜单和屏幕，以及自动生成应用程序的客户化开发工具，使用户具备了对迅速变化的市场和管理需求作相应调整的能力。

与Oracle一样，CA提供给企业的是一个全面而完整的管理解决方案，企业办公及经营管理所涉及的软件产品，几乎都能从CA的软件家族中找到。与Oracle不同的是，CA具有软件产品领域的广泛性和软件本身的开放性。CA兼容并包的风格不仅体现在软件产品上，而且体现在企业经营上。

四、国内的ERP软件

国内的ERP产品（见表1-2）面市比国外ERP产品要晚十年以上。国内的ERP

软件来源于：一是财务软件厂商在面临该市场发展势头减弱而寻找新增长点的诉求时转型而开发的ERP产品，强调进、销、存，在账务处理和财务分析方面优势明显，比较有名的有用友、金蝶、和佳等；二是厂商在国外ERP软件基础上结合国内企业实际情况直接开发的ERP产品，如北京利玛的CAPMS/95、北京开思ERP。下面对目前国内市场上比较有名的ERP产品进行介绍。

表1-2　　　　　　　　　　国内主流ERP软件一览表

	软件名	软件公司	公司总部	成立时间	产品套件
1	U8	用友软件	北京中关村	1988年	U8，UFERP
2	K3	金碟软件	深圳	1993年	K3，EAS
3	浪潮	浪潮通软	大连	1992年	浪潮
4	和佳ERP	和佳软件	北京	1978年	和佳ERP
5	开思	新开思信息技术	深圳	2000年	开思ERP
6	利玛	利玛信息技术	北京	1994年	利玛CAPMS 8

UFIDA用友软件

1. 用友U8 & UFERP

用友公司以财务软件系统开发为主，是目前中国最大的财务及企业管理软件开发供应商，亦是目前中国最大的独立软件厂商。在中国，用友软件的使用用户有中华人民共和国民政部，中国烟草总公司四川省分公司、中国长江电力股份有限公司、中国建筑一局（集团）有限公司、福建南平南孚电池有限公司、广东珠江投资有限公司、中国广东核电集团有限公司、深圳卷烟厂、特步（中国）有限公司、北京控股集团有限公司、新疆天业集团有限公司等。

（1）用友U8。用友U8是公司推出的面向企业管理的通用解决方案，其系列产品充分考虑了企业需求，推出了面向商业企业的U8管理软件、面向离散型制造业的U8制造，同时针对集团企业的分销，还开发了用友分销网络。系统采用模块化设计，各模块之间采用标准接口，同时模块划分很细，其中U8管理软件，采购、库存、销售均可单独购买，这样企业可以根据自己的需求选择所需模块。

U8生产制造套件按照企业典型组织架构和业务流程划分功能与结构。系统共有资料、规划、营销、供应、生产与财务六大子系统，可以帮助企业实现以MRP为核心，企业信息流、物流、资金流的统一管理。U8通宝财务报表专家分析，通过对财务报表的深入分析，为企业经营者进行决策提供有价值的帮助。同时，U8系列还为利用分支机构或者渠道伙伴实现产成品销售的制造类或者商贸类企业提供了基于B/S结构的网络分销系统，为其原有ERP系统的分析模块提供准确、及时的基础数据，实现对分支机构的销售过程的实时监控。

在功能完善的基础上，U8系列还为用户提供了很多个性化设置。U8系列提供了Windows、Outlook、流程图式等几种风格界面，供用户随意切换选择；同时，还为用户提供了系统级和使用者级两级客制化系统，使用起来相当灵活。

(2) 用友 UFERP。用友 UFERP 产品包括五大子系统：供应链系统、人力资源系统、决策支持系统、生产制造系统、财务系统。UFERP 适用于大型、集团型企业分布式、体系化的管理模式，并能满足企业的跨国、跨地区应用。其特点如下：

① 实现集团财务体系化管理，解决远程监控问题；建立集团投资中心，加强资金管理；树立成本中心、利润中心概念，强调预算管理与费用控制，全面提供从核算到管理到决策三个层次的内容。

② 以客户关系管理（CRM）为核心内容，通过供应商看板管理（KANBAN）加强与供应商的联系，降低采购与库存成本；通过分销资源计划（DRP）优化、畅通销售渠道，最大限度地减少产品积压，实现整个供应链的增值。

③ 突破传统静态人事档案管理的局限，强调员工能力优化与绩效考核管理，提倡构建学习型组织，完善知识管理。

④ 利用数据仓库技术和在线分析工具（OLAP）为企业决策人提供强有力的分析依据。

⑤ 浏览器/服务器（B/S）体系结构，全面支持 Internet/Intranet/Extranet。

⑥ 应用 JAVA 技术，实现与电子商务和办公自动化系统的整合应用。

⑦ 分布式处理技术，减少系统部署和维护费用，降低系统整体拥有成本（TCO，Total cost of ownership，总拥有成本）。

⑧ 适用多种操作系统平台（Windows NT 、Unix、Netware 等）。

⑨ 提供全面的行业应用模型，客户端采用浏览器操作界面，操作便捷，易学易用。

Kingdee

2. 金蝶 K/3

金蝶国际软件集团是中国目前最大的独立软件开发商之一，也是中国最大的企业管理软件及电子商务应用解决方案供应商。K/3 ERP 企业管理软件是金蝶国际软件集团 1999 年 4 月推出的 ERP 系统产品。

K/3ERP 系统主要由三大子系统组成：K/3 财务管理系统、K/3 工业管理系统、K/3商贸管理系统。三大子系统包括供应链管理（SCM）、客户关系管理（CRM）、价值链管理（VM）、知识管理（KM）四个功能管理系统，涉及供应市场、消费市场、资本市场、知识市场四个企业外部环境的信息管理，共有 22 个应用模块及 10 个具有网络功能的应用模块。其中，K/3 财务管理系统突出面向中、大型企业和集团型企业用户的应用功能，K/3 工业管理系统适用于不同规模的工业企业的控制与管理，K/3 商贸管理系统则针对商业企业。

K/3 ERP 抓住企业物流和资金流两条主线，集成对企业物流、资金流、信息流的业务和财务管理功能，优化企业内部管理和控制的职能，帮助企业实现基础化的管理，提出和推行完善的"数据—信息—决策—控制"的企业管理解决方案。同时，K/3 ERP 支持基于 Internet 的 Web 应用，完全满足基于浏览器的软件应用，能满足企业电子商务发展的需要。

3. 浪潮通软

浪潮通软公司现已发展成为中国著名的企业管理软件、分行业 ERP 和咨询服务供应商。公司在咨询服务、IT 规划、软件及解决方案等方面具有强大的优势。浪潮针对不同流程生产类行业提供了多种行业版。通软 Prolution 集中式集团管理软件是面向多单位集团版 ERP 系统，主要包括会计核算系统、资金结算系统、财务预算系统、财务分析、报账系统、物流管理、基于 WEB 的对账中心、报表/报表汇总/报表合并、基于 WEB 的标准管理系统、中央控制系统、中央备份、基于 Web 的财务查询系统等模块。其核心思想是财务集中式管理。

对集团下属单体企业业务管理，则提供了物流和生产以及人力资源管理方面的业务模块，实现与企业财务数据的对接，在企业内部形成了闭环的业务系统。其强大的外挂式接口，可同时满足用户应用其他不同类型产品的合理对接。

该软件采用一体化设计，有很强的数据共享能力，能保持数据一致性，并采用用户层、应用层、数据库管理层、数据库系统层、操作系统层五层安全架构，以提高管理的安全性。

系统根据实际情况将企业生产方式划分为可靠型生产方式、可预见型生产方式及敏捷型生产方式，根据企业的不同发展阶段，提出统一规划、逐步升级的发展模式，由财务管理、物流管理开始，继而是质量管理和生产管理，最后是供应链管理与客户关系管理，逐渐实现 ERP 应用。

4. 和佳 ERP

和佳软件技术有限公司是国内管理软件行业知名的高科技企业，是一家从事 ERP 系统实施的软件公司，专业从事大型应用软件的开发、销售及服务工作，为国内外用户提供高质量的管理软件产品和全方位技术服务。

“和佳 ERP”现代企业资源计划管理系统，是由北京和佳软件技术有限公司开发的一套企业管理通用软件包，采用了现代化企业管理理论和管理方法，并充分考虑了国内企业的实际情况和具体条件，采用特殊计算方法，使这一套 ERP 系统可以适用于离散型和流程型的多种行业。其软件包可以运行在 Windows NT、UNIX 以及 IBM 小型机 AS/400 平台上，前端界面为 Windows 95/98，所使用的开发工具为 PowerBuilder，数据库采用 Sybase、MS SQL Server 或 DB2。

和佳 ERP 功能完善，使用灵活，采购系统采用比质比价方法，系统包括销售、生产、采购、库存、成本管理、财务、质量管理和经营决策等将近 30 个子系统，而且可以与其商务办公软件无缝连接；其次，系统采用模块化设计，各模块既可单独使用，又可以组合起来使用，还可根据企业的特定需要，方便地进行二次开发。另外，系统在采购管理过程中采用比质比价方法，有利于降低采购成本；运用软件提供的作业工序成本计算方法，能够找到生产过程中的成本不合理之处，达到分析和控制的目的。

和佳 ERP 系统支持多单位集团式管理，支持大中型企业集团的统一销售、统一采购、统一供应、统一协调、统一资金运作；系统操作灵活、简便，实用性较强；用户界面设计统一友好；技术文档、用户手册较齐全；提供联机帮助，方便用户使用。

NEWCASE NEWCASE®

5. 开思 ERP

开思 ERP 涉及企业人、财、物、产、供、销、预测、决策等多方面的管理工作，包括采购、库存、销售、生产、财务、成本会计、人事管理和经营决策等 28 个子模块。每个模块都具有强大的功能，而模块之间又是相互关联的。开思 ERP 不仅适用于单件生产、多品种小批量和大批量流水生产，以及它们的混合制造模式的电子、轻工、机械、食品、服装、医药等各类制造企业，而且也适用于批发、零售、服务等商业企业。开思 ERP 具有以下特点：

（1）先进的系统设计模式，在产品设计上融合了传统的 MRP、JIT、TQC 等方法。

（2）允许企业自由选取、分步骤实现。

（3）高度集成化和模块化相结合，各模块数据相互关联，运转流畅，各子系统使用的是共享的一套数据。

（4）充分考虑企业未来发展，为系统未来的扩展留有充分的设计和数据接口。

（5）支持多工厂集团式管理模式，总公司与分公司、总厂与分厂等形式的多单位集团化管理模式。

（6）全面支持多币种处理。

（7）严格的安全控制管理，可以对每个程序、每个数据文件进行操作权限定义，实现多级安全控制。

（8）丰富灵活的查询和报表功能，用户可以多角度方便地查询所需了解的信息，同时为企业提供更加丰富的分析决策功能。

（9）灵活、简便、实用性强的操作界面。

6. 利玛 CAPMS 8

利玛 CAPMS 8 系统，是基于敏捷供应链管理思想的 ERP，它是在 MRP Ⅱ（制造资源计划）系统基础上发展起来的。该系统除了对企业内部制造资源进行全面规划和优化控制外，还通过计算机网络把企业生产经营过程的合作伙伴，如供应商、分销商、客户等的资源和能力集成起来，充分调动企业所有可利用的资源，把企业之间的竞争转化为供应链之间的竞争。

利玛 CAPMS 系统软件具有一系列强大的功能，包括八大系统，各系统下又有诸多模块，如物料管理系统、生产管理系统、财务管理系统、制造资源管理系统、质量管理系统、供需链管理系统、决策支持管理系统、CIMS 集成管理系统。利玛 CAPMS 8 系统有以下特点：

（1）在标准 MRP Ⅱ、企业供应和销售管理、生产计划和控制系统基础上增加诸如质量、工具、人力资源、供应链管理、条形码数据采集等功能。

（2）具有直观的图形用户界面，丰富的联机帮助。

（3）有充分的可扩展性和可移植性，能满足不同行业、不同规模企业的需求。

（4）灵活性。CAPMS 系统是由一系列管理模块所组成，既可以单独使用，也可以集成在一起作为一个整体来使用，以满足不同规模企业的需求。

（5）集成性。CAPMS 系统设有许多接口，可与其他应用软件进行集成，为用户的系统提供了一个可扩展的空间。

（6）开放性。CAPMS 系统是开放性管理软件，具有先进的客户/服务器和浏览器/服务器的混合体系结构。独立于硬件平台，可在流行的微机、小型机、中型机上运行，能有效保障用户利益。

此外，国内的 ERP 软件还有神州数码管理系统有限公司推出的易飞 ERP，东软金算盘软件有限公司开发的 Gasoft 8E/ERP，金航数码科技有限责任公司开发的“AEPCS 现代企业计划与控制系统（Advanced Enterprise Planning and Control System）”，北京南北天地科技有限公司专门针对中国外贸企业所开发的南北外贸 ERP 管理系统，北京安易软件有限责任公司开发的“安易 2000 ERP”软件，北京和利时系统工程股份有限公司开发的 HS2000ERP 等。

第三节　ERP 软件财务模块主要内容介绍

在企业中，一般的管理主要包括三方面的内容：生产控制（计划、制造）、物流管理（分销、采购、库存管理）和财务管理（会计核算、财务管理）。这三大系统本身就是集成体，它们互相之间有相应的接口，能够很好地整合在一起来对企业进行管理。此外，随着企业对人力资源管理的逐渐重视，已经有越来越多的 ERP 厂商将人力资源管理纳入 ERP 系统。

在企业中，清晰分明的财务管理是极其重要的，所以在 ERP 整个方案中它是不可或缺的一部分。虽然全球各国使用的财务准则不尽相同，但是财务会计核算、监管的流程都有相似之处。

一、ERP 财务模块内容简介

ERP 中的财务模块与一般的财务软件不同，作为 ERP 系统中的一部分，它和系统的其他模块有相应的接口，能够相互集成。比如，它可将由生产活动、采购活动输入的信息自动计入财务模块生成总账、会计报表，免去了输入凭证的繁琐过程，几乎替代了以往传统的手工操作。一般的 ERP 软件的财务部分分为会计核算与财务管理两大块。

1. 会计核算

会计核算主要是记录、核算、反映和分析资金在企业经济活动中的变动过程及其结果。它由总账、应收账、应付账、现金管理、固定资产核算、多币制等部分构成。

（1）总账：记账凭证输入、登记，输出日记账、一般明细账及总分类账，编制主要会计报表。它是整个会计核算的核心，应收账、应付账、固定资产核算、现金管理、工资核算、多币制等各模块都以其为中心来互相传递信息。

（2）应收账：是指企业应收的由于商品赊欠而产生的正常客户欠款账。它包括发票管理、客户管理、付款管理、账龄分析等功能。它和客户订单、发票处理业务相联系，同时将各项事件自动生成记账凭证，导入总账。

（3）应付账：会计里的应付账是企业应付购货款等账，包括发票管理、供应商管理、支票管理、账龄分析等。它能够和采购模块、库存模块完全集成，以替代过去繁琐的手工操作。

（4）现金管理：它主要是对现金流入流出的控制以及零用现金及银行存款的核算。它包括了对硬币、纸币、支票、汇票和银行存款的管理，并在ERP中提供了票据维护、票据打印、付款维护、银行清单打印、付款查询、银行查询和支票查询等和现金有关的功能。此外，它还和应收账、应付账、总账等模块集成，自动产生凭证，过入总账。

（5）固定资产核算：完成对固定资产的增减变动以及与折旧有关的基金计提和分配的核算工作。它能够帮助管理者对目前固定资产的现状有所了解，并能通过该模块提供的各种方法来管理资产，并进行相应的会计处理。它的具体功能有：登录固定资产卡片和明细账，计算折旧，编制报表，以及自动编制转账凭证，并转入总账。它和应付账、成本、总账模块集成。

（6）多币制：适应当今企业的国际化经营，将企业整个财务系统的各项功能以各种币制来表示和结算，且客户订单、库存管理及采购管理等也能使用多币制进行交易管理。多币制和应收账、应付账、总账、客户订单、采购等各模块都有接口，可自动生成所需数据。

（7）工资核算：自动进行企业员工的工资结算、分配、核算以及各项相关经费的计提。它能够登录工资、打印工资清单及各类汇总报表，计算计提各项与工资有关的费用，自动做出凭证，导入总账。这一模块是和总账、成本模块集成的。

（8）成本核算：依据产品结构、工作中心、工序、采购等信息进行产品的各种成本的计算，以便进行成本分析和规划，同时还能用标准成本法和平均成本法按地点维护成本。

2. 财务管理

财务管理的功能主要是基于会计核算的数据，再加以分析，从而进行相应的预测、管理和控制活动。它侧重于财务计划、控制、分析和预测。

（1）财务计划：根据前期财务分析作出下期的财务计划、预算等。

（2）财务分析：提供查询功能，通过用户定义的差异数据的图形显示进行财务绩效评估、账户分析等。

（3）财务决策：财务管理的核心部分，中心内容是作出有关资金的决策，包括资金筹集、投放及资金管理。

本书将重点介绍总账、应收账、应付账、现金管理和多币制等内容。其中，基础的多币制体现在货币的设置上，囊括在总账里，本节不单独介绍。此外，总账、应收账、应付账和现金管理（融合多币制）的ERP软件操作在本书的软件操作章节会具体介绍，以下为理论概览。

二、总账系统

总账系统（见图1-1）的功能是收集其他系统自动生成的会计凭证或根据其他业

务单据生成相对应的会计凭证，审核凭证，同时处理企业其他业务系统的会计凭证，并进行会计凭证的审核和记账，输出企业所需要的会计报表。

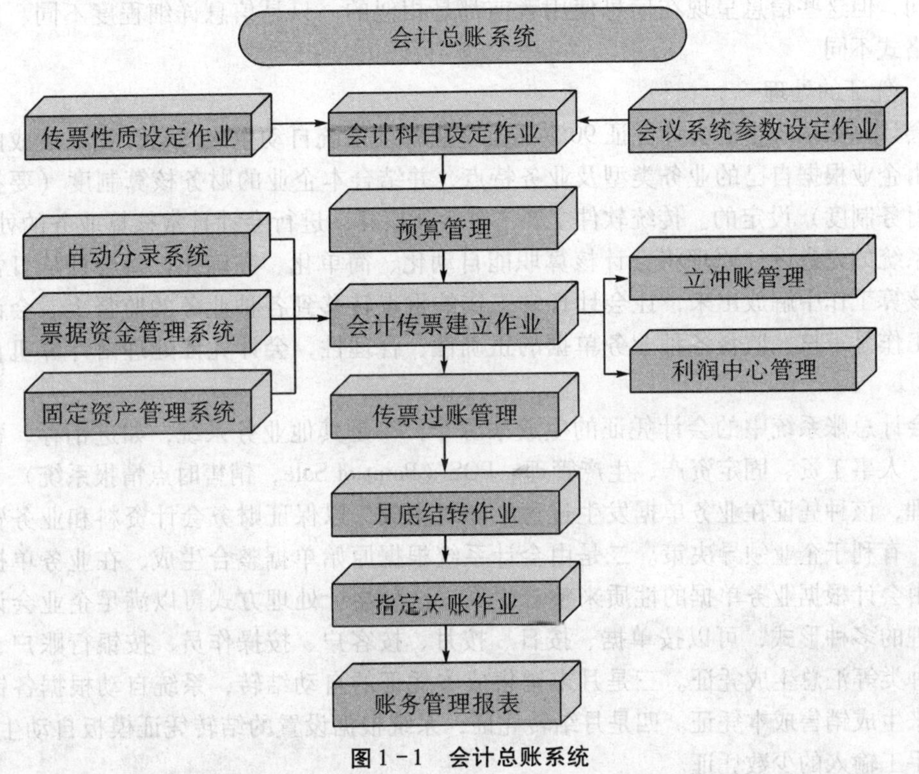

图1-1　会计总账系统

1. 会计假设和基础信息设置

在处理总账和其他系统业务之前，企业首先要在E环境下做好会计假设，即会计的五大假设；其次还要在数据库中建立一些数据，以备处理业务之用。

（1）会计假设。会计假设主要包括会计主体、持续经营、会计期间、货币计量和权责发生制五个假设。通常在ERP财务会计实施前就要完成，不同的软件实施方法可能不同，但思路都是一样的。

① 会计主体假设：建立一个公司代码或建立一个公司账套。

② 持续经营假设：只要软件能持续实施，就能满足持续经营假设。在软件中能够体现此假设的可以认为是号码段。号码段的定义很广，包括科目号码段、凭证排序号码段等。号码的连续编号和使用也是持续经营的一种表现。

③ 会计期间假设：各个国家会计期间的分类不完全相同，ERP软件通版一般是按照软件公司所处国家的财务制度设计，实施到不同的地区或国家，可以配置不同的会计期间。

④ 货币计量假设：在ERP软件中通常表现为多币种的设置和汇率的设置等。

⑤ 权责发生制假设：此假设通常在ERP软件实施过程即业务处理时体现。一般表现为一些条件限制的设置，如付款/收款条件、折扣条件、业务处理时间和过账时间的设定等。

(2) 环境设置。处理财务业务前，通常要进行会计科目、客户、供应商、银行、凭证类型、结算方式等客观信息的储备设置。各种软件环境信息设置的方法和输入角度不同，但这些信息呈现在信息使用者前都是相似的，只是信息详细程度不同、反映页面格式不同。

2. 凭证的处理

会计总账系统中的会计凭证90%都由企业管理系统自动生成。会计凭证生成的原理是由企业根据自己的业务类型及业务特点，并结合本企业的财务核算制度（要符合国家财务制度）设定的。传统软件主要注重会计核算，进行会计日常核算业务的处理；会计系统的先进设计原理将会计核算职能自动化、简单化、准确化，将会计从日常繁杂的核算工作中解放出来，让会计日常工作的重点转移到各种业务的监督上。会计的日常工作是审核、监督各种业务单据的正确性、合理性，会计凭证处理由计算机自动完成。

会计总账系统中的会计凭证的生成来源于：一是其他业务系统，如进销存、资金往来、人事工资、固定资产、生产管理、POS（Point of Sale，销售时点情报系统）专卖店管理，该种凭证在业务单据发生过程中随时生成，以保证财务会计资料和业务资料同步，有利于企业领导决策。二是由会计系统根据原始单据整合生成，在业务单据发生后由会计根据业务单据的性质来整合生成。这种会计处理方式可以满足企业会计凭证管理的多种形式，可以按单据、按日、按月、按客户、按操作员、按银行账户、按货品种类等汇总生成凭证。三是月末销售成本凭证的自动结转，系统自动根据各销售单据来生成销售成本凭证。四是月结转凭证，系统根据设置的结转凭证模板自动生成。五是手工输入的少数凭证。

会计凭证的处理流程（见图1-2）可大致分为填制凭证、凭证签字、审核、记账、清账和结账六个部分（其内容将在软件操作部分详细介绍）。

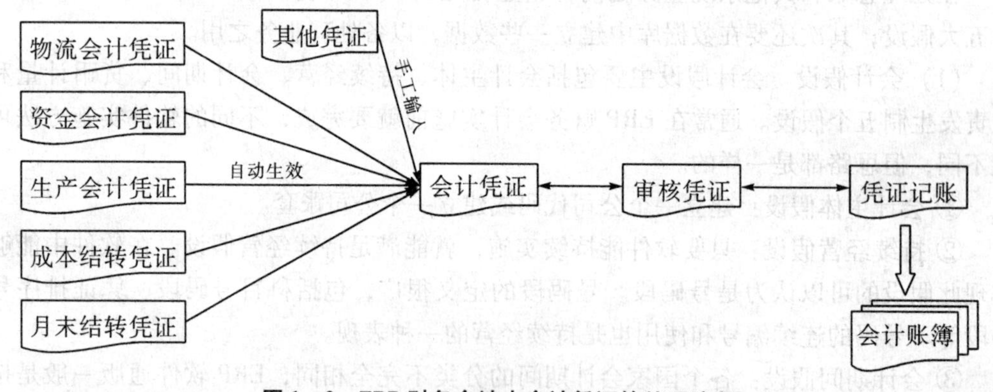

图1-2 ERP财务会计中会计凭证的处理流程

3. 财务报表

会计总账报表系统不仅提供准确及时的账务信息，也能灵活满足不同组织形式特殊的会计要求，如多货币转换、多会计制度、多税务处理、集团报表合并及特定的报表需求处理等，突破了传统账务管理系统限制科目设置（单一性）的缺陷；与企业的物流管理、资金往来、生产制造管理（MRPII，Manufacturing Resource Planning II）、人事工资、海关贸易及零售专卖店管理等自动集成，实时反映企业的运营情况，控制企业的制造成本；与审核流程集成，成为独一无二的财务—办公自动化系统，使企业从基本财务管理和决策发展为数字化财务管理决策系统。

报表处理子系统提供了两种报表形式：管理报表和自定义财务报表，管理报表包括多部门、多期间的各种财务比较表；自定义标准财务报表采用与OFFICE完全兼容的电子表格方式。在账务处理基础上根据需求可自定义生成各种不同格式的财务报表。

三、应收账系统

一般来说，一方面，应收账系统和应付账系统都要求有很高的及时性，即系统要能及时反映应收账和应付账的动态信息，以便企业能及时作出合理的决策；另一方面，两个系统对信息加工的要求也很高。不同性质的企业可能对系统的功能、数据加工的方法和深度、输出信息的种类等的要求各不相同，往往需要系统具备一定的分析预测功能。两个系统与企业中其他会计核算系统的数据联系十分密切，比如应收账系统与销售核算系统之间的数据联系，应付账系统与采购核算系统、存货核算系统之间的数据联系等。

1. 应收账系统的内容

应收账核算系统是指专门处理组织因赊销商品或劳务而发生的与其他组织之间的往来业务核算的系统。应收账系统要处理的核算范围包括：对企业经营过程中的各项应收账款进行日常核算；及时准确地反映应收账款增减变动状况，以便组织能及时掌握资金流动状况和货款收回情况；进行账龄分析；及时提供催款信息、坏账信息等。在ERP软件实施过程中，应收账系统主要是要控制销售/收款过程，而财务核算上重点关注的是收入的确认、货款的到账记录、处理销售折扣或折让、销售退回四个环节。

2. 销售/收款过程

销售/收款过程是指组织向客户销售和交付商品或服务，并收取货款的业务过程。尽管销售的商品或服务有所不同，但多数组织的销售/收款过程都涉及三类典型的业务活动：销售商品或服务、收取商品或服务款项、销售退回及退让。传统应收账系统的流程是：收受客户订单—信用核查—供应及装运商品—给客户开票—记录收益和应收款—收款和记录现金收入—坏账处理。现有已改进的销售/收款过程主要包括七个业务事件：营销、客户订货、所销商品出库、装运商品/提供服务、收取款项、批准折让或接受销货退回、坏账处理。

（1）营销。营销业务由组织决定为其资源（商品或服务）做广告或进行促销。对现代组织来说，营销是影响客户作出购买决定的重要活动。只有客户决定购买组织的商品或服务时，销售/收款过程才得以开始和继续。因此，虽然营销业务不直接触发销售/收款过程，但是组织通过计划、执行和评价一系列营销业务，如打电话、发广告、举办促销活动等，让客户了解有关产品或服务的信息，从而影响客户来触发销售/收款过程。该业务的参与者有销售人员（内部参与者）和潜在客户（外部参与者）。

（2）客户订货。销售人员（内部参与者）收到客户（外部参与者）发来的订单时，收集订单数据，检查所需商品或服务的充足性，以确定是否能够满足客户的要求，同时考察客户信用。如果两方面都能满足销售业务的需要，即公司有能力满足订货要求，而客户也能支付货款，则批准客户订单，即客户订单有效。此时就可与客户商定价格和其他销售条款。接受客户订货业务也是为仓储和装运活动提供授权。

（3）所销商品出库。仓储人员（内部参与者）通过业务调动系统，浏览已授权的客户订单上的数据，检查可供的存货项目，然后从仓库中选出商品（资源），移送到装运地。该事件重要的一点是确保商品的出库要经过授权并记录，对于存货项目的任何丢失或毁损，仓储人员应进行记录，并通过报告过程予以反映，以便将相应的信息传递给获取过程和转换过程的决策者。

（4）装运商品/提供服务。当商品被运送到装运地时，即可进行包装。装箱单的某一联一般会与商品包装在一起，然后选择运货商和运输线路。

对于提供某项服务业务，组织应识别出所提供的服务的性质，然后选择相关人员来完成此项服务（服务也许会由组织内部的多个职员在一段持续的时间内提供）。

该业务的内部参与者是装运或服务部门和人员，运货商既可以是内部参与者（若组织提供运输工具），也可以是外部参与者（若选择快递公司的服务），而客户是外部参与者。可以销售的存货和可提供的服务是本业务的资源。本业务还应特别注意商品放置的地点。装运商品或提供服务触发两个信息过程：记录商品的装运或服务的交付、给客户开票，并记录开发票过程。

（5）收取款项。组织业务录入系统保存后，可能在装运商品/提供服务发生时就收到客户支付的款项。收款是一项需要监管的活动。当收到客户支付的货款（资源）时，组织（内部参与者）记录来自客户（外部参与者）的付款，并将这笔收入存入银行。目前，不少组织使用的电子资金转账方式，可以减少对现金收入活动的人为参与，从而降低现金收入活动的风险。

（6）批准折让或接受销货退回。对于客户不能接受的商品/服务，可以有两种处理方式：一是客户可以继续保留产品/服务，接受一个价格折让；二是客户退回商品/服务。此时，退回的商品/服务是资源，客户是外部参与者，而销售负责人（如销售经理）是内部参与者。

（7）坏账处理。负责应收账款的工作人员（内部参与者）应将延迟付款的客户（外部参与者）账户标识出来。当组织收到客户不能付款的确凿证据（如破产证明）或确定某项货款再也无法收回时，在经过负责人审批后，将客户账户作为坏账注销。

四、应付账系统

1. 应付账系统的内容

与应收账系统相对应，应付账系统是指专门处理组织因赊购商品或劳务而发生的往来账款核算业务的系统。应付账系统要处理的核算范围包括应付账款业务的日常核算，及时反映组织的流动负债数额及偿还流动负债所需资金，跟踪应付账款到期日，以便组织及时完整地偿还各项应付款项，从而保证良好的供货关系并尽可能地享受各种折扣。应付账系统主要是要控制获取/支付过程，而财务核算上重点关注的是支付的确认、资金流出的记录、处理购货折扣或折让、货物退回四个环节。

2. 获取/支付过程

获取/支付过程是指一个组织获取、维护和支付该组织所需资源（包括各类存货、固定资产、各种财务资源、人力资源等）的业务过程。因此，获取/支付过程应涵盖与购买、维护及支付各业务过程所需的商品或服务有关的业务事件。例如，获取原材料、部件及包含在完工产品或服务中的其他资源，获取或支付各种其他商品及服务，包括设施、物料、保险、修理、维护、研究、开发及法律服务，获取和支付固定资产等。

不论组织获取的商品或服务是什么类型，业务过程都由三个阶段的业务活动组成：商品或服务（资源）的取得、现金支出给供应商、退回商品。传统的获取/支付过程为请购—订购—验收—付款，比较单一。现有已改进了的获取/支付过程主要包括六个典型的业务事件：发出商品/服务请求、授权采购、采购商品或服务、验收商品或服务、现金支出、购货退回。

（1）发出商品/服务请求（即需求监控）事件。当某个经授权的内部参与者提出的商品或服务（资源）请购得到公司的批准时，即启动获取/支付过程。组织对资源的需求由得到授权的内部参与者识别。组织通常通过监控生产水平、销售水平、资本改进计划、资本预算、销售预测等各项活动，或利用趋势分析和项目计划，识别对商品或服务的需求。这些监控是获取/支付过程的关键组成部分，一般需要信息系统的支持才能得到监控所需的准确、及时及控制良好的信息。当某个需求被已授权的内部参与者识别出来后，相应的请购就传递给已得到授权的内部采购参与者。

（2）授权采购事件。在商品或服务的请购已发出但尚未订购之前，必须有授权允许采购事件发生。授权的目的是：给过程的执行人足够的预算以便请购能得以继续下去，同时跟踪每个请求以便进行必要的严密控制。而购买商品/服务业务涉及的采购参与者应将这一授权信息传递给验收部门，以便验证收到的商品/服务。

（3）购买商品/服务。采购人员（内部参与者）复查已经得到授权的商品或服务，选择合适的供应商（外部参与者），与其商定本次购买的期限和条件。然后，采购参与者根据请购项目向供应商发出采购订单，并将此未实现的采购订单送交验收部门。

在实际业务中，采购有时需要进行采购决策，如组织可能发布一个 RFP（Request For Proposal，提案请求），然后通过竞标来选择供应商，从而获取满足采购需求的商品/服务。

（4）验收商品/服务。当经授权的验收人员（内部参与者）收到来自供应商（外部参与者）的商品/服务（资源）时，将启动此业务。一般来说，有形商品的验收与服务的验收不同，但两者都必须保证接收到的商品/服务是原来发出请求的商品/服务。在检查了合法的未实现采购订单后（验证授权），验收人员需检查商品或服务，将验收成功的商品入库或送到指定地点。一旦验收成功，组织就确认对应的费用或负债。在收到供应商发票后，组织应将此发票与对应的费用或负债相比较，若有差异应及时通知供应商。

（5）现金支出事件。现金支出应符合组织的现金管理政策。当某个已授权的财务经理（内部参与者）向供应商（外部参与者）支付货款（资源）以偿还债务时，将启动此业务。通常是在货款支付日启动。货款可以用支票、信用卡或电子资金转账等方式支付。所有的现金支付在支付前必须进行复查以确保支付的合法性，包括某些需要预付货款的订货的合法性。在付款时，还应该考虑折扣期间及现金/银行存款的充足性，以便决定支付的金额、时间、方式和银行等。

(6) 购货退回事件。获取/支付过程中有时会发生购货退回的情况，此时需要供应商退款。购货退回应由某个内部机构授权执行并进行记录，包括对向供货商退货时装运情况的记录；还应监控购货退回事件，以确保组织及时、正确地收到退款。

五、资金管理

资金管理主要是对现金流入流出的控制以及零用现金及银行存款的核算。它包括对硬币、纸币、支票、汇票和银行存款的管理。

资金管理系统实现工业企业或商业企业、事业单位等对资金管理的需求。以银行提供的单据、企业内部单据、资金往来凭证等为依据，记录资金业务以及其他涉及资金管理方面的业务；处理对内、对外的收、付款和转账等业务；提供逐笔计息处理功能，实现对每笔资金的管理；提供计算利息并进行处理的功能，实现往来存贷资金的管理；提供各单据的动态查询情况以及各类统计分析报表。

在 ERP 软件中，一般都具有票据维护、票据打印、付款维护、银行清单打印、付款查询、银行查询和支票查询等和现金有关的功能。此外，它还和应收账、应付账、总账模块集成，自动产生凭证，过入总账。

总而言之，ERP 软件中财务模块的功能是强大的，也是标准的。正因为它的特殊性和重要性，激发了我们学习和探索的兴趣。本书主要以 K3 软件为例，结合上述理论，介绍其财务会计部分的基础入门操作。同时，结合企业模拟经营案例，说明其财务业务操作在 K3 中的路径，对用友 U8.71 版本财务软件的做账过程进行详细介绍，帮助读者更好更快地掌握 ERP 软件的财务操作，学以致用。

讲解篇

金蝶 K/3 财务软件应用

第二章

账套管理

账套是存放各种数据的载体。各种财务数据、业务数据都依据一定的规则存放在账套中，账套本身其实就是一个数据库文件。简单地说，一个账套对应一个企业的一套完整的账务业务体系。如果是第一次使用金蝶 K/3 系统，那么首先要新建账套。账套管理工作一般应该由企业的 K/3 系统管理员来负责。

第一节　企业建账

一、账套管理登录

步骤：

(1) 点击【开始】→【程序】→【金蝶 K/3 精益版】→【金蝶 K3 服务器配置工具】→【账套管理】，即"账套管理"。初次使用时，用户名为 Admin，密码为空（如图 2－1 所示）。

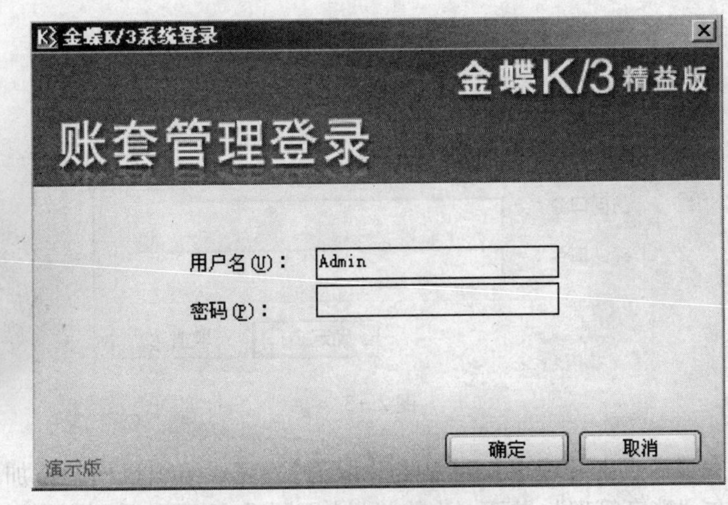

图 2－1　账套管理登录界面

（2）点击【确定】，进入“K/3 账套管理”界面（如图 2 -2 所示）。

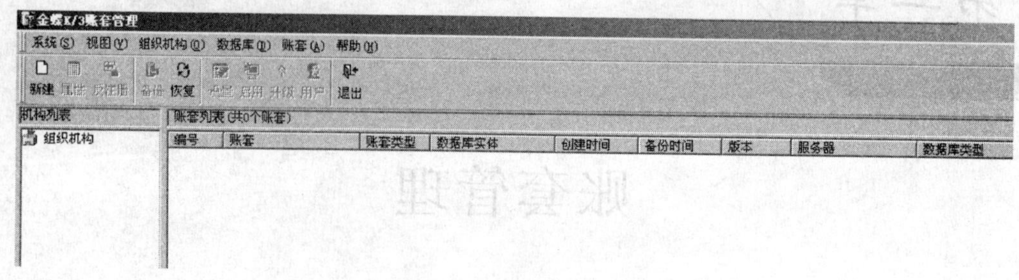

图 2 -2　账套管理界面

二、建立组织机构

组织机构是为实现共同的目标、任务或利益，有秩序、有成效地把人力、物力和智力等按一定的形式和结构组合起来开展活动的社会单位。

一个集团通常包括母公司、子公司和分公司，而每种公司都可以是一个独立的会计主体，每个主体都可以建立一个账套，只是归于一个组织机构进行合并管理。因此，在金蝶 K/3 系统中，建立组织机构是为了划分企业的会计主体。尤其是在集团财务中，一个组织机构可以包含集团内部的所有账套。

案例：

（1）组织机构代码：001。

（2）组织机构名称：四川卓越集团有限公司。

（3）访问口令为空。

步骤：

（1）选择【组织机构】菜单，点击【添加机构】，添加机构代码和名称（如图 2 -3所示）。

图 2 -3

（2）输入完成后点击【确定】再点击【取消】，完成组织机构的添加。组织机构成功添加后，在“账套管理”界面左边的“机构列表”下可以看到刚刚添加的组织机构名称。

三、建立账套

案例：

(1) 账套号：001.01。

(2) 账套名称：卓越股份有限公司。

(3) 账套类型：标准供应链解决方案。

(4) 数据库实体：默认。

(5) 数据库文件路径：默认。

(6) 数据库日志文件路径：默认。

步骤：

以系统管理员 Admin 的身份登录“K/3 账套管理”。

(1) 点击【新建】按钮，在向导中录入相关信息（如图 2-4 所示）。

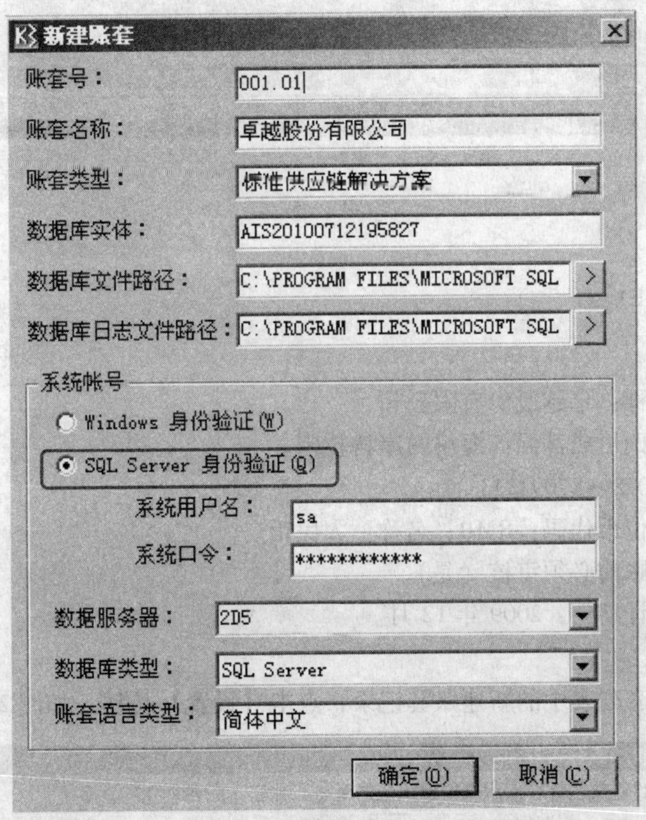

图 2-4

系统账号：选择“SQL Server 身份验证”；系统用户名：默认；系统口令：空。

说明：

①账套号：账套在系统中的编号。既可以用于标识账套具体属于哪个组织机构，也是账套与账套之间加以区别的唯一标识。

②账套名：账套名称可以不同于用户的单位名称，用来区分单位内部不同的账套。

③账套类型：系统给出“标准供应链解决方案”、“标准财务解决方案”、“人力资源解决方案”等多种账套类型，用户可根据自己的需要进行选择。其中，“标准供应链解决方案”系统提供包括供应链业务和纯财务业务的各项功能；“标准财务解决方案”系统提供纯财务业务的各项功能；“人力资源解决方案”系统则只提供人力资源业务的各项功能。

④数据实体：账套在数据库服务器中的唯一标识。

⑤系统账号：账套所要登录的数据服务器的名称、登录方式、用户名、密码等。

⑥数据库文件路径：账套保存的路径，即数据服务器上的某个路径。

（2）点击【确定】，系统会开始自动建账，系统完成建账后在“账套列表”中会形成一条记录（如图2－5所示）。

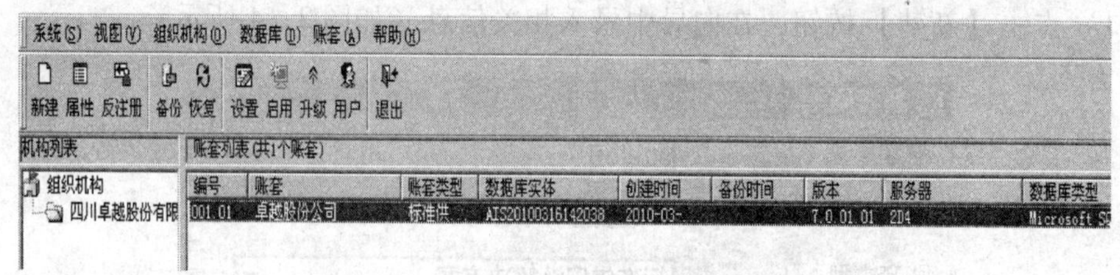

图2－5

四、账套属性设置

案例：

（1）公司名称：卓越股份有限公司。

（2）地址：四川成都温江海峡两岸科技园。

（3）电话：028－87091111。

（4）记账本位币代码：RMB；名称：人民币。

（5）凭证过账前必须审核（是）。

（6）启用会计期间：2009年12月。

步骤：

（1）选择账套列表中的新建账套记录，点击【设置】按钮，如图2－6所示。

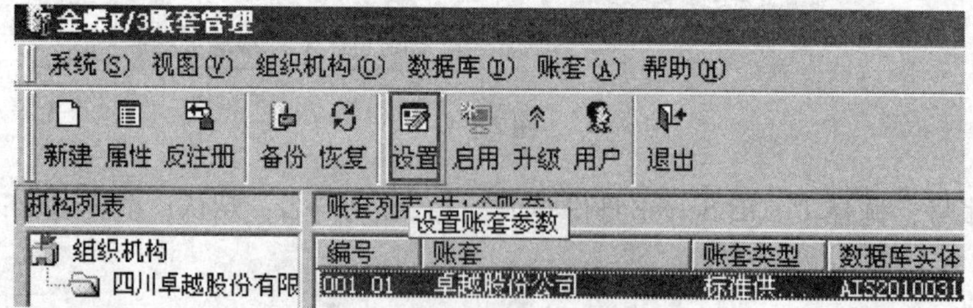

图2－6

在属性设置界面，分别对系统、总账和会计期间进行账套参数设置。

（2）在“系统”标签页，主要进行机构名称、地址、电话和公司图标的输入。

（3）在“总账”标签页，主要对记账本位币、名称、小数点位数和是否选择“凭证过账前必须审核”进行设置（如图 2－7 所示）。

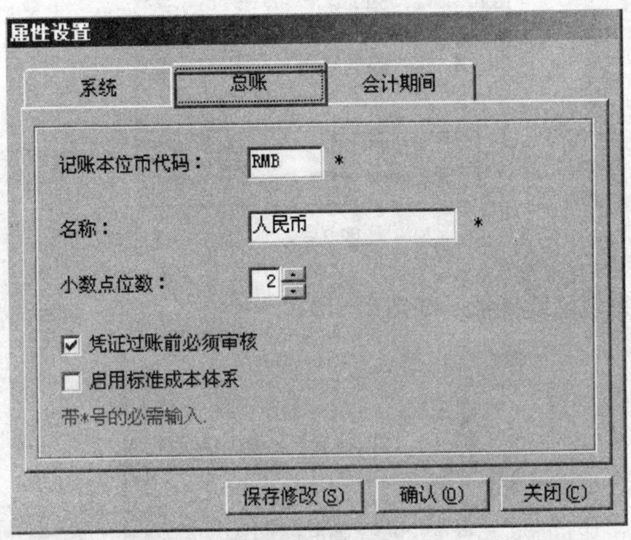

图 2－7

（4）在“会计期间”标签页，主要是对账套启用的会计期间进行设置。

（5）在“会计期间”页签中，点击【更改】，进入“会计期间”界面（如图 2－8 所示）。

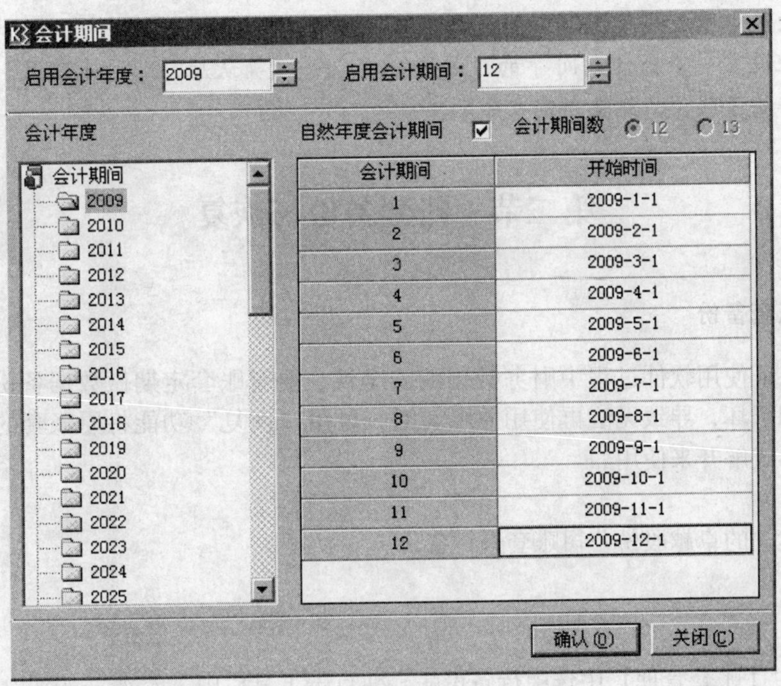

图 2－8

在“会计期间”界面，修改会计期间为2009年12月。点击［确认］以完成账套属性设置，系统弹出启用账套提示（如图2－9所示）。

图2－9

选择【是】，系统继续提示（如图2－10）。

图2－10

提示：

①属性设置的“总账”中有“凭证过账前必须审核”一项，也可以在以后的总账系统参数设置中进行修改。

②属性设置中“会计期间”的设置要慎重，一旦确认后，“会计期间”数据将无法更改。若要修改，只能重新建立账套。

第二节　账套备份与恢复

一、账套备份

为了保证使用软件过程中财务数据的安全性，要对账套定期做数据备份。当原账套数据遭到损坏，导致无法再使用原账套时，可用“恢复”功能将原账套的备份数据以账套的形式解开来使用。

案例：

将所建立的卓越股份公司账套进行备份。

步骤：

（1）在【账套管理】中选中待备份账套，点击工具栏中“备份”按钮。

（2）在“账套备份”窗口中点击按钮“>>”，选择备份文件的保存地点，点击

【确定】（如图 2－11 所示）。

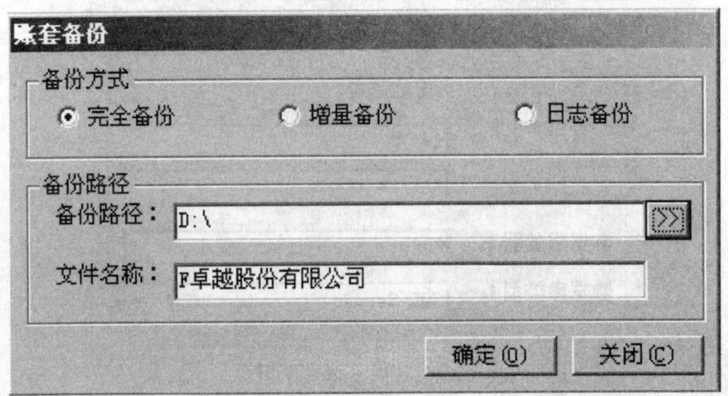

图 2－11

备份成功后系统生成＊. bak 和＊. dbb 两个文件（如图 2－12 所示）。

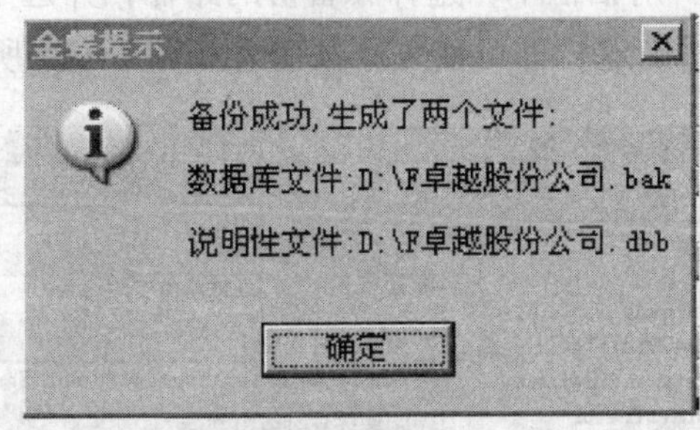

图 2－12

提示：

①将硬盘备份拷贝到外部设备上或者制作成光盘保存，在拷贝时需要完整地拷贝备份生成的两个文件。当恢复账套时，也需要两个文件同时存在。

②备份可以重复进行，但每次备份出来的＊. bak 和＊. dbb 的文件都不会覆盖原来存在的文件，要注意区分。

二、账套恢复

账套恢复即引入账套。当操作需要重新引入账套或者引入其他账套时，需要将前期备份的账套重新引入金蝶 K/3 系统中。

步骤：

（1）在【账套管理】中点击按钮“恢复”，系统弹出“选择数据库服务器”对话框。

（2）选择与新建账套时一致的系统账号，即选择“SQL Server 身份验证”，点击【确定】（如图 2－13 所示）。

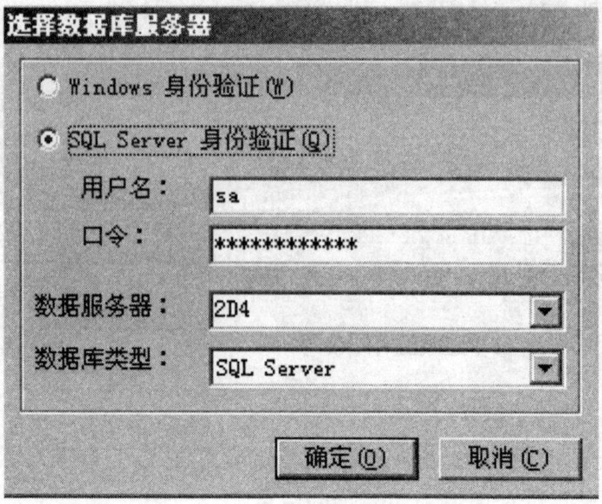

选择数据库服务器

○ Windows 身份验证(W)

⊙ SQL Server 身份验证(Q)

用户名：sa

口令：************

数据服务器：2D4

数据库类型：SQL Server

确定(O)　取消(C)

图 2－13

（3）在“恢复账套”对话框中，选择原备份的路径，并选中＊.dbb 文件，修改账套编号和账套名，点击【确定】即可恢复原账套（如图 2－14 所示）。

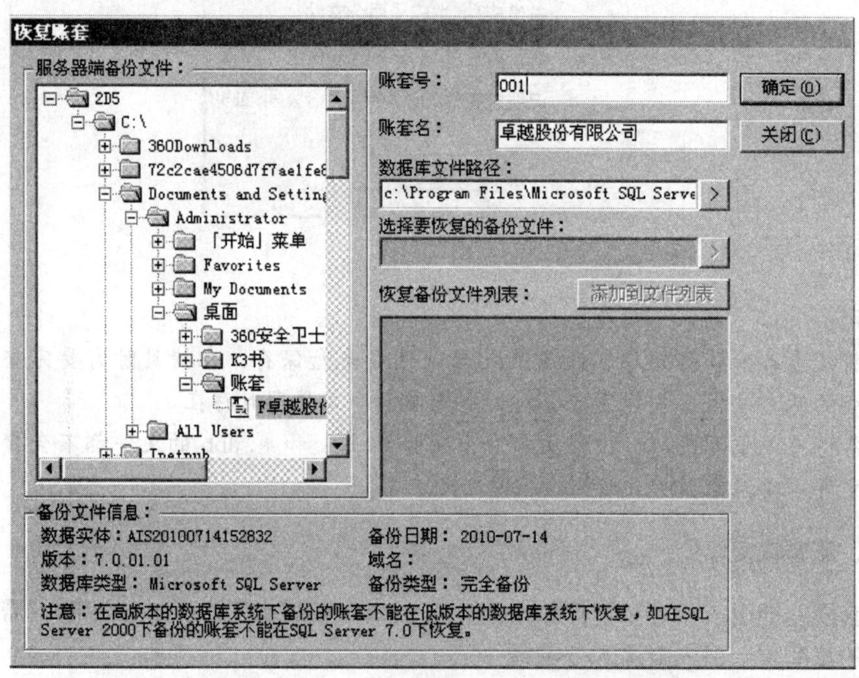

图 2－14

引入账套成功后，系统提示“恢复账套成功，是否恢复其他账套”。若继续引入账套则选择“是”，否则选择“否”。

提示：

恢复账套失败的原因：

①账套名重复。若金蝶 K/3 系统中已经存在某一账套，当重新引入该账套时，系

统会提示“账套名重复”，此时只需要修改账套名即可。

②备份文件出错。在恢复账套时，需要＊. bak 和＊. dbb 两个文件同时存在，但在引入时只需要引入＊. dbb 文件。

③磁盘空间不足。电脑系统硬盘的剩余空间太小，不足以承载所引入的账套文件。

三、用户管理

在整个金蝶 K/3 系统中，访问各个模块的用户的权限可能是各不相同的。权限是指为了保证职责的有效履行，任职者必须具备的、对某事项进行决策的范围和程度。在金蝶 K3 中，权限指的是用户对各模块的操作职能。在操作中，可以将具有相同权限的用户划为一组，即用户组。也就是说，只要对这个用户组赋予一定的操作权限，那么该组内的用户就具有相同的权限。比如，会计主要登记各类明细账和总账，而出纳主要负责登记现金和银行存款日记账，因此他们是属于两个不同的用户组，拥有不同的权限。

而用户则是指操作员，即金蝶 K/3 系统中各模块的操作人员。“用户”不等同于“职员”，职员是企业的在职员工，用户是在金蝶 K/3 系统中进行相关操作的人员。

只要对某个用户组进行一次授权，该组用户就可以承继相同的权限信息。若有的用户除了拥有该组的权限之外还有某个特定的权限时，则可以再单独对其进行授权。

（一）新增用户组

案例：

相关资料见表 2－1。

表 2－1

用户组名	说明	组权限
财务组	负责财务管理	基础资料、总账系统、报表系统、固定资产、应收应付、财务分析、现金管理、现金流量表

步骤：

点击工具栏中【用户】项，弹出【用户管理】对话框（如图 2－15 所示）。

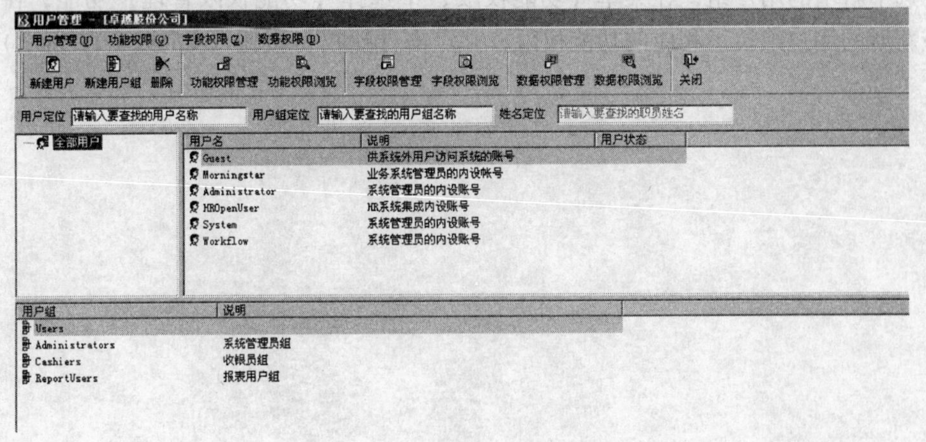

图 2－15

在工具栏【用户管理】中选择【新建用户组】功能，即“新建用户组(G)”。在弹出的“用户组属性”界面，增加“财务组”等用户组（如图 2－16 所示）。

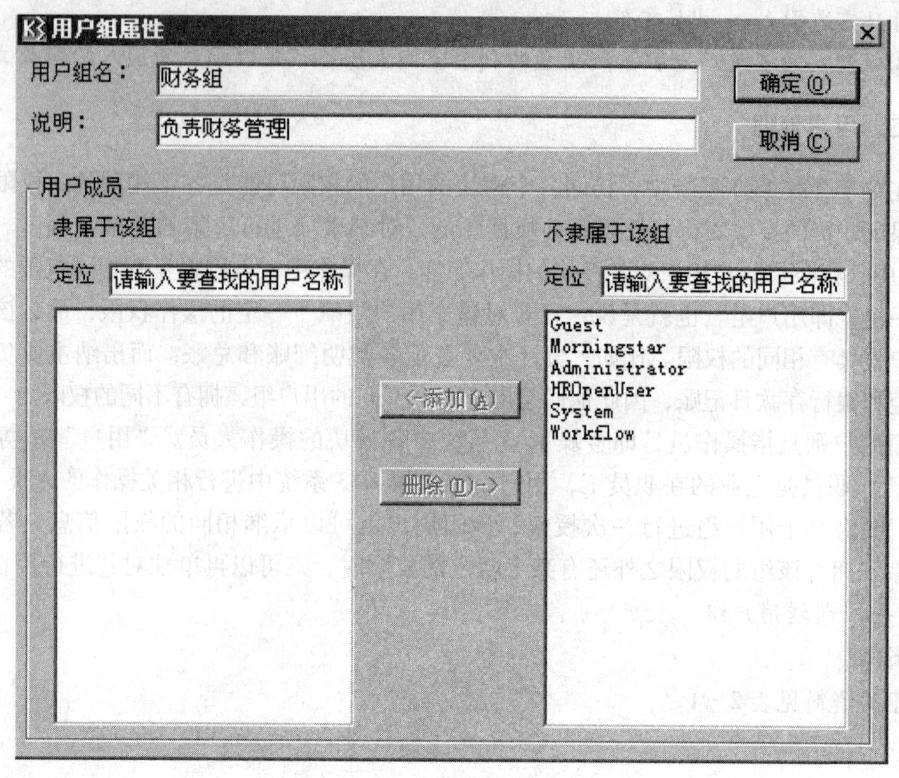

图 2－16

增加结束后，返回“用户管理”界面，在界面下半部分出现新增的用户组“财务组”。

（二）用户组授权

步骤：

选中新增的用户组，在菜单【功能权限】中选择【功能权限管理】功能，在此处对该新增的用户组授予相应的功能权限，并点击【授权】按钮（如图 2－17 所示）。

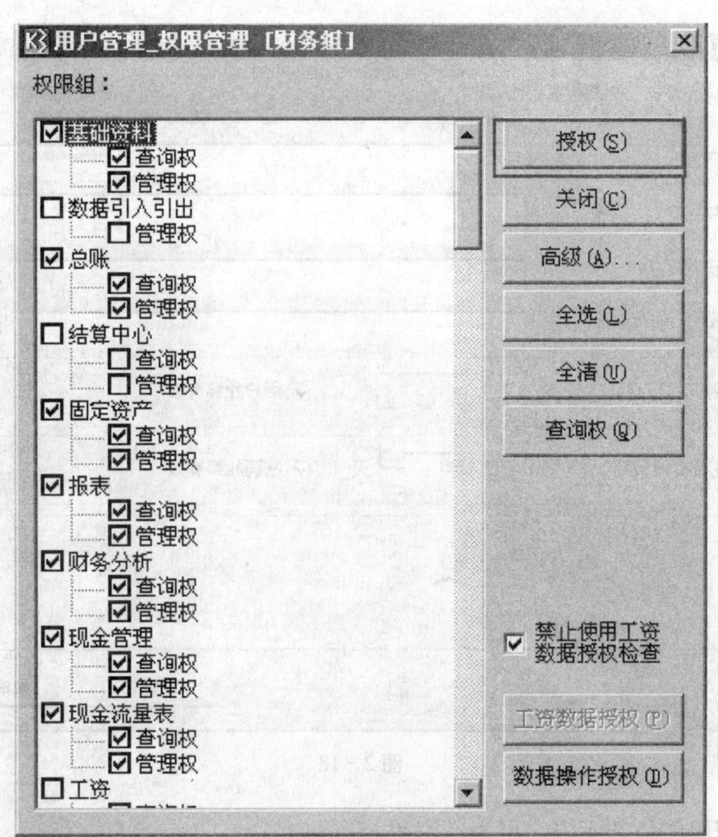

图 2－17

(三) 增加用户

案例：

相关资料见表 2－2。

表 2－2

用户姓名	认证方式	权限属性	用户组
肖萧	密码认证（传统认证方式，密码为空）	不需授权	Administrators
蓝兰	密码认证（传统认证方式，密码为空）	授予所有权限	财务组

步骤：

在账套管理中点击"用户"，进入"用户管理"界面。

点击用户管理→新增用户，分别在"用户"、"认证方式"、"权限属性"和"用户组"等页签中增加用户相关信息。

在"用户"标签中增加用户姓名（如图 2－18 所示）。

在"认证方式"标签页中选择认证方式，认证方式中选择"密码认证"——"传统认证方式"。一般而言，每一位用户都有一个自己的账号和登录密码，登录密码就在

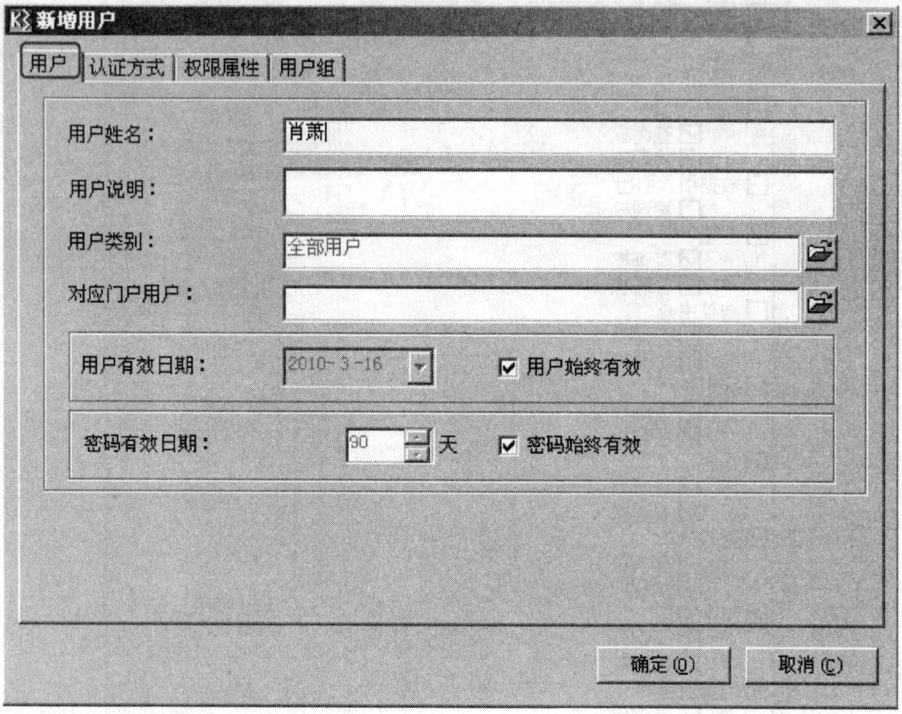

新增用户

用户 | 认证方式 | 权限属性 | 用户组

用户姓名： 肖萧

用户说明：

用户类别： 全部用户

对应门户用户：

用户有效日期： 2010-3-16 用户始终有效

密码有效日期： 90 天 密码始终有效

确定(O) 取消(C)

图 2－18

此处设置，密码的位数不限，可为空密码。

在“权限属性”标签页中选择用户的权限，根据用户的职能设置进行选择，一般默认系统的自动选择。

在“用户组”标签页通过【添加】或者【移除】选择用户所属的用户组（如图 2－19所示）。

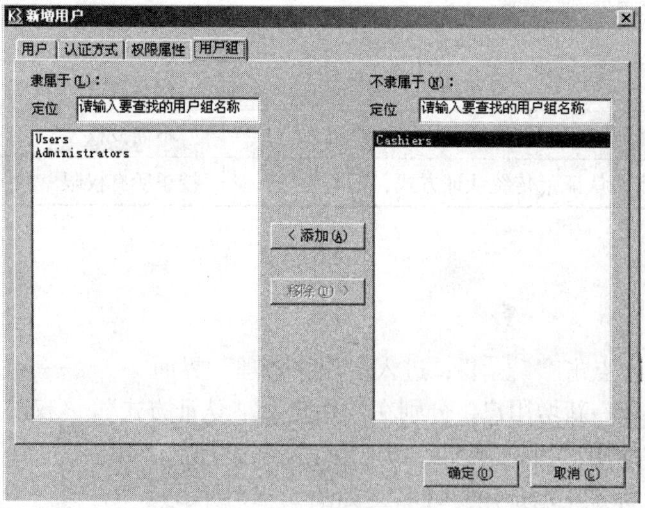

新增用户

用户 | 认证方式 | 权限属性 | 用户组

隶属于(L)： 定位 请输入要查找的用户组名称

Users
Administrators

<添加(A)　移除(R)>

不隶属于(N)： 定位 请输入要查找的用户组名称

Cashiers

确定(O) 取消(C)

图 2－19

提示：

系统中已经预设了三个用户。其中“Guest”为一般用户，在K/3系统中只有查询权限；“Administrator”、“Morningstar”是系统管理员，因为系统管理员自动拥有最高权限，所以无须再具体授权。

（四）设置权限

选中需授权的用户，在菜单【功能权限】中点击【功能权限管理】，在此处对该新增的用户授予相应的功能权限，并点击【授权】按钮。

在“用户管理”界面，选中刚刚新增的用户“蓝兰”，点击【功能权限管理】，进入权限设置界面，对其进行权限设置（如图2－20所示）。

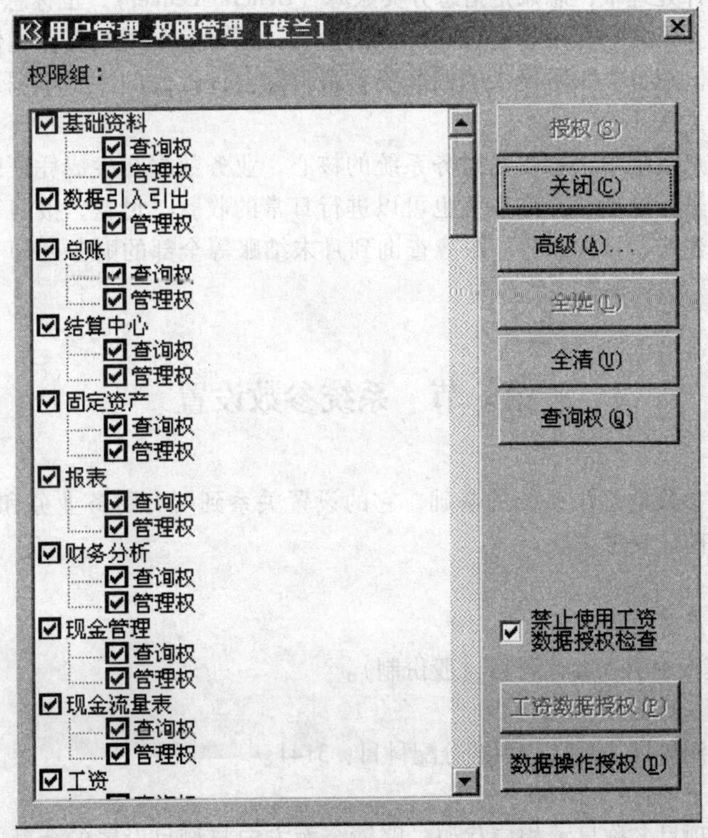

图2－20

第三章

总账

在手工会计处理中，总账是指总分类账簿（General Ledger），也称总分类账，是根据总分类科目开设账户，用来登记全部经济业务，进行总分类核算，提供总括核算资料的分类账簿。总分类账所提供的核算资料是编制会计报表的主要依据，任何单位都必须设置总分类账。

在会计信息系统中，总账是财务系统的核心，业务数据在生成凭证以后，全部归集到总账系统进行处理。总账系统也可以进行日常的收款、付款、报销等业务的凭证制单工作。从建账、日常业务、账簿查询到月末结账等全部的财务处理工作均可在总账系统中实现。

第一节　系统参数设置

总账系统参数是总账系统的基础，它的设置关系到所有财务业务和流程的处理，请用户在设置前认真考虑。

案例：

设置总账系统参数如下：

（1）从模板中引入会计科目（股份制）。

（2）设置总账系统参数。

①本年利润科目：3131；利润分配科目：3141。

②勾选以下项目：

账簿核算项目名称显示相应代码；账簿余额方向与科目设置的余额方向相同；结账要求损益类科目余额为零；凭证过账前必须审核；不允许修改/删除业务系统凭证。

步骤：

（1）在K/3主控台点击【开始】→【程序】→【金蝶K/3精益版】→【金蝶K3精益版】，选择“组织机构”、“账套名”，并以命名用户的身份（肖萧）登录K/3主控台（如图3－1所示）。

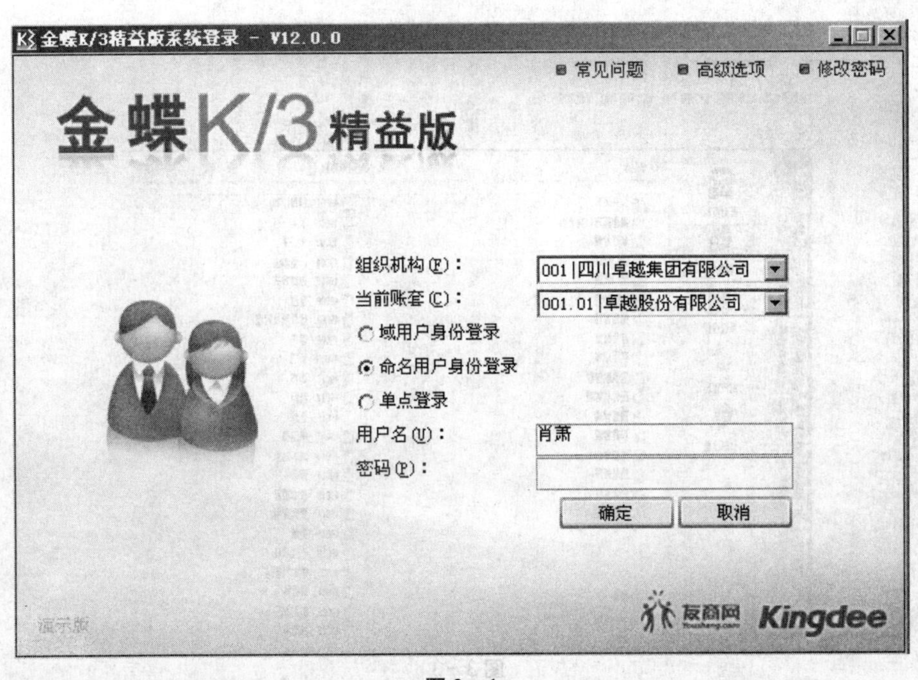

图 3 - 1

（2）点击【确定】后进入 K/3 流程图界面（如图 3 - 2 所示）。

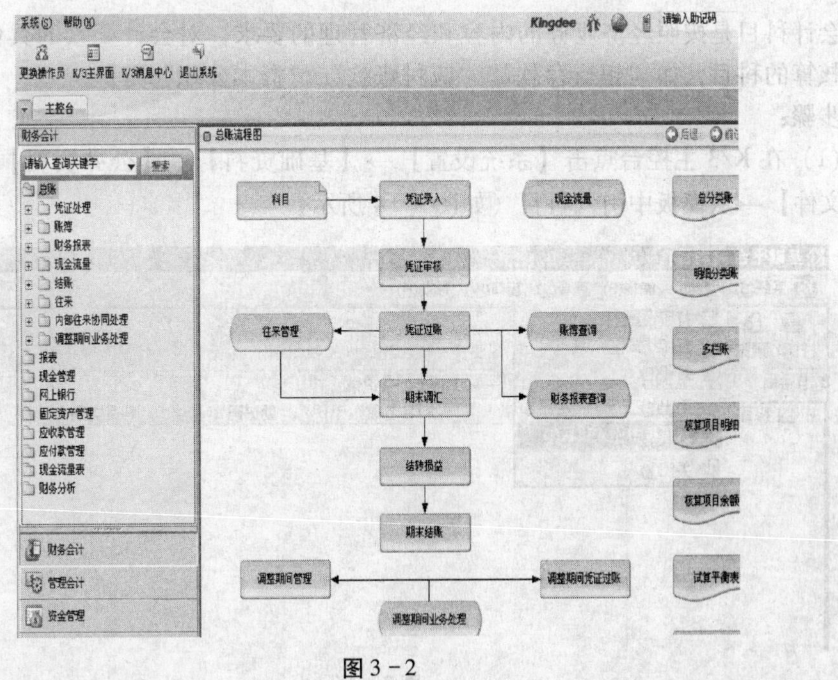

图 3 - 2

（3）点击工具栏上的“K/3 主界面”，界面切换至 K/3 主界面基本界面（如图 3 - 3所示）。

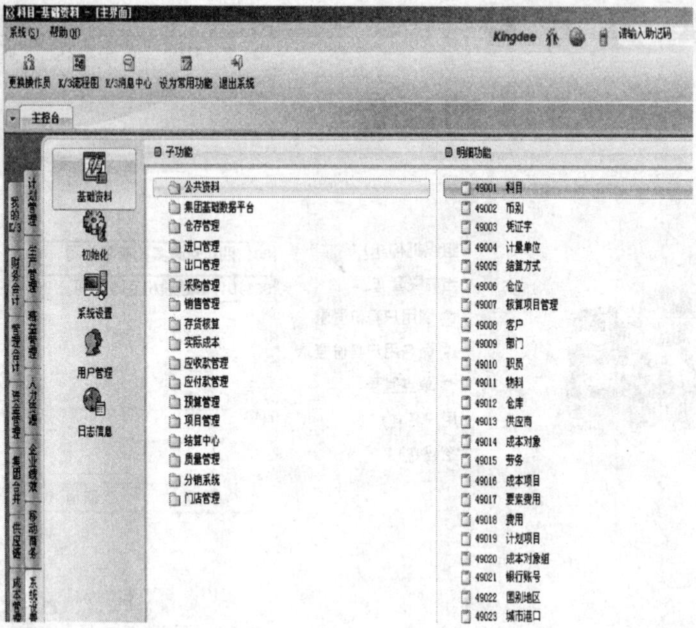

图 3－3

一、引入会计科目

会计科目是按照经济业务的内容和经济管理的要求，对会计要素的具体内容进行分类核算的科目，如“银行存款”、“应付账款”、“资本公积”等。

步骤：

（1）在 K/3 主控台点击【系统设置】→【基础资料】→【公共资料】→【科目】→【文件】→从模板中引入科目（如图 3－4 所示）。

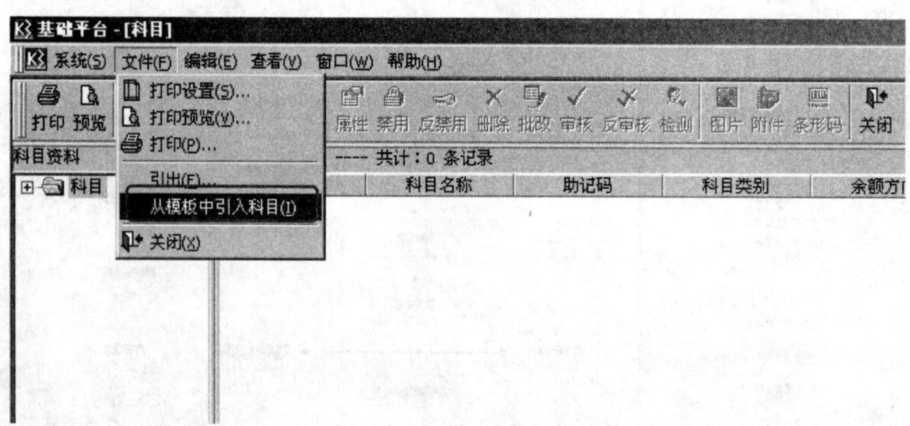

图 3－4

（2）在弹出的“科目模板”界面中选择“股份制企业”，点击【引入】，完成从模板中引入会计科目的工作。

(3) 点击【全选】按钮，将股份制所有相关会计科目引入系统。引入成功后，系统会提示“引入成功”(如图 3 -5 所示)。

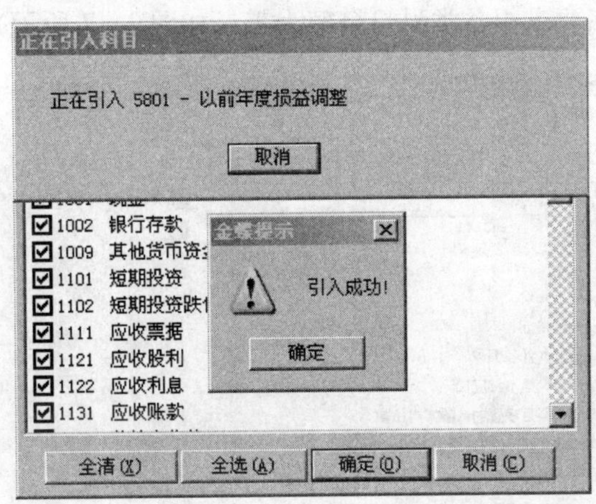

图 3 -5

二、总账系统参数设置

步骤:

进入 K/3 主控台，点击【系统设置】→【系统设置】→【总账】→【系统参数】(如图 3 -6 所示)。

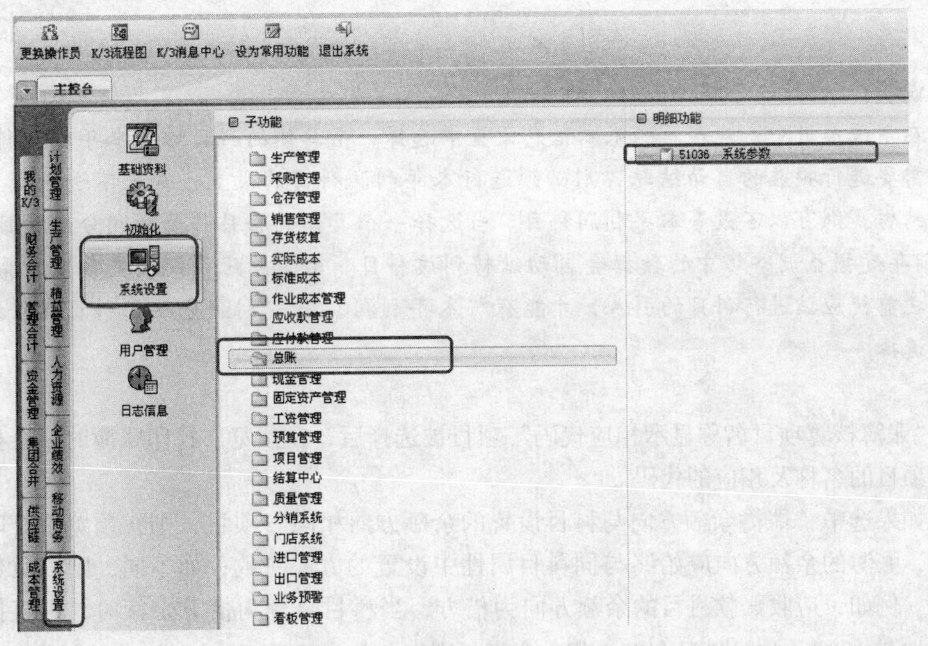

图 3 -6

双击【系统参数】，进入“总账系统参数设置”界面。

(1) 在“总账”标签页，点击【总账】→【基本信息】，在“总账”页签中，设置如下参数：本年利润科目：3131；利润分配科目：3141。

同时勾选以下项目：账簿核算项目名称显示相应代码；账簿余额方向与科目设置的余额方向相同；结账要求损益类科目余额为零（如图3－7所示）。

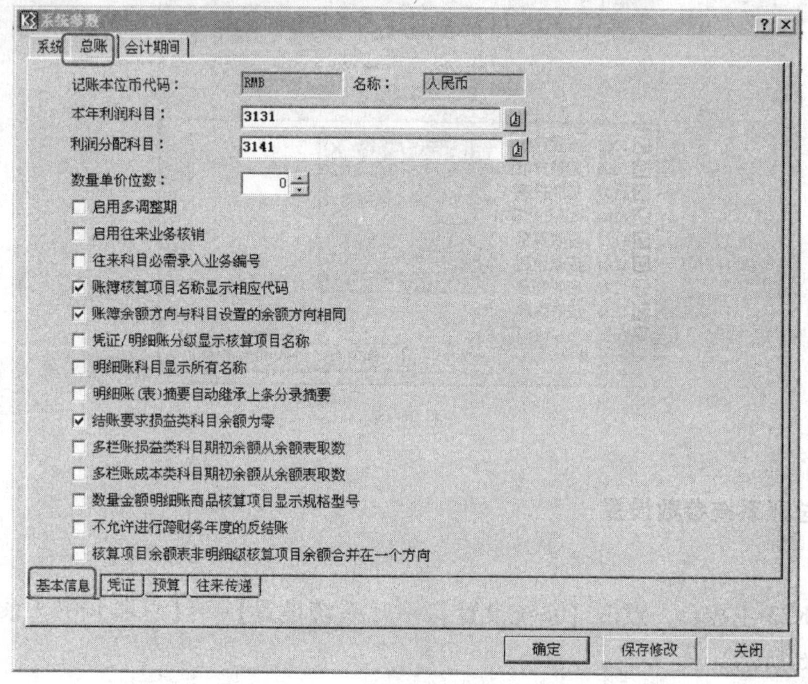

图3－7

说明：

在系统参数中，应在总账基本信息设置中选择一个具体的科目作为本年利润科目。如果需要进行损益的自动结转，则必须进行本年利润科目的设置；如果不进行损益的自动结转，则可以不设置本年利润科目。当选择一个具体的科目作为利润分配科目时，“以前年度损益调整”中的数据会自动结转到该科目。由于总账系统设置参数的需要，在此之前就应该进行科目的引入，才能有“本年利润”与“利润分配”科目在系统中可供选择。

“账簿核算项目名称显示相应代码”项目被选择后，在预览、打印账簿时，会显示核算项目的名称及相应的代码。

如果选中“账簿余额方向与科目设置的余额方向相同”项目，则在预览、打印账簿时，账簿的余额方向应始终与同科目属性中设置的方向一致；如不同，则以负数来显示。例如，应收账款科目的余额方向为借方，当科目余额为借方余额时，则直接显示为“借100”；如果科目余额为贷方余额，则以负数来显示，如“借－100”。

如果选择了“结账要求损益类科目余额为零”，则总账在结账前必须结转损益。损益结转采用账结法的企业，必须选中此项；损益结转采用表结法的企业，则不需要选择此项。

（2）在“凭证”页签中，点击【总账】→【凭证】，勾选以下项目：凭证过账前必须审核；不允许修改/删除业务系统凭证（如图3－8所示）。

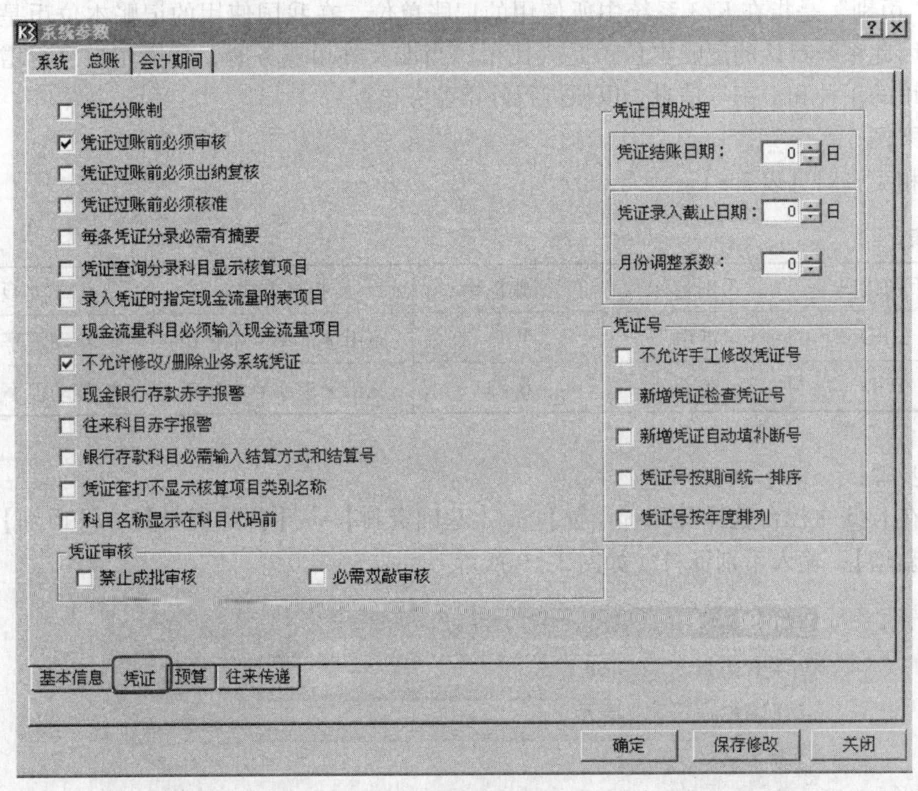

图3－8

若选择了“凭证过账前必须审核”，则凭证在制单后必须经过主管审核才可以进行过账处理；如果不选择此项，那么凭证不审核也可以过账。在实务操作中，企业在设置总账参数时必须选择此项，此项内容也可以在账套进行初始设置时设置。

“不允许修改/删除业务系统凭证”是针对非总账系统生成的凭证，如果选择这一选项，则其他业务系统产生的凭证在总账中只能查看，不能进行修改或删除。

全部设置完成后点击【保存修改】，再点击【确定】退出。

第二节　初始化

初始化是指企业的账务与物流业务的基础设置，以及启用账套会计期间的期初数据。本节主要讲述K/3总账系统在使用前的初始化工作——初始数据录入的操作，包括币别、凭证字、计量单位、结算方式、客户、部门、职员、供应商、物料等信息的录入。总账系统的初始化是K/3系统的基础设置，所以极其重要。

一、币别

“币别”是指在 K/3 系统中所使用的记账单位。在我国使用的记账本位币是人民币，因此系统默认的记账本位币是人民币。当涉及外币业务时，需要用户自行增加相关外币的币种和汇率等信息，以便进行外币业务核算。

案例：

相关资料见表 3－1。

表 3－1

币别代码	币别名称	记账汇率	折算方式	汇率类型
HKD	港币	1.14	原币×汇率＝本位币	浮动汇率
USD	美元	6.83	原币×汇率＝本位币	浮动汇率

步骤：

在 K/3 主控台选择【系统设置】→【基础资料】→【公共资料】→【币别】，点击【新增】，输入币别资料（如图 3－9 所示）。

图 3－9

提示：

①记账汇率是该币别与记账本位币之间的换算系数。

②固定汇率与浮动汇率——若选择“固定汇率”选项，则凭证录入时不能修改其实汇率，期末也不需要进行调汇处理；浮动汇率则相反。

二、凭证字

“凭证字”也就是凭证的类别，通常有四种分类方案（见表 3－2）：

表 3－2

方案	内容					
第一种	收		付		转	
第二种	现收	银收	现付	银付	转	
第三种	现收	银收	现付	银付	转	特
第四种	记					

案例：

增加凭证字为“记”字。

步骤：

在 K/3 主控台选择【系统设置】→【基础资料】→【公共资料】→【凭证字】→【新增】，新增凭证字为“记”（如图 3－10 所示）。

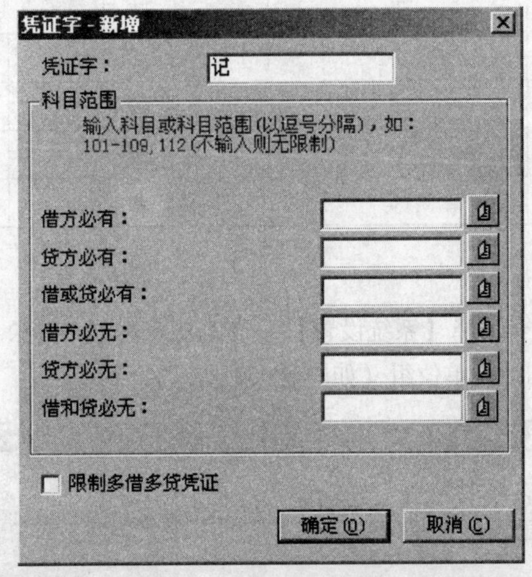

图 3－10

提示：

①如果用户设置了多个凭证字，则可以适当进行科目范围的设置，以保证将来在凭证上正确使用凭证字和会计科目。设置凭证字为“银收”时，则可以在“借方必有”中设置“1002 银行存款”科目。在录制凭证的时候若凭证字使用“银收”，凭证借方就必须出现“1002 银行存款”科目，否则系统不允许保存凭证。

②若选择了“限制多借多贷凭证”项目，当录入多借多贷凭证时，系统不允许保存。

三、计量单位

计量单位是指为定量表示同种量的大小而约定的定义和采用的特定量。计量单位应有明确的名称、定义和符号。把定量同种类或是相类似的物质而使用的不同的计量单位的总和称为一个计量单位组。通常一个计量单位组里的不同的计量单位具有一定的换算关系，如1千米=1 000米，千米和米都是计量单位，它们所在的组就是长度单位计量组。

有些物料的计量单位可能会有几个，一个为主计量单位，其他为辅助计量单位。一个计量单位组系统只默认一个账上计量单位，默认计量单位的系数为1，其他的计量单位均按照系数与默认单位进行换算。

案例：

相关资料见表3－3。

表3－3

计量单位组	代码	计量单位名称	系数
重量组	KG	千克	1
	T	吨	1 000
数量组	J	件	1
	Z	幢	1
	L	辆	1
	tai	台	1

步骤：

（1）在K/3主控台选择【系统设置】→【基础资料】→【公共资料】→【计量单位】→【新增】，增加计量单位组（如图3－11所示）。

图3－11

（2）在左边窗口选择已经新增好的计量单位组，再在右边空白区任意点击一下，再点击【新增】按钮，输入属于该组的计量单位（如图3－12所示）。

说明：

①若想要删除某个组别，必须先删除该组别下所有的计量单位。

②换算方式：通过给计量单位设置不同的换算方式可以支持系统的多计量单位处理。固定换算方式的计量单位与默认计量单位间始终维持固定的换算比率，而浮动换算计量单位则可在物料、单据使用时根据需要指定其换算率。

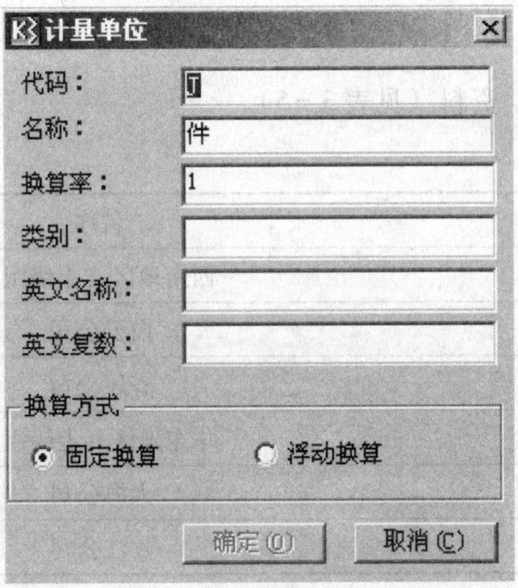

图 3-12

四、结算方式

结算方式是指企业往来业务中的结款方式，如“现金结算”、“汇票结算”。

案例：

相关资料见表 3-4。

表 3-4

代码	名称
JF06	支票

步骤：

在 K/3 主控台选择【系统设置】→【基础资料】→【公共资料】→【结算方式】，点击【新增】，录入新增结算方式的代码和名称，然后点击【确定】即可（如图 3-13 所示）。

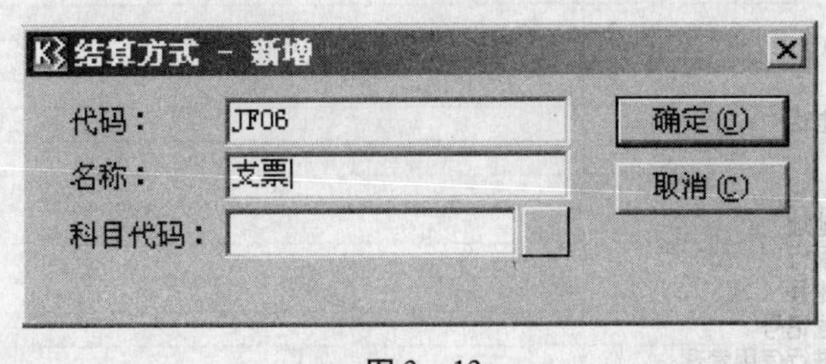

图 3-13

五、客户

案例：新增“客户”资料（见表3－5）。

表3－5

代码	名称
01	西南地区（上级组）
01.01	白云公司
01.02	齐风公司
02	华东地区（上级组）
02.01	大海公司
02.02	长江公司

步骤：

（1）在K/3主控台点击【系统设置】→【基础资料】→【公共资料】→【客户】，点击工具栏中的【新增】按钮；或者在窗口右侧空白处单击鼠标右键，选择【新增客户】，并点击【上级组】以增加核算项目类别（如图3－14所示）。

（2）增加类别后，再点击【上级组】则取消增加类别的状态。

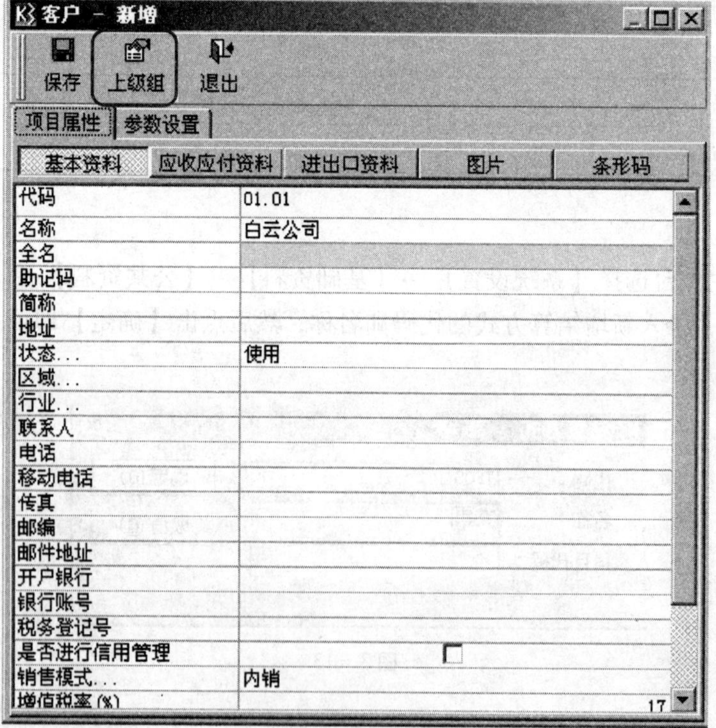

图3－14

说明：

在金蝶 K/3 系统中，代码是用来记录各项资料的标识码。代码的编码规则为“一级代码 + 二级代码 + 三级代码 + ……”即“＊＊＊＊. ＊＊”。如“银行存款——建设银行”科目的代码即为“1002. 01”，其中 1002 为一级科目代码“银行存款”，而“01”则表示二级科目“建设银行”。同理，客户资料中“01. 01”代表白云公司，该公司属于西南地区。

同时需要注意的是，在编码时注意各级次间要以圆点“.”分割，各级次的长度系统不限制，可以任意设置。

六、部门

案例：

相关资料见表 3 - 6。

表 3 - 6

代码	名称
01	财务部
02	行政部
03	销售部（上级组）
03. 01	销售一部
03. 02	销售二部
04	生产部

步骤：

在 K/3 主控台点击【系统设置】→【基础资料】→【公共资料】→【部门】→【新增】，录入相关信息。若部门有上下级别关系的，需要对上级部门设置“上级组”（如图 3 - 15 所示）。

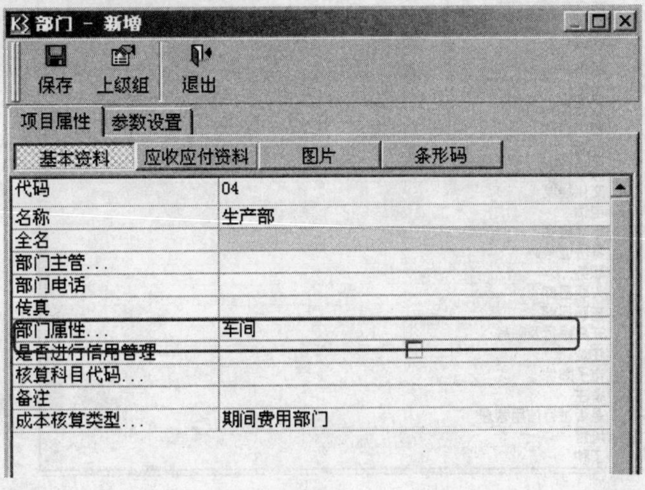

图 3 - 15

提示：

①部门的增加方法与客户类似，也分为上级组和非上级组，增加时需要区别对待。

②“部门属性”项目分为“车间”和“非车间”。一般来说，在制造型企业中，只有生产车间的部门属性是“车间”，其他的部门属性均为“非车间”。

③若此部门的业务需要进行“信用管理”，则需要勾选“是否进行信用管理”一项，便于对其业务实施往来信用的控制。

七、职员

案例：

相关资料见表 3－7。

表 3－7

代码	名称	部门	性别
001	肖萧	财务部	男
002	蓝兰	财务部	女
003	胡风	行政部	男
004	吉祥	销售一部	男
005	如意	销售二部	女
006	张洋	生产部	男

步骤：

在 K/3 主控台点击【系统设置】→【基础资料】→【公共资料】→【职员】→【新增】，录入相关信息（如图 3－16 所示）。

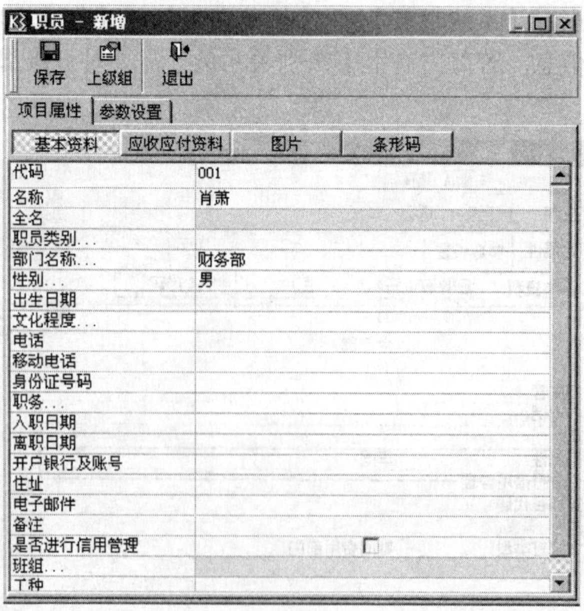

图 3－16

提示：

设置“职员”属性前应先设置“部门”属性，否则无法在系统中选择其归属。

八、供应商

案例：

相关资料见表3-8。

表3-8

代码	名称
01	青羊区（上级组）
01.01	百度公司
01.02	东方公司
02	武侯区（上级组）
02.01	电强公司
02.02	鸿兴公司

步骤：

在K/3主控台点击【系统设置】→【基础资料】→【公共资料】→【供应商】→【新增】，录入相关信息。操作如“客户”设置。

九、新增核算项目类别

核算项目是科目的一种辅助核算。它能简化会计科目，与设置明细科目相比，更直观、更简洁，处理速度更快。例如，费用科目需要按部门进行核算，则只要在费用科目上勾选相应的“部门核算项目”，在录入凭证时输入具体的核算项目，即可起到明细科目的作用；而在设置时，不用每个费用科目都增加部门的明细科目，只需在辅助核算项目中维护即可。设置核算项目可以减少重复使用科目，减少科目的冗余。

案例：

新增“产成品”核算项目（见表3-9）。

表3-9

属性名称	属性类别	属性长度
标准成本	实数	
出厂价	实数	
零售价	实数	
销售政策	文本	255

步骤：

（1）在K/3主控台选择【系统设置】→【基础资料】→【公共资料】→【核算项

目管理】，点击【新增】，录入代码和名称，增加一个核算项目类别（如图3－17所示）。

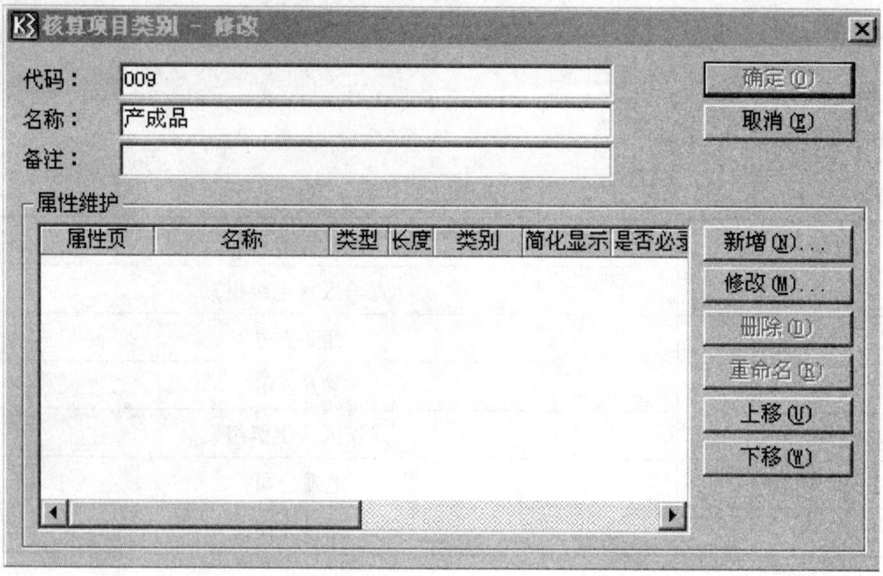

图3－17

（2）在新增界面点击【新增（N）】，录入该核算项目的自定义属性（如图3－18所示）。

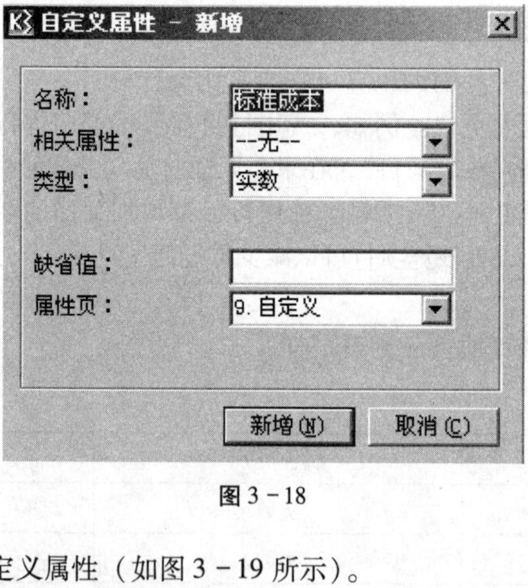

图3－18

（3）输入所有自定义属性（如图3－19所示）。

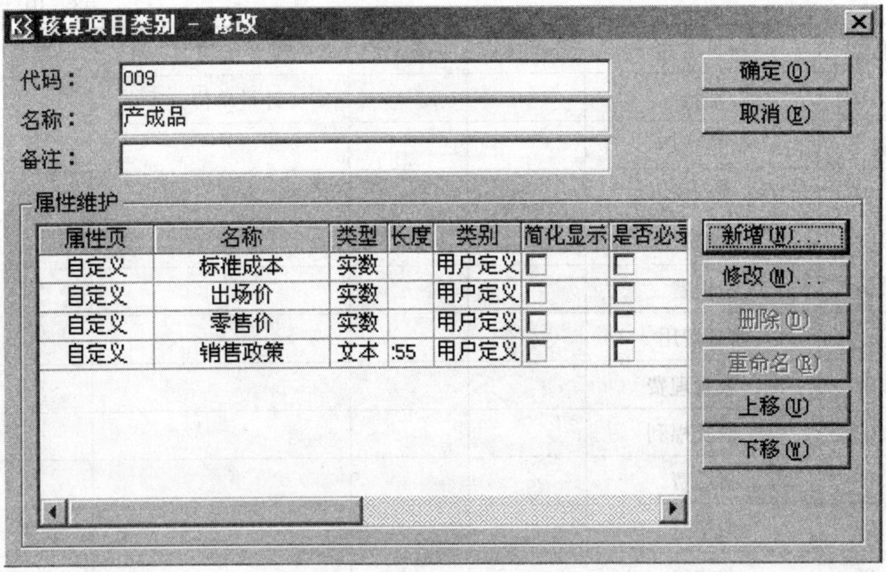

图 3－19

（4）点击【确定】，完成核算项目的增加。

十、会计科目设置

在本系统中，会计科目可以按照模板引入，但引入的只是一级科目，少数会计科目体系有规定的二级科目，用户可以根据自身的需要新增二级科目或其他级别明细科目，并对所有的会计科目属性进行维护。

在会计科目设置窗口中，可以对会计科目进行浏览、增加、修改、删除、科目禁用、管理科目禁用、预算数据输入、科目计算的定义，以及全部科目属性情况预览、打印等操作。

案例：

（1）增加会计科目（见表 3－10）。

表 3－10

科目代码	科目名称	外币核算	期末调汇	数量金额辅助核算	核算项目
1002	银行存款	所有币别			
1002.01	建设银行	不核算			
1002.02	中国银行	美元	√		
1002.03	农业银行	港币	√		
1133	其他应收款				
1133.01	职员				职员
1211	原材料				
1211.01	主料			√（计量单位：千克）	

表3-10(续)

科目代码	科目名称	外币核算	期末调汇	数量金额辅助核算	核算项目
1211.02	辅料			√(计量单位:千克)	
1301	待摊费用				
1301.01	报刊费				
5501	营业费用				
5501.01	折旧费				
5502	管理费用				
5502.01	行政管理费				
5502.02	工资及福利				
5502.03	折旧费				
5502.04	通信费				部门、职员
5502.05	差旅费				
5502.06	办公费				
4101	生产成本				
4101.01	工资及福利费				
4105	制造费用				
4105.01	折旧费				
4105.02	工资及福利费				
5101	主营业务收入				部门、职员、物料
5503	财务费用				
5503.01	利息				
5503.02	汇兑损益				

(2) 会计科目的修改(见表3-11)。

表3-11

科目代码	科目名称	往来业务核算	核算项目
1131	应收账款	√	客户
2121	应付账款	√	供应商

步骤:

(1) 首先点击工具栏上的“查看”下的“选项”项目(如图3-20所示)。

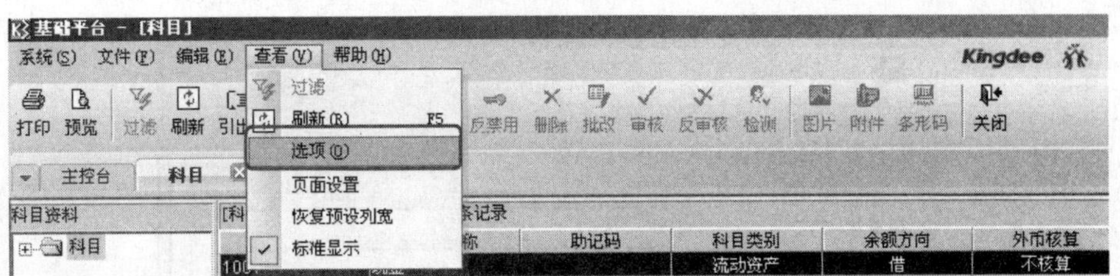

图 3－20

在弹出的“基础资料查询选项”界面中，选中“显示所有明细（A）”，点击【确定】（如图 3－21 所示）。

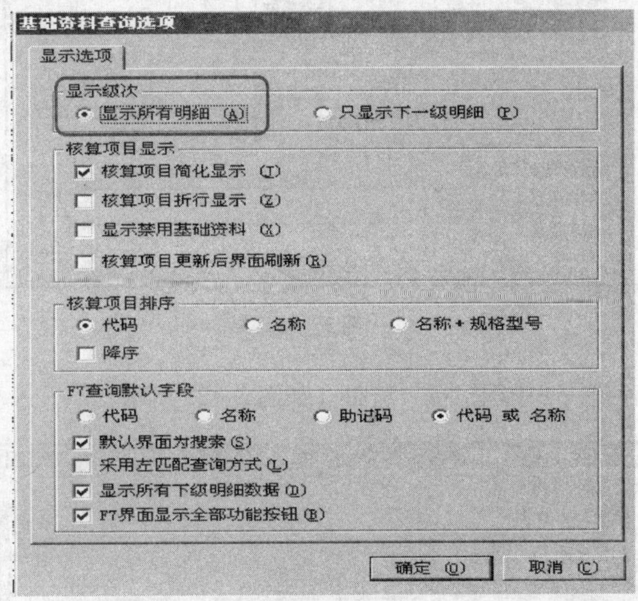

图 3－21

（2）在 K/3 主控台，选择【系统设置】→【基础资料】→【公共资料】→【科目】，点击【新增】，可以增加新的明细会计科目。例如，增加“银行存款——建设银行”科目（如图 3－22 所示）。

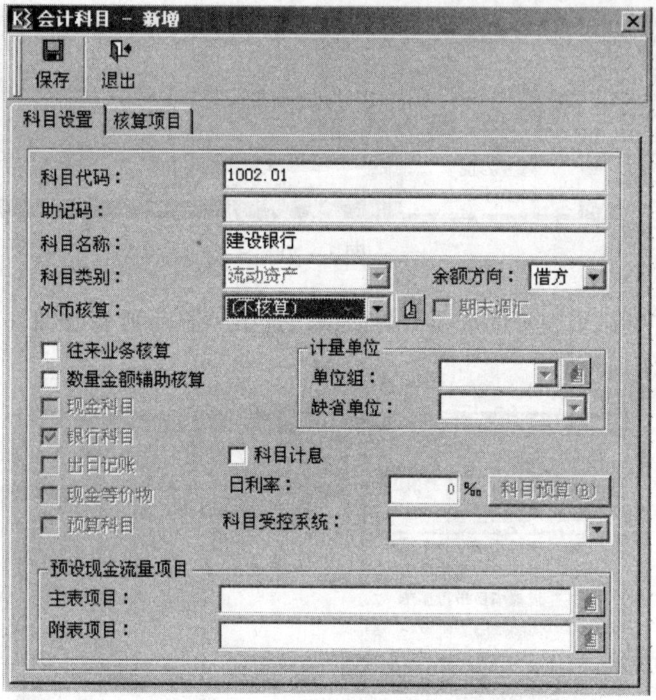

图 3-22

增加“银行存款——中国银行”科目（如图 3-23 所示）。

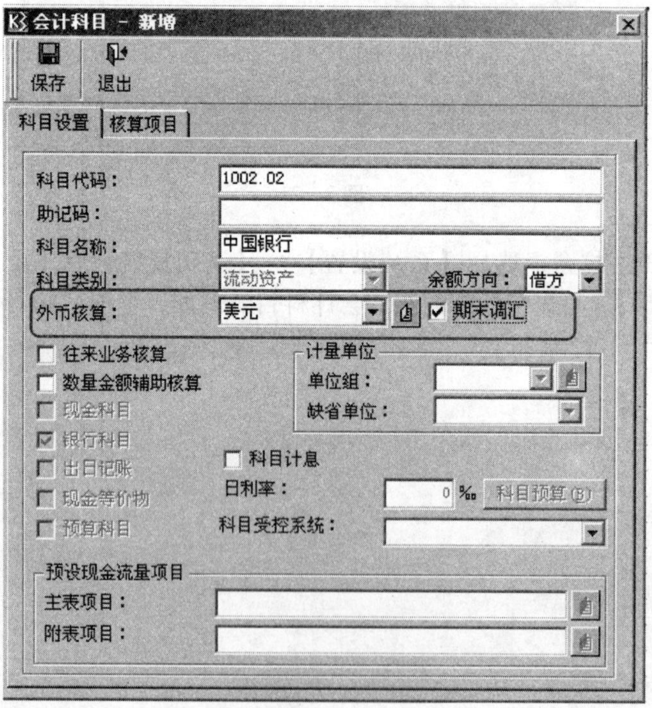

图 3-23

增加“原材料——主料”科目，如图3－24所示。

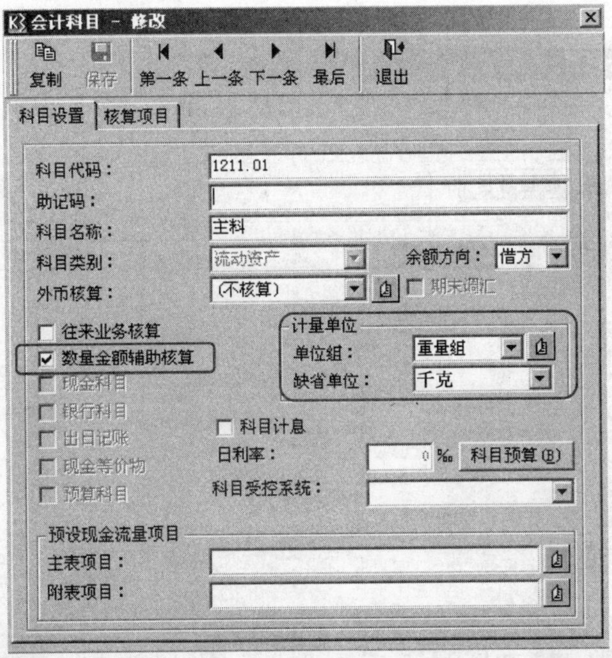

图3－24

增加“管理费用——通信费”科目时，先在“科目设置”标签页中增加科目代码与科目名称（如图3－25所示）。

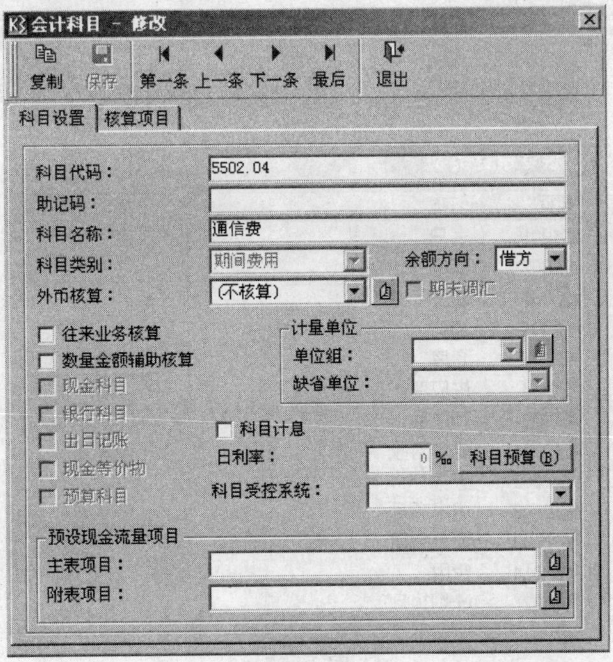

图3－25

然后在“核算项目”标签页中增加该科目的核算项目（如图3－26、图3－27、图3－28所示）。

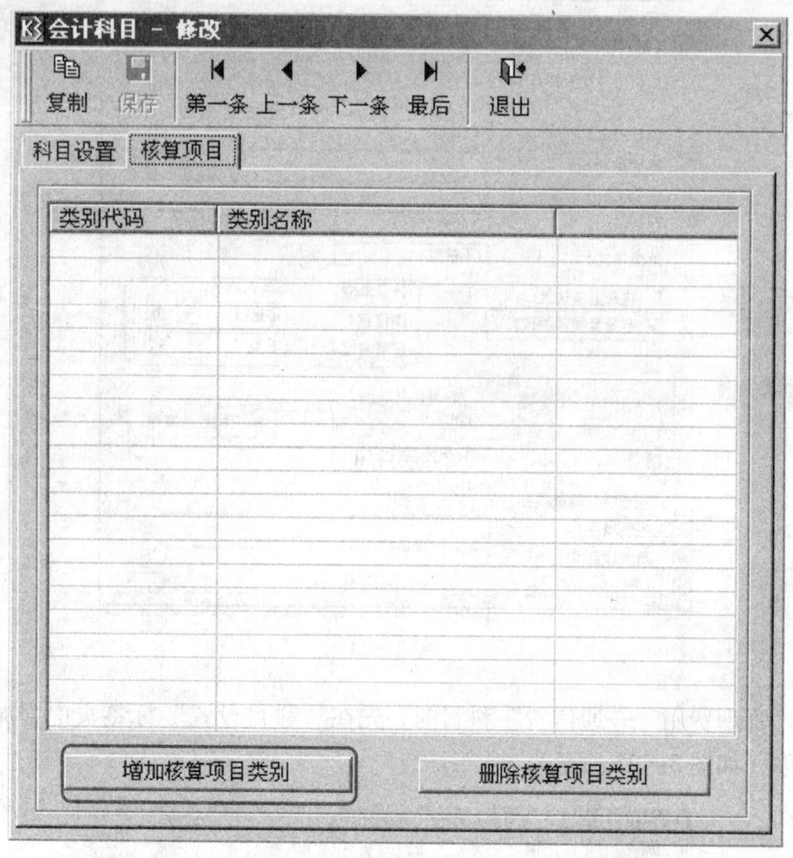

图3－26

图3－27

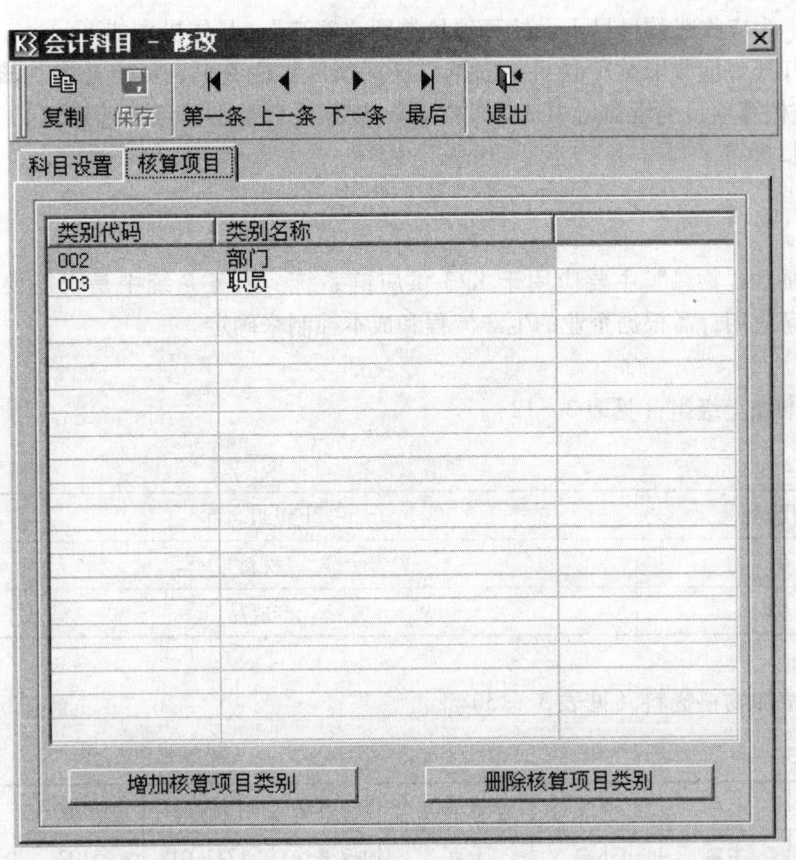

图 3－28

提示：

①科目名称是该科目的文字标识，而科目代码是符号标识。在命名科目名称时只需命名本级科目名称，不必带上级科目名称。输入的科目名称一般为汉字和字符。

②外币核算：指定该科目外币核算的类型。具体核算方式有三种：不核算外币（只核算本位币）；核算所有外币（对本账套中设定的所有货币进行核算）；核算单一外币（只对本账套中某一种外币进行核算）。

③期末调汇：确定是否在期末进行汇率调整。只有科目进行了外币核算，此选项才可用。如选择期末调汇，系统将在月底自动进行期末调汇并生成一张调汇凭证。

④往来业务核算：在一些需要核对往来业务的科目中设置。选择后此类科目在输入凭证时系统会要求输入往来业务核算代码，并会对此类科目进行往来业务核算。

⑤数量金额辅助核算：选择此项目后，会计科目不仅核算金额，而且核算数量，在输入凭证时要求用户既输入金额又输入数量。

⑥计量单位：选择科目的计量单位组及缺省的计量单位。只有科目进行了数量金额辅助核算，此项目才可使用。缺省计量单位是指凭证上使用到该科目时的默认单位。

⑦双击某个会计科目，可以打开并修改科目的属性，并且可以在“核算项目”标签中设置该会计科目所下设的核算项目。

例如，为应收账款科目下设核算项目类别“客户”，具体操作如下：

双击打开“应收账款”科目，选择“核算项目”标签页，点击【增加核算项目类别】，在该核算项目类别窗口中选择“客户”核算项目类别，点击【确定】，设置后点击【保存】即可。

十一、物料

核算项目“物料”主要应用于K/3供应链系统。财务系统中是否需要应用“物料”及如何应用，需根据企业的生产流程和成本控制来确定。

案例：

（1）增加上级组（见表3－12）。

表3－12

代码	上级组名称
01	材料
02	产成品

（2）增加物料资料（见表3－13）。

表3－13

代码	名称	属性	计量单位	计价方法	存货科目	销售收入	销售成本
01.01	主料	外购	千克	加权平均	1211.01	5102	5405
01.02	辅料	外购	千克	加权平均	1211.02	5102	5405
02.01	甲产品	自制	件	加权平均	1243	5101	5401
02.02	乙产品	自制	件	加权平均	1243	5101	5401

步骤：

在K/3主控台点击【系统设置】→【基础资料】→【公共资料】→【物料】→【新增】，录入相关信息（如图3－29、图3－30所示）。

提示：

①“物料”的增加方法与“客户”、“供应商”的增加方法一样。

②“物料”的属性项目较多，其中有必填项和非必填项。点击“选项”中的“查看”，将必填项背景颜色加深，再返回操作界面。一般来说，物料代码、物料名称、计量单位组、基本计量单位、计价方法、存货科目代码、销售收入科目代码和销售成本科目代码为必填项；或者在录入完后点击【保存】，若系统认为还有项目需要填写，就不予以保存，并且，鼠标会自动闪现在必填项的地方。

③在录入相关科目代码时，可以使用F7键从会计科目资料中选择，也可以直接手工录入会计科目代码。

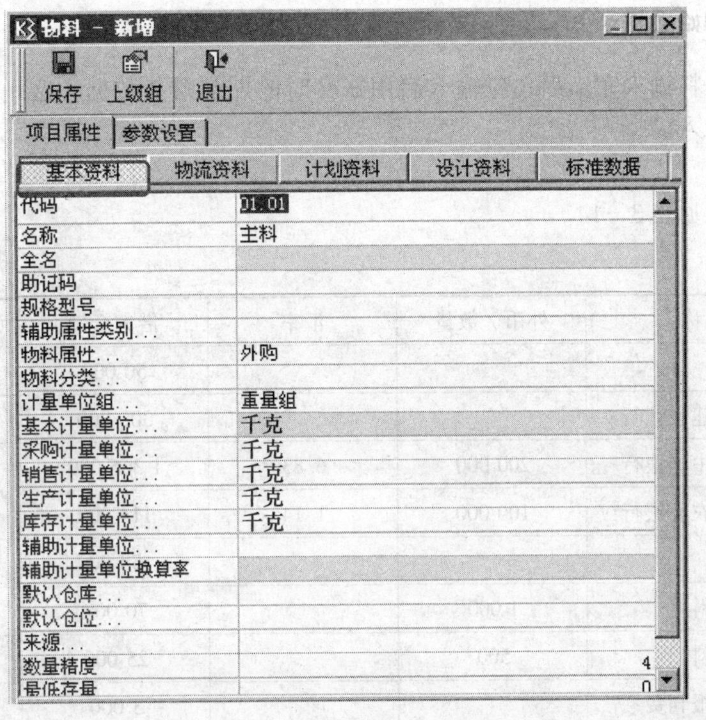

图 3－29

物料 - 新增

保存 上级组 退出

项目属性 参数设置

基本资料 物流资料 计划资料 设计资料 标准数据

是否需要进行订补货计划的	
失效提前期(天)	
盘点周期单位...	
盘点周期	
每周/月第()天	
上次盘点日期	
外购超收比例(%)	0
外购欠收比例(%)	0
销售超交比例(%)	0
销售欠交比例(%)	0
完工超收比例(%)	0
完工欠收比例(%)	0
计价方法...	加权平均法
计划单价	0
单价精度	2
存货科目代码...	1211.01
销售收入科目代码...	5102
销售成本科目代码...	5405
成本差异科目代码...	
代管物资科目...	
税目代码...	

图 3－30

十二、初始数据录入

当各项资料输入完毕后，应输入启用账套时的期初财务数据，这一操作过程被称为初始数据录入。

案例：

相关资料见表 3－14。

表 3－14

科目名称	外币/数量	汇率	借方金额	贷方金额
现金			50 000	
银行存款——建设银行			300 000	
银行存款——中国银行	200 000	6.83	1 366 000	
银行存款——农业银行	100 000	1.14	114 000	
应收账款			158 000	
原材料——主料	1 000		70 000	
——辅料	500		25 000	
待摊费用——报刊费			3 000	
其他应收款——职员	肖萧		5 000	
坏账准备				5 000
固定资产			2 000 000	
累计折旧				900 000
应付账款				750 000
短期借款				200 000
实收资本				2 236 000
合计			4 091 000	4 091 000

应收账款科目期初数据见表 3－15。

表 3－15

客户	时间	事由	金额
白云公司	2008.10.12	销货款	88 000
大海公司	2008.09.30	销货款	70 000
合计			158 000

应付账款科目期初数据见表 3－16。

表 3-16

供应商	时间	事由	金额
东方公司	2008.12.21	购买原材料	300 000
电强公司	2009.06.03	购买原材料	450 000
合计			750 000

步骤：

（1）在 K/3 主控台点击【系统设置】→【初始化】→【总账】→【初始数据录入】，进行初始余额的录入。

初始余额录入的界面的上方有一个小窗口，单击此窗口会弹出一个下拉列表框，在这里可以选择不同的货币窗口对应录入不同的币别的数据。

说明：

①初始余额的录入分两种情况进行处理：一种情况是账套的启用时间是会计年度的第一个会计期间，只需录入各个会计科目的初始余额；另一种情况是账套的启用时间非会计年度的第一个会计期间，此时需录入截至账套启用期间的各个会计科目的本年累计借、贷方发生额，损益的实际发生额，各科目的初始余额。

②中国银行和农业银行科目数据为外币业务，需要分别选择“美元”和“港币”币别才能录入。

例如：输入中国银行期初数据。

在左上方的下拉列表框中选择“美元”，弹出中国银行期初数据录入界面（如图 3-31所示）。

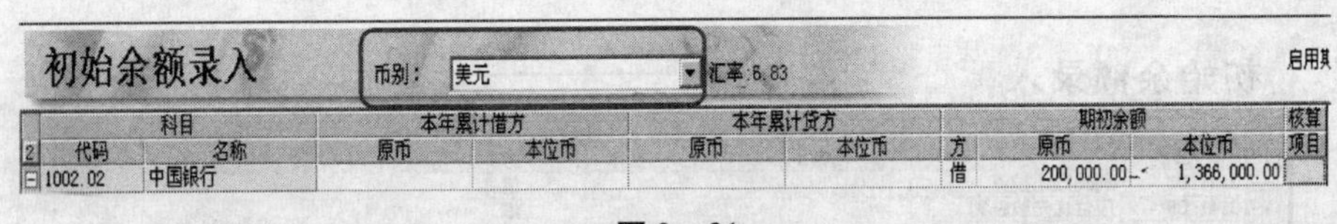

图 3-31

在期初余额——原币下输入 200 000，系统将会自动折合出“本位币”的金额 1 366 000元。

然后再在左上方的下拉列表框中选择“港币”，录入农业银行的期初数据。

（2）如果科目设置了核算项目，系统在初始数据录入的时候，会在科目的核算项目栏中做一个标记“√”。点击“√”，系统会自动切换到核算的初始余额录入窗口，每录完一笔，系统会自动新增一行。

点击“应收账款”科目栏对应的“√”，进入“核算项目初始余额录入（科目：1131 应收账款）”界面，依次输入“客户——白云公司，期初余额 88 000” （如图 3-32所示）。

点击【插入】按钮，再输入“客户——大海公司，期初余额 70 000”，点击【保存】

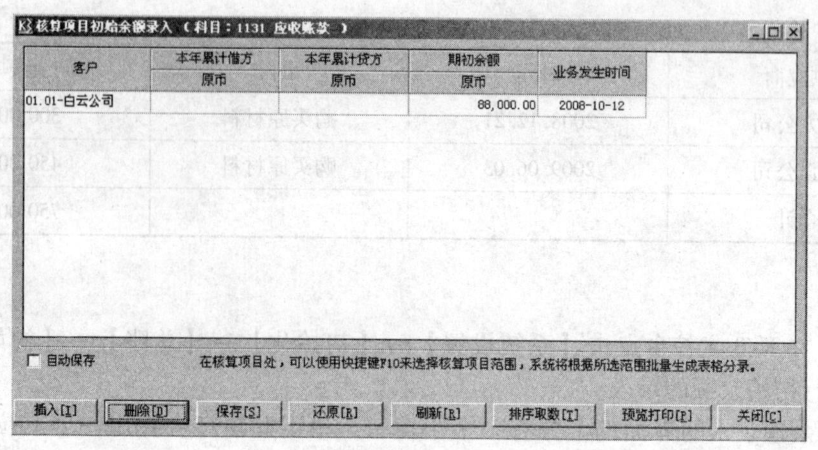

图 3－32

后退出。回到初始余额录入界面，系统自动计算出“应收账款”期初余额为158 000（如图3－33 所示）。也就是说，系统通过汇总“1131”应收账款的客户明细账数据，得到总账科目的数据，此栏底色变成黄色，表示自动汇总，并不允许直接修改。

图 3－33

（3）在数据录入的过程中，系统提供了自动识别的功能：如果科目是数量金额核算，当光标移到该科目时，系统自动弹出“数量”栏供用户录入期初结存数量。

（4）如果是损益类科目，当光标移到该科目时，系统会自动弹出“损益类本年实际发生额”供用户录入；余额可分借贷方两栏显示（如图3－34 所示）。

图 3－34

数据输入完后，在“币别”窗口选择【综合本位币】，汇总各币别数据，然后点击【平衡】图标按钮，查看初始数据“试算平衡”情况。试算平衡表窗口中显示余额的借贷方数据及差额，在差额为零时说明试算结果平衡（如图 3－35 所示）。

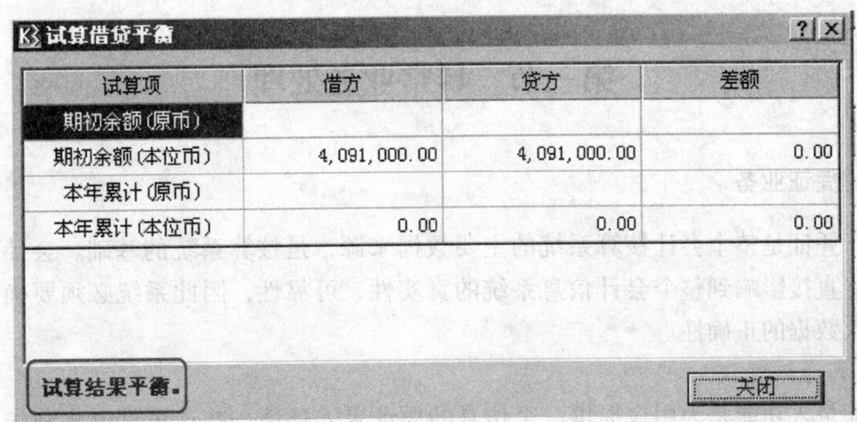

图 3－35

十三、结束初始化与反初始化

在完成初始数据录入并且试算平衡的基础上，结束初始化开始日常业务的处理工作。

步骤：

（1）在 K/3 主控台点击【系统设置】→【初始化】→【总账】→【结束初始化】，点击【开始】即可（如图 3－36 所示）。

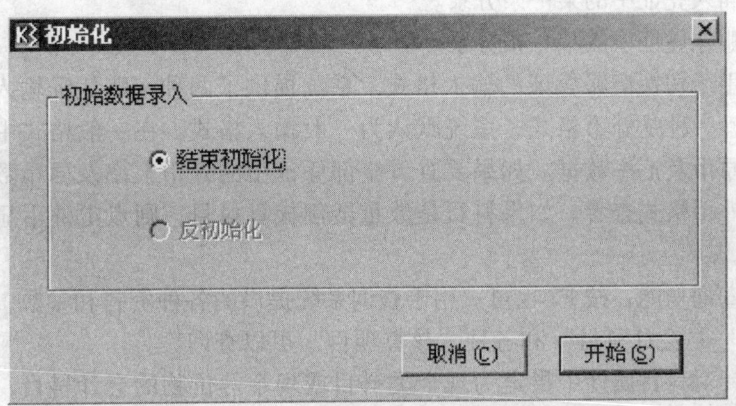

图 3－36

（2）若初始数据录入有问题需要修改，在第一期间可以点击【系统设置】→【初始化】→【总账】→【反初始化】，取消初始化，修改数据，并重新结束初始化状态。

提示：

①初始数据录入工作可以和日常单据录入工作同时进行，只要在期末处理前关闭

初始化即可。

②在使用反初始化功能时，如果系统已经进行了日常业务的期末处理，必须先反期末处理到账套启用期间后才能进行反初始化操作。

第三节 日常业务处理

一、凭证业务

会计凭证是整个会计核算系统的主要数据来源，是核算系统的基础。会计凭证的正确性将直接影响到整个会计信息系统的真实性、可靠性，因此系统必须要确保会计凭证录入数据的正确性。

（一）录入凭证

凭证录入功能是为用户提供一个仿真的凭证录入环境，在这里可以将制作的记账凭证录入电脑，也可以根据原始单据直接在这里制作记账凭证。在凭证录入功能中，系统提供了许多功能操作，以方便、高效、快捷地输入记账凭证。

字段及功能说明：

日期：此日期是位于记账凭证顶部中间位置的日期，该日期是指会计日期。与业务日期不同，会计日期应等于或是晚于业务日期。

新增：用于新增凭证。

保存：用于保存录入的凭证内容。

还原：发现凭证录入错误，将凭证内容整个删除，恢复到空白凭证。

插入：插入凭证中的某一条分录。

删除：删除凭证中的某一条分录。

外币：用于切换记账凭证的输入格式。系统提供了两种记账凭证输入格式，一种是一般格式，一种是外币格式，系统默认为一般输入格式。在一般格式中不显示录入凭证的外币原币及汇率数据。如果要查看全部凭证中的外币汇率及原币数据，可用此功能转换成外币格式查看。如果科目是数量金额核算科目，则点击外币显示计量单位及数量单价。

代码：查询功能，按 F7 也可。用于查询系统提供的各种资料和参数，在凭证录入时有“摘要”、“会计科目”和各种“核算项目”可以查询。

流量：针对科目属性中指定为现金类科目或现金等价物的会计科目，可以在此定义其现金流量内容，是做现金流量表的一种方法。

案例：

卓越公司本月发生如下经济业务：

（1）3 日，以现金支付行政管理费 800 元。

借：管理费用——行政管理费　　800

　贷：现金　　800

（2）9 日，财务部蓝兰从建设银行提取现金 10 000 元，作为备用金。

借：现金　　10 000

　贷：银行存款——建设银行　　10 000

（3）12 日，收到兴华公司投资款 20 000 美元，存入中国银行账户，当时美元汇率为 6.85，换算为本币即 137 000 元。

借：银行存款——中国银行　　137 000

　贷：实收资本　　136 600

　　　资本公积　　400

（4）15 日，销售一部吉祥向齐风公司销售甲产品 60 000 元，增值税率为 17%，货款暂欠。

借：应收账款——齐风公司　　70 200

　贷：主营业务收入——销售一部/吉祥/甲产品　　60 000

　　　应交税费——应交增值税（销项税额）　　10 200

（5）20 日，向东方公司采购原材料 50 000 元，主料 500 千克，单价 70 元/千克，辅料 300 千克，单价 50 元/千克，货款暂未付。

借：原材料——主料　　35 000

　　　　　——辅料　　15 000

　　应交税费——应交增值税（进项税额）　　102 000

　贷：应付账款　　602 000

（6）22 日，以现金支付本月通信费 800 元，财务部肖萧 300 元，销售一部吉祥 300 元，销售二部如意 200 元。

借：管理费用——通信费（财务部肖萧）　　300

　　　　　　——通信费（销售一部吉祥）　　300

　　　　　　——通讯费（销售二部如意）　　200

　贷：现金　　800

（7）25 日，财务部肖萧出差归来，报销差旅费 2 000 元，并交回现金 200 元。

借：管理费用——差旅费　　1 800

　　现金　　200

　贷：其他应收款——肖萧　　2 000

步骤：

在 K/3 主控台中，点击【财务会计】→【总账】→【凭证处理】→【凭证录入】，录入相关业务。在凭证上点击下拉箭头，调出日历，单击某个日期即可选择财务日期，然后录入或选择摘要、科目等内容，保存凭证即可。

（1）第一笔业务“支付行政管理费”。点击【财务会计】→【总账】→【凭证处理】→【凭证录入】，在“记账凭证”界面，点击“业务日期”后的下拉列表框，调出日历，选择业务日期“2009 年 12 月 3 日”，再点击中间部分的日期下拉列表框，选择财务日期，敲击【Enter】键，光标移到摘要栏下，在摘要栏下输入摘要“支付行政管理费”；继续敲击【Enter】键，选择会计科目“5502.01 管理费用——行政管理费”（双击鼠标或按 F7 键选择），然后在借方栏中输入金额 800 元。同理，输入贷方科目和金额。输入完成后点击【保存】。

（2）第二笔业务“提现”。输入方法同上。

（3）第三笔业务“收到投资款”。点击【财务会计】→【总账】→【凭证处理】→【凭证录入】，在“记账凭证”界面，点击“业务日期”后的下拉列表框，调出日历，选择业务日期“2009 年 12 月 12 日”，再点击中间部分的日期下拉列表框，选择财务日期，敲击【Enter】键，光标移到摘要栏下，在摘要栏下输入摘要“收到投资款”；继续敲击【Enter】键，选择会计科目“1002. 02 银行存款——中国银行”，在原币金额/数量栏下输入 20 000，系统自动计算借方金额 137 000 元。敲击鼠标，将光标带到第二条记录上，贷方科目“3101 实收资本”，金额 136 600 元；“资本公积”，金额 400 元（如图 3 – 37 所示）。

记账凭证

参考信息：

业务日期：2009年12月12日　　　日期：2009年12月12日　2009年第12期

	摘要	科目	币别 单位	汇率 单价	原币金额 数量	借方	贷方
1	收到投资款	1002.02 – 银行存款 – 中国银行	美元	6.85 0	2000000 0	13700000	
2	收到投资款	3101 – 实收资本（或股本）	人民币	1 0	13660000 0		13660000
3	收到投资款	3111.01 – 资本公积 – 资本（或股本）溢价	人民币	1 0	40000 0		40000
4							
	合计：壹拾叁万柒仟元整					13700000	13700000

图 3 – 37

（4）第四笔业务“销售产品”。点击【财务会计】→【总账】→【凭证处理】→【凭证录入】，在“记账凭证”界面，依次选择业务日期和财务日期及摘要，输入借方科目“1131 应收账款”，敲击【Enter】键，在“记账凭证”界面底部出现核算项目选择项目，在“客户”后面的空白框中，双击鼠标或按 F7 键，出现客户资料，选择“齐风公司”，再输入借方金额 70 200。同理，输入贷方科目“5101 主营业务收入”后敲击【Enter】键，“记账凭证”界面底部出现部门、职员和物料三个核算项目选择框，依次选择“销售一部”、“吉祥”、“甲产品”，再输入金额 60 000，“应交税费——应交增值税”，金额 10 200（如图 3 – 38、图 3 – 39 所示）。

记账凭证

参考信息：
业务日期：2009年12月15日　　　　日期：2009年12月15日　2009年第12期

	摘要	科目	借方	贷方
1	销售产品	1131 - 应收账款		
2				
			000	000

结算方式：　　客户：
结算号：

图 3－38

记账凭证

参考信息：
业务日期：2009年12月15日　　　　日期：2009年12月15日　2009年第12期

	摘要	科目	借方	贷方
1	销售产品	1131 - 应收账款/01.02 - 齐风公司	7020000	
2	销售产品	5101 - 主营业务收入/03.01 - 销售一部/004 - 吉祥/02.01 - 甲产品		6000000
3	销售产品	2171.01 - 应交税金 - 应交增值税		1020000
4				
	合计：柒万零贰佰元整		7020000	7020000

结算方式：　　部门：03.01　销售一部
结算号：　　职员：004　吉祥
物料：02.01　甲产品

图 3－39

（5）第五笔业务“采购原材料”。参考第二笔业务的填制方法。在数量栏下输入数量，单位栏下输入单价，系统会自动计算出总金额（如图 3－40 所示）。

记账凭证

参考信息：

业务日期：2009年12月20日　　日期：2009年12月20日 2009年第12期

	摘要	科目	币别/单位	汇率/单价	原币金额/数量	借方	贷方
1	采购原材料	1211.01 - 原材料 - 主料	人民币	1	3500000	3500000	
			千克	70	500		
2	采购原材料	1211.02 - 原材料 - 辅料	人民币	1	1500000	1500000	
			千克	50	300		
3	采购原材料	2171.01 - 应交税金 - 应交增值税	人民币	1	1020000	1020000	
				0	0		
4	采购原材料	2121 - 应付账款/01.01 - 百度公司	人民币	1	6020000		6020000
				0	0		
5							
合计：陆万零贰佰元整						6020000	6020000

结算方式：

结算号：

图 3－40

（6）第六笔业务“支付通信费”。参考第四笔业务的填制（如图 3－41 所示）。

记账凭证

参考信息：

业务日期：2009年12月22日　　日期：2009年12月22日

	摘要	科目	借方	贷方
1	支付通信费	5502.04 - 管理费用 - 通信费/01 - 财务部/001 - 肖萧	30000	
2	支付通信费	5502.04 - 管理费用 - 通信费/03.01 - 销售一部/004 - 吉祥	30000	
3	支付通信费	5502.04 - 管理费用 - 通信费/03.02 - 销售二部/005 - 如意	20000	
4	支付通信费	1001 - 现金		80000
合计：捌佰元整			80000	80000

图 3－41

（7）第七笔业务“报销差旅费”。参考第四笔业务的填制（如图3－42所示）。

记账凭证

参考信息：

业务日期：2009年12月25日　　日期：2009年12月25日

	摘要	科目	借方	贷方
1	报销差旅费	5502.05 - 管理费用 - 差旅费	180000	
2	报销差旅费	1001 - 现金	20000	
3	报销差旅费	1133.01 - 其他应收款 - 职员/001 - 肖萧		200000
	合计：贰仟元整		200000	200000

结算方式：　　职员：001　肖萧

结算号：

图3－42

提示：

①在凭证录入的过程中，系统提供了多种选项供用户选择，力求凭证录入方便、快捷、准确，包括“凭证保存后立即新增”和“自动携带上条分录信息”等（如图3－43所示）。点击【查看】→【选项】，进行快捷操作。

②在凭证录入过程中，选择已经录入的科目，同时可以查看该科目的明细账。点击【查看】→【查看明细账】。

凭证录入选项

基本设置
- [ ] 自动显示代码提示窗口
- [ ] 凭证录入缺省显示外币
- [ ] 凭证保存后立即新增
- [ ] 连续新增模式凭证
- [ ] 新增凭证时取系统日期
- [ ] 金额录入单元按千分位显示

凭证录入检查
- [x] 每一项数据输入完后立即检查
- [x] 每一条分录输入完后立即检查
- [ ] 保存进行原币平衡校验
- [x] 核算项目回车检查
- [ ] 单价不随金额计算
- [ ] 结算方式与结算号重复报警
- [ ] 保存检查附件数

新增分录
- [ ] 借贷自动平衡

自动携带上条分录信息
- [x] 摘要
- [ ] 科目
- [ ] 币别/汇率
- [ ] 单位
- [ ] 单价
- [ ] 数量
- [ ] 原币
- [ ] 本位币
- [ ] 结算方式
- [ ] 结算号
- [ ] 核算项目

确定(O) 取消(C)

图 3-43

（二）凭证修改和删除

凭证查询提供了十分丰富的凭证处理功能。凭证的修改和删除必须在“凭证查询”中进行。

步骤：

在 K/3 主控台中，点击【财务会计】→【总账】→【凭证处理】→【凭证查询】，系统弹出“会计分录序时簿——过滤”窗口（如图 3-44 所示）。

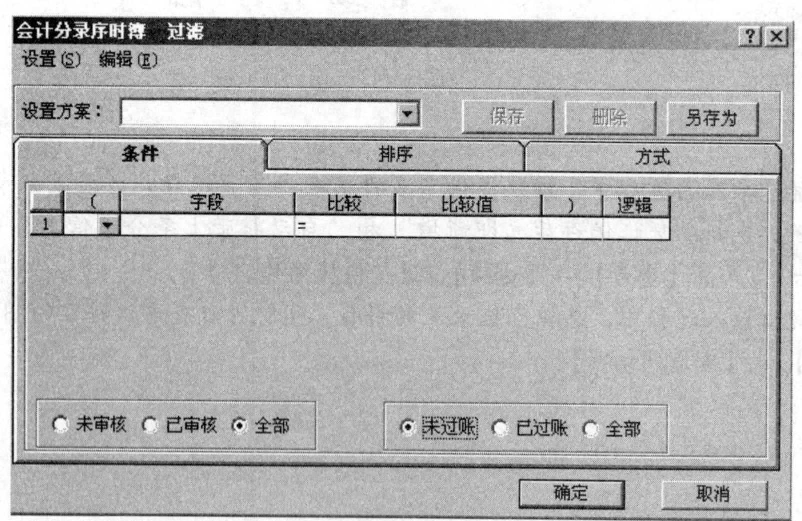

图 3-44

在该窗口中，选择“全部”后点击【确定】，进入“会计分录序时簿”窗口。将光标定位于要修改的凭证上，单击工具条中相应的“修改”按键，系统会显示记账凭证修改界面，修改后重新保存即可。其操作方法与凭证录入相似。选中要删除的凭证，单击工具条中“删除”按键，可以删除此凭证。

说明：

如果要修改的记账凭证已经审核，此凭证只能进行查看，不能修改，只有未审核且未过账的凭证才允许修改。删除凭证同理。想修改或删除记账凭证，若其已经过审核，必须先取消“审核”，若其已经过账，必须先反“过账”，再取消“审核”，才能进行处理。

（三）复制凭证

当录入的凭证的摘要、科目名称都相同，只有金额不同时，可以采用复制凭证的方式进行快捷操作。

步骤：

在 K/3 主控台中，点击【财务会计】→【总账】→【凭证处理】→【凭证查询】，进入“会计分录序时簿”窗口。选中所要复制的会计分录点击右键——复制，就会出现录入凭证界面，此时需将金额输入后保存即可（如图 3－45 所示）。

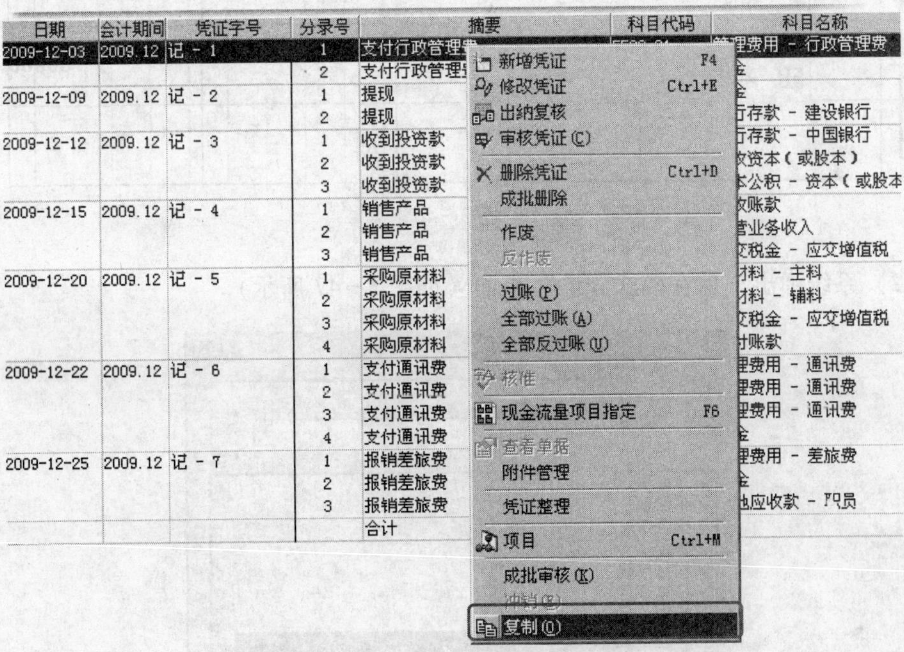

图 3－45

（四）模式凭证

为方便用户重复录入，系统提供了模式凭证功能，将常用凭证保存为模式凭证，以后在录入凭证时调用。

案例：

制作一张支付行政管理费的模式凭证。

步骤：

（1）在 K/3 主控台中，点击【财务会计】→【总账】→【凭证查询】，双击凭证“记 1”以查询方式打开，然后选择【文件】菜单→【保存模式凭证】（如图 3－46 所示）。

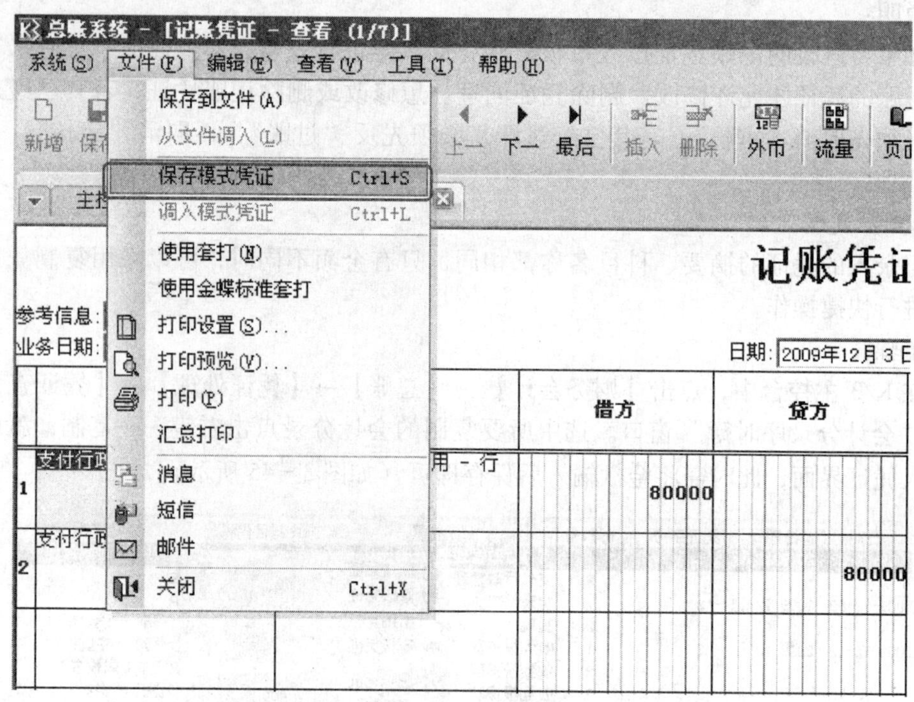

图 3－46

（2）系统弹出“保存模式凭证”界面（如图 3－47 所示）。

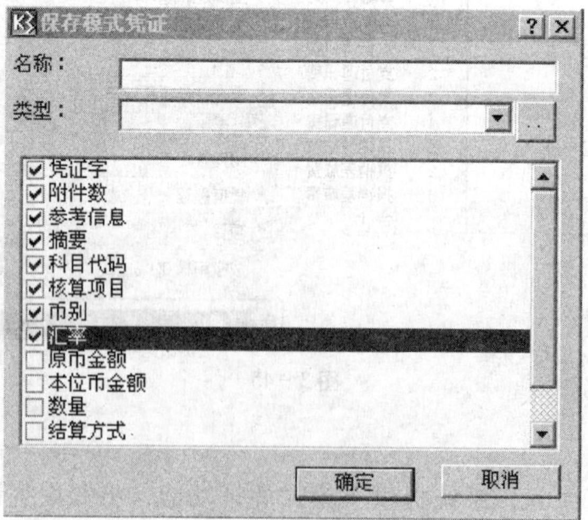

图 3－47

在该界面中设置模式凭证所具有的项目，如摘要、科目等。

在设置模式凭证时，用户需要自行设置模式凭证的“类型”。在“保存模式凭证”界面上，点击类型后面的“…”按钮，进入模式凭证类型设置窗口。

在“编辑”标签页中点击【新增】，增加模式凭证类别后点击【保存】，在“浏览”标签页中即可看到刚刚新增的类别。具体类别用户可以根据需要自行设定。

模式凭证各项目均设置好后，在“保存模式凭证”界面点击【确定】，系统提示模式凭证成功保存。

(3) 新增空白凭证，选择【文件】菜单→【调用模式凭证】，修改金额保存凭证即可。

(五) 凭证审核

凭证审核是对录入凭证正确性的审查。凭证审核分为“审核”、“成批审核”两种。“审核”是指对单笔凭证进行审核，“成批审核”是指对系统里所有未审核的凭证进行审核。

步骤：

(1) 单笔凭证审核。在“会计分录序时簿”中将光标定位于需要审核的凭证上，然后在工具条中单击“审核”按键。

系统即进入记账凭证窗口，在此窗口中对记账凭证进行审核，然后点击工具条中【审核】按键或【F3】即表示审核通过，系统会在审核人处进行签章（如图3-48所示）。

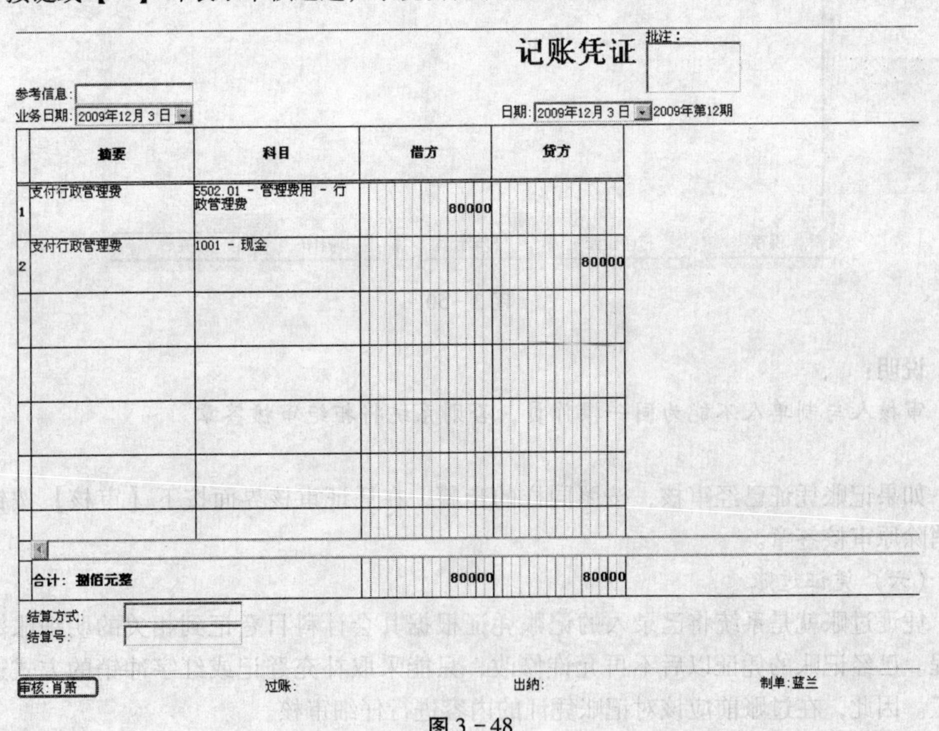

图3-48

（2）成批审核。选择“编辑”菜单中的“成批审核”选项，在弹出的界面中，选择“审核未审核的凭证”，会对会计序时簿中所有凭证进行成批审核（也可以选择对已审核的凭证成批反审核，如图 3-49 所示）。

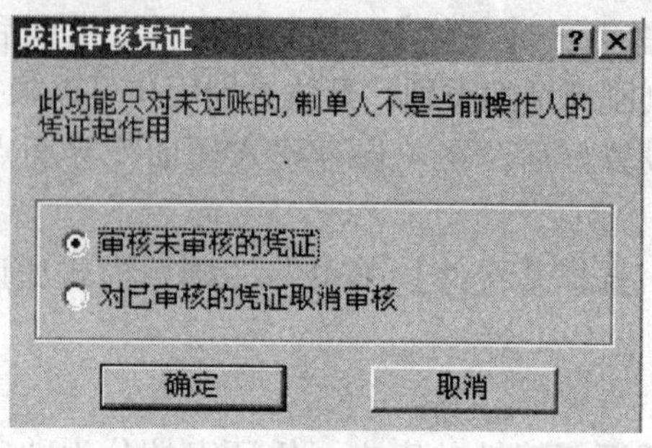

图 3-49

审核成功后，系统提示“通过审核的凭证＊＊张”（如图 3-50 所示）。

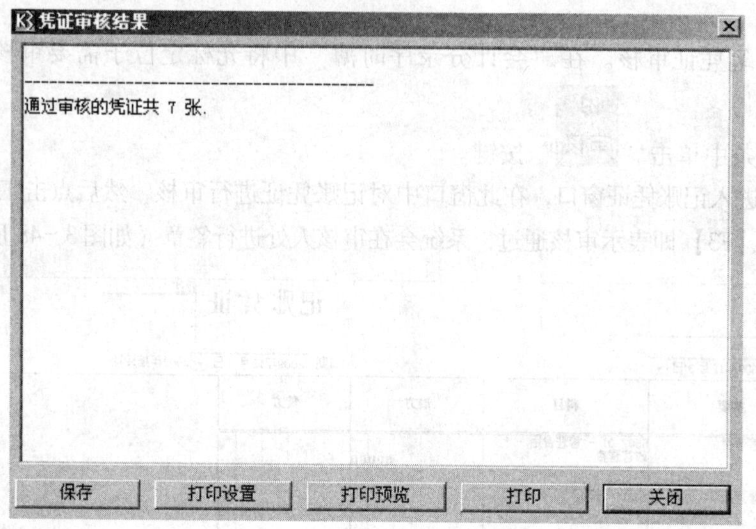

图 3-50

说明：

审核人与制单人不能为同一操作员，否则系统将拒绝审核签章。

如果记账凭证已经审核，按照同样的步骤，在凭证审核界面按下【审核】按钮后会消除原审核签章。

（六）凭证过账

凭证过账就是系统将已录入的记账凭证根据其会计科目登记到相关的明细账簿的过程。已经记账的凭证以后不再允许修改，只能采取补充登记或红字冲销的方式进行更正。因此，在过账前应该对记账凭证的内容进行仔细审核。

步骤：

在 K/3 主控台中，点击【财务会计】→【总账】→【凭证过账】，点击【开始过账】（如图 3－51 所示）。

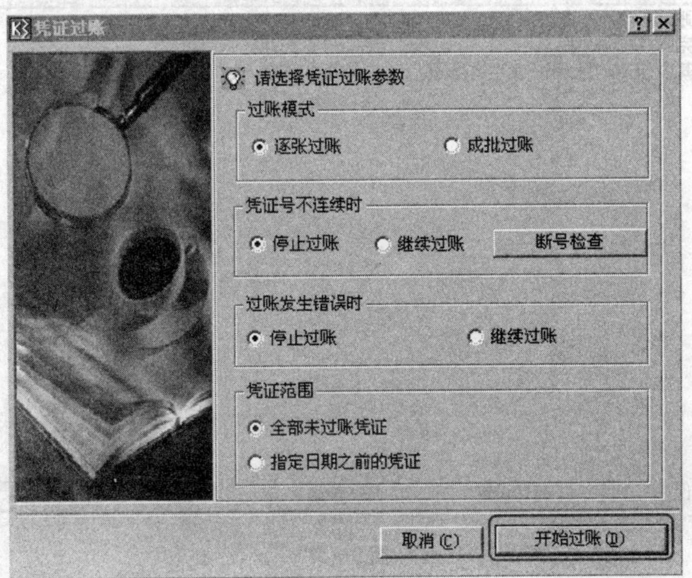

图 3－51

点击【开始过账】，系统进行自动过账（如图 3－52 所示）。

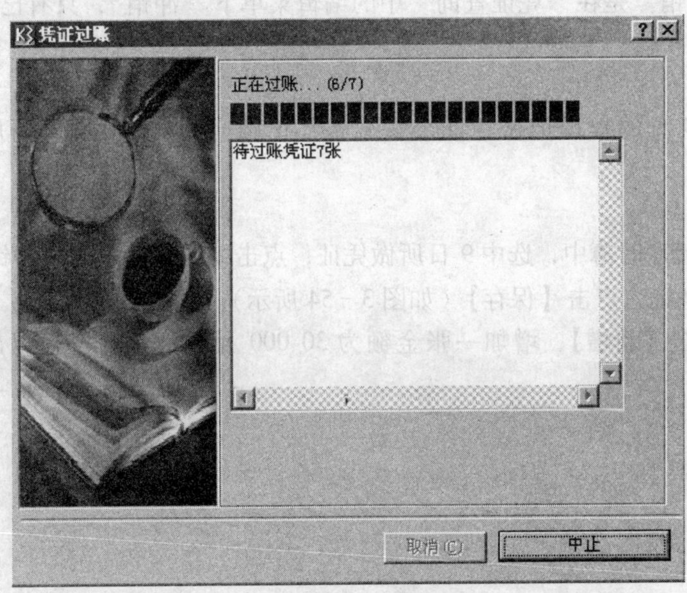

图 3－52

过账完成后，系统提示过账成功（如图 3－53 所示）。

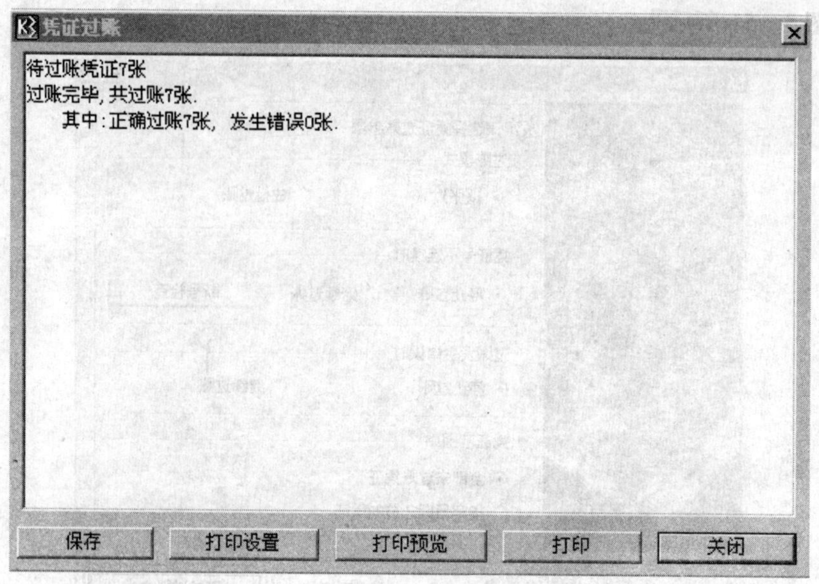

图 3 - 53

（七）冲销凭证

过账后的凭证如果有误，可通过“冲销”功能进行红字冲销，然后再录入一张正确的凭证。“冲销”是在“凭证查询”中的编辑菜单下“冲销”，只有已过账的凭证才能应用“冲销”。

案例：

假设当月 9 日的提现记账凭证金额出错，正确应为 3 000 元，请用红字冲销法更正。

步骤：

（1）在会计序时簿中，选中 9 日所做凭证，点击编辑菜单下的“冲销”，系统自动生成一张红字凭证，点击【保存】（如图 3 - 54 所示）。

（2）再点击【新增】，增加一张金额为 30 000 元的凭证，保存退出即可（如图 3 - 55 所示）。

记账凭证

参考信息：

业务日期：2009年12月31日　　　　日期：2009年12月31日　2009年第12期

	摘要	科目	借方	贷方
1	冲2009-12-9记字第2号凭证 提现	1001 - 现金	1000000	
2	冲2009-12-9记字第2号凭证 提现	1002.01 - 银行存款 - 建设银行		1000000
3				
	合计：负壹万元整		1000000	1000000

图 3 - 54

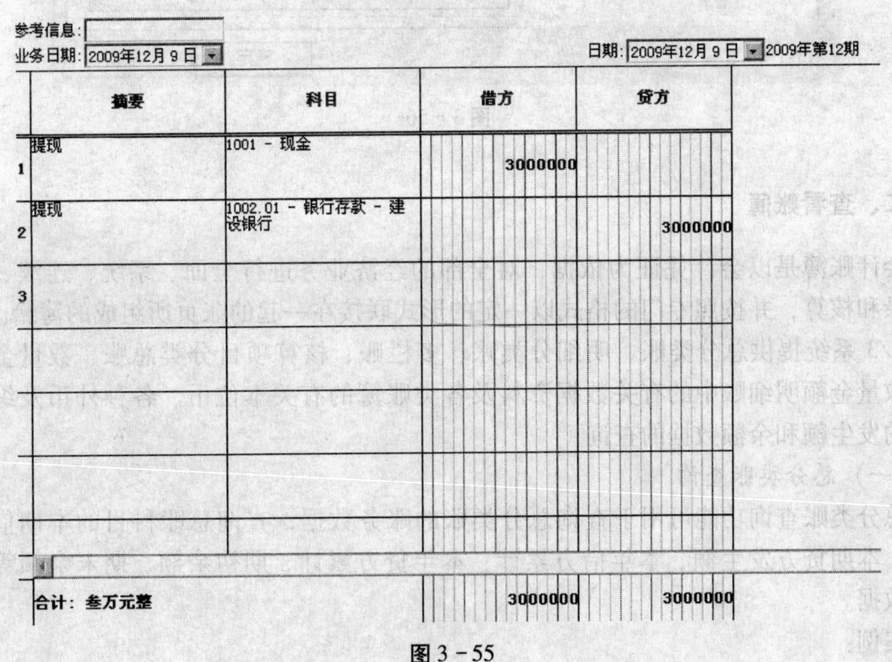

记账凭证

参考信息：

业务日期：2009年12月9日　　　　日期：2009年12月9日　2009年第12期

	摘要	科目	借方	贷方
1	提现	1001 - 现金	3000000	
2	提现	1002.01 - 银行存款 - 建设银行		3000000
3				
	合计：叁万元整		3000000	3000000

图 3 - 55

（八）凭证汇总

凭证汇总就是将记账凭证按照指定的范围和条件汇总科目的借、贷方发生额，按不同条件对会计凭证进行汇总，可以提供各种所需的科目汇总信息。

步骤：

（1）在 K/3 主控台中，选择【财务会计】→【总账】→【凭证处理】→【凭证汇总】。

（2）在弹出的"过滤条件"窗口中，适当选择"凭证汇总过滤条件"，点击【确定】即可（如图 3 －56 所示）。

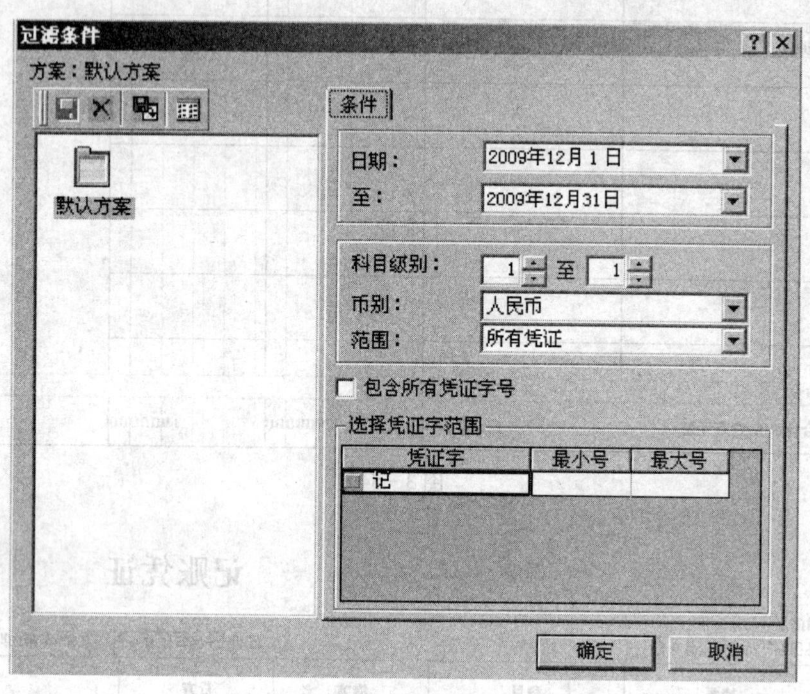

图 3 －56

二、查看账簿

会计账簿是以会计凭证为依据，对全部的经济业务进行全面、系统、连续、分类的记录和核算，并按照专门的格式以一定的形式联接在一起的账页所组成的簿籍。

K/3 系统提供总分类账、明细分类账、多栏账、核算项目分类总账、数量金额总账、数量金额明细账中的有关数据资料及各类账簿的有关本位币、各种外币及综合本位币的发生额和余额数据的查询。

（一）总分类账查询

总分类账查询功能可用于查询总分类账的账务数据，查询总账科目的本期借方发生额、本期贷方发生额、本年借方累计、本年贷方累计、期初余额、期末余额等项目总账数据。

案例：

查看卓越股份有限公司 2009 年 12 月各科目总分类账，并引出 Excel 表。

步骤：

（1）在 K/3 主控台中，双击【财务会计】→【总账】→【账簿】→【总分类账】，在弹出的“过滤条件”窗口中选择需要查询的会计期间、科目级别、科目代码等（如图3－57所示）。

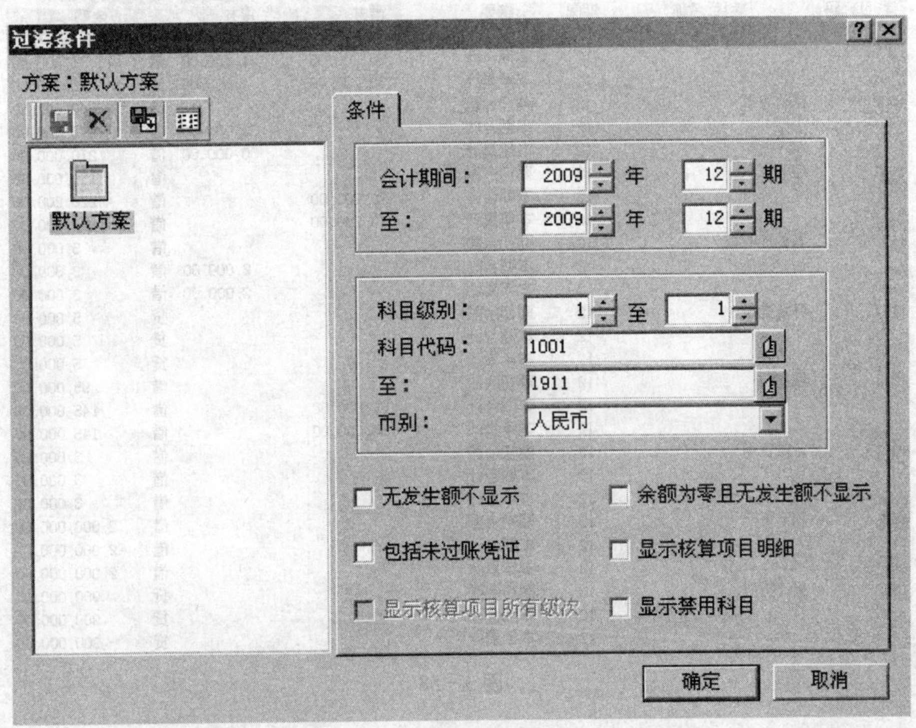

图3－57

提示：

①“无发生额不显示”是指选定的区间范围内，若某科目无发生额，则系统不予显示。

②“余额为零且无发生额不显示”是指选定区间范围内，若某科目无发生额并且余额为零，系统不显示。

③“包括未过账凭证”：若选择此项，则在输出总账时，金额包括未过账凭证。

④“显示核算项目明细”：在显示科目信息的同时，显示科目下设置的核算项目明细项目的总分类账的查询信息。

(2) 选择过滤条件后，点击【确定】按钮，进入查看总分类账的界面（如图3－58所示）。

(3) 在总分类账查看界面点击菜单栏中的【文件】→【引出……】，弹出“引出‘总分类账’”对话框（如图3－59所示）。

选择需要引出的文件格式“Excel”，点击【确定】按钮。系统提示输入需要保存的文件位置和名称。在随后弹出的对话框中选择【确定】，系统提示“成功导出‘总分类账’”。

总分类账

科目代码	科目名称	期间	摘要	借方	贷方	余额	
1001	现金	12	期初余额			借	50,000.00
		12	本期合计	30,200.00	1,600.00	借	78,600.00
		12	本年累计	30,200.00	1,600.00	借	78,600.00
1002	银行存款	12	期初余额			借	300,000.00
		12	本期合计		30,000.00	借	270,000.00
		12	本年累计		30,000.00	借	270,000.00
1131	应收账款	12	期初余额			借	158,000.00
		12	本期合计	70,200.00		借	228,200.00
		12	本年累计	70,200.00		借	228,200.00
1133	其他应收款	12	期初余额			借	5,000.00
		12	本期合计		2,000.00	借	3,000.00
		12	本年累计		2,000.00	借	3,000.00
1141	坏账准备	12	期初余额			贷	5,000.00
		12	本期合计			贷	5,000.00
		12	本年累计			贷	5,000.00
1211	原材料	12	期初余额			借	95,000.00
		12	本期合计	50,000.00		借	145,000.00
		12	本年累计	50,000.00		借	145,000.00
1301	待摊费用	12	期初余额			借	3,000.00
		12	本期合计			借	3,000.00
		12	本年累计			借	3,000.00
1501	固定资产	12	期初余额			借	2,000,000.00
		12	本期合计			借	2,000,000.00
		12	本年累计			借	2,000,000.00
1502	累计折旧	12	期初余额			贷	900,000.00
		12	本期合计			贷	900,000.00
		12	本年累计			贷	900,000.00

图 3－58

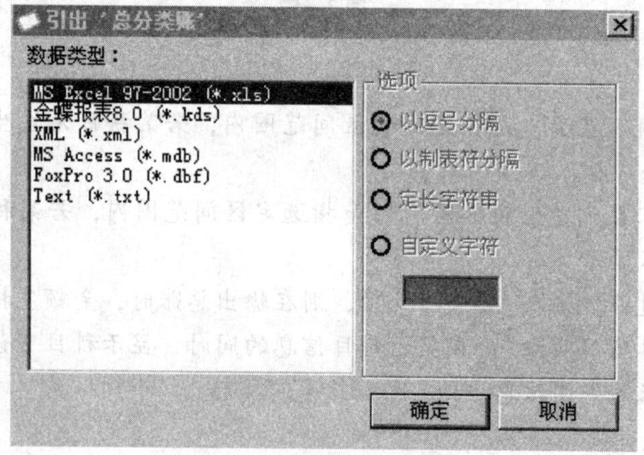

图 3－59

（二）明细分类账查询

明细分类账查询功能用于查询各科目的明细分类账账务数据。在这里，可以输出现金日记账、银行存款日记账和其他各科目的三栏式明细账的账务明细数据，还可以按照各种币别输出某一币别的明细账，同时还提供了按非明细科目输出明细分类账的功能。

案例：

查看各科目明细分类账。

步骤：

方法一：

（1）在 K/3 主控台中，选择【财务会计】→【总账】→【账簿】→【明细分类账】，在弹出的“过滤条件”窗口中选择需要查询的会计期间、科目级别、科目代码等（如图 3－60 所示）。

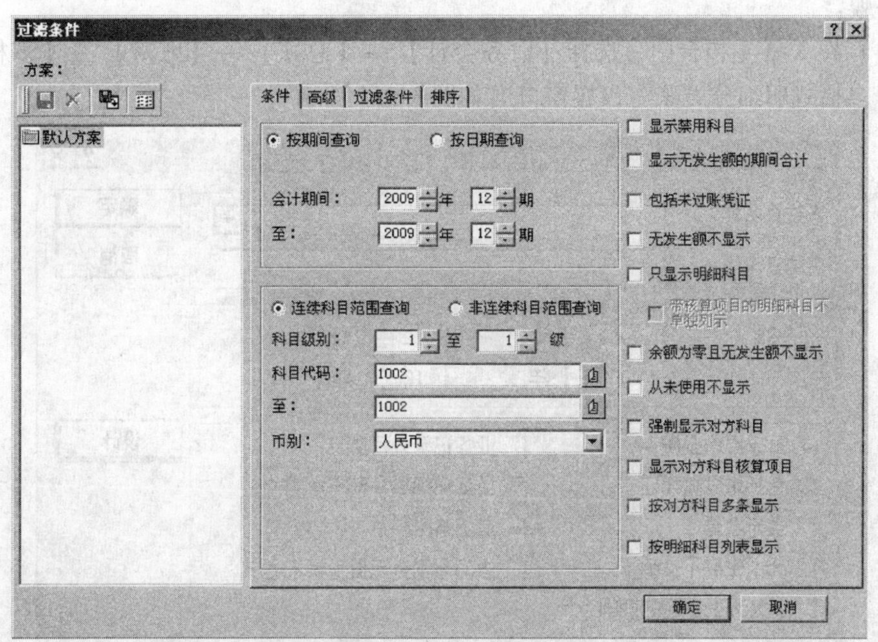

图 3－60

（2）输入完成后单击【确定】，系统即按所选条件生成明细分类账。

提示：

①从未使用不显示：指按科目自启用后未发生任何业务不显示。

②强制显示对方科目：在明细账中显示对方科目的信息。

③按对方科目多条显示：对方科目有多条记录则多条显示。

④显示对方科目核算项目：如果显示了对方科目，且该对方科目下设了核算项目，则将对方科目的核算项目也显示出来。

⑤按明细科目列表显示：可以将科目下属的所有明细科目以列表的形式显示。

方法二：

在总分类账查看界面双击任意一条记录，进入该科目的明细分类账查看界面，点击“工具栏”中的【关闭】按钮将返回总分类账查看界面；或者点击“工具栏”中的【明细账】按钮也将进入明细分类账查看界面。

在明细分类账查看界面，双击任意一条记录，可以查询到该业务凭证。

数量金额总账和数量金额明细账的查看方法与查看明细账的方法类似。

（三）查看多栏账

多栏式明细账是根据经济业务的特点和经营管理的需要，在一张账页上集中反映各有关明细科目或明细项目的核算资料。

案例：

查看管理费用多栏式明细账。

步骤：

（1）在 K/3 主控台中，选择【财务会计】→【总账】→【账簿】→【多栏账】，弹出“多栏式明细分类账”设置窗口（如图 3－61 所示）。

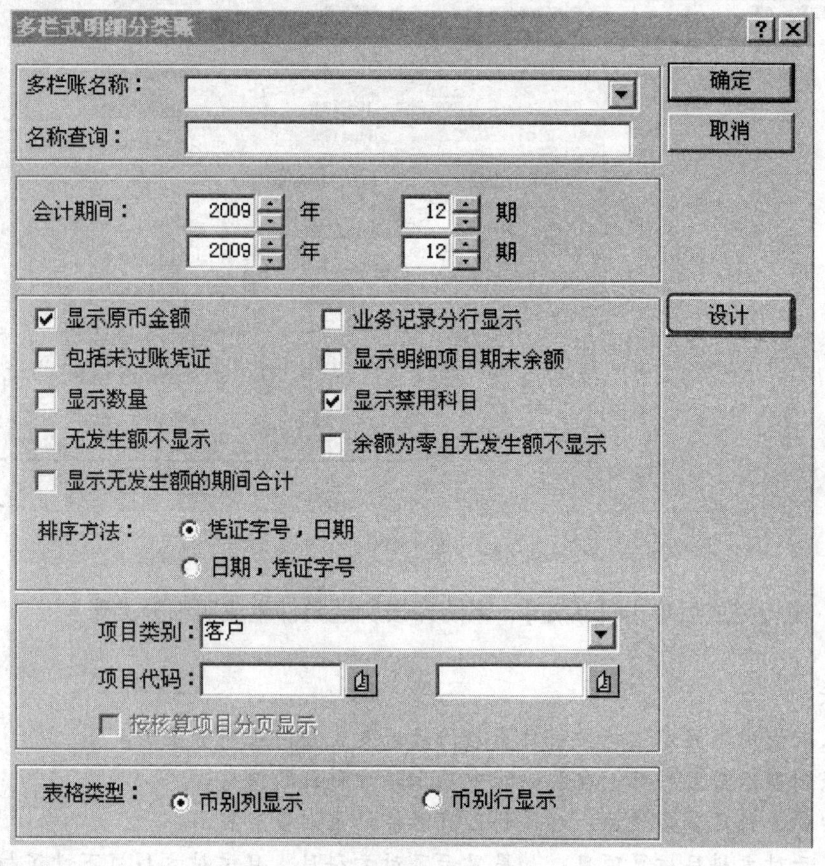

图 3－61

（2）点击【设计】按钮，弹出“多栏式明细账定义”窗口，选择“编辑”标签页对多栏账进行设计（如图 3－62 所示）。

（3）在“多栏式明细账定义”界面，点击【新增】按钮，在“会计科目”栏中选择“管理费用”，点击【自动编排】按钮，再点击【保存】和【确定】（如图 3－63 所示）。

（4）在多栏账选择界面选择刚定义完毕的“管理费用多栏明细账”，点击【确定】，进入多栏式明细账查看界面。

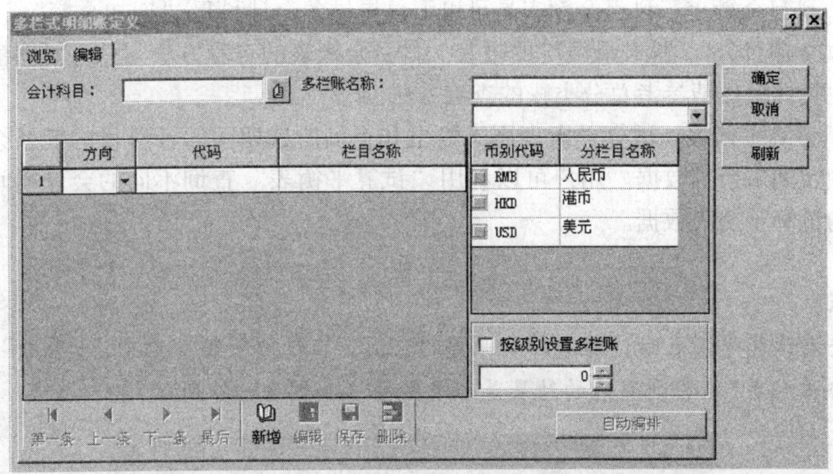

图 3－62

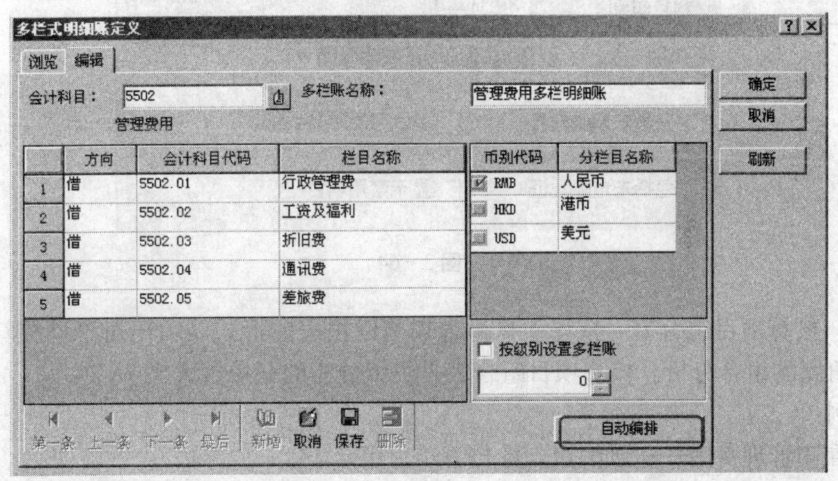

图 3－63

三、会计报表

会计报表是以货币为计量单位，总括反映企业在某一时点的资产状况以及一定时期内的财务状况、经营成果和现金流量的表式报告。会计报表所提供的指标，比其他会计资料更具综合性，本系统能全面反映企业经营活动的情况和成果。

总账系统中的“财务报表”与财务会计中的“报表”有所不同。总账系统中的“财务报表”主要是指供企业内部使用的各种会计报表，而财务会计中的“报表”是指企业在会计期末应当编制的资产负债表、利润表和现金流量表等对外提供的会计报表。

企业内部使用的会计报表可以自己设计格式，该报表不是必须编制的，企业可以根据需要自行决定是否编制；而企业外部使用的会计报表，有国家统一的规定格式，并应当定期对外披露，有严格的要求。此处的会计报表是指企业内部使用的各种报表。

（1）科目余额表。科目余额表是可以汇总提供各会计科目“期初余额”、“本期发生”、“本年累计”、“期末余额”的报表。科目余额表的查看方法与总分类账的查看方法相似，具体操作请参考总分类账的查看方法。

（2）试算平衡表。试算平衡表用于输出和查询所选期间的各科目的期初余额、本期发生额及期末余额数据。用户可以利用“试算平衡表”查询不同的会计期间以及不同币别的试算平衡表数据。

提示：

在查看试算平衡表时，涉及外币业务的企业，在过滤条件窗口中，“币别”项应选择“综合本位币”，否则查看的结果是不平衡的（如图3－64所示）。

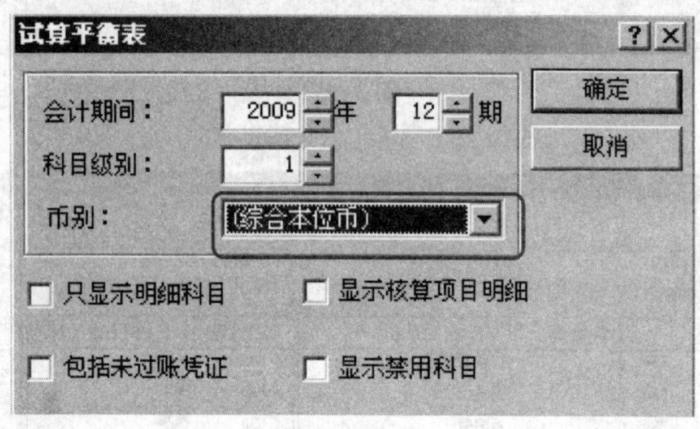

图3－64

（3）核算项目组合表。核算项目组合表是以报表的形式展示出对不同核算项目进行不同角度的组合分析。核算项目组合表是决策分析的必用报表之一。

案例：

查看“管理费用——通信费”的核算项目组合表。

步骤：

在K/3主控台中，选择【财务会计】→【总账】→【财务报表】→【核算项目组合表】，进入核算项目组合表的过滤界面（如图3－65所示）。

在“过滤条件”窗口，点击【增加】，在“核算项目分析”中选择组合条件“部门”和“职员”，录入过滤名称并点击【确定】（如图3－66所示）。

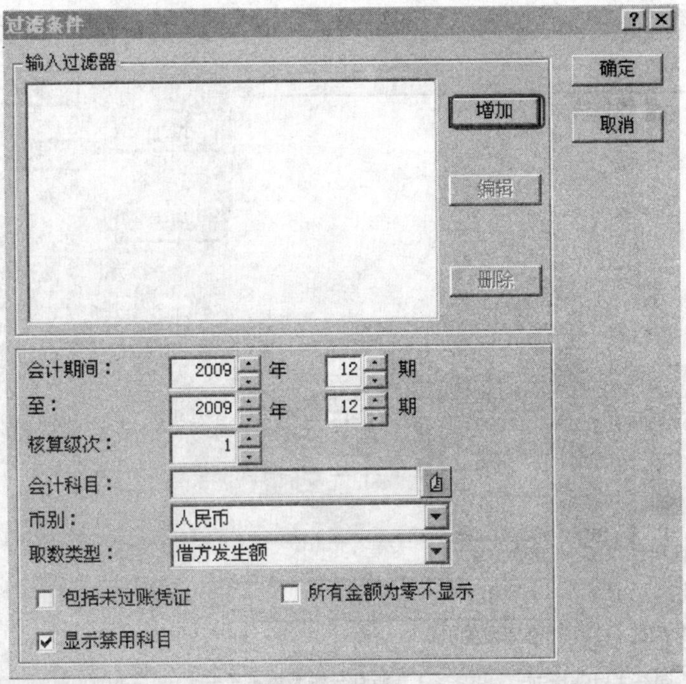

图 3－65

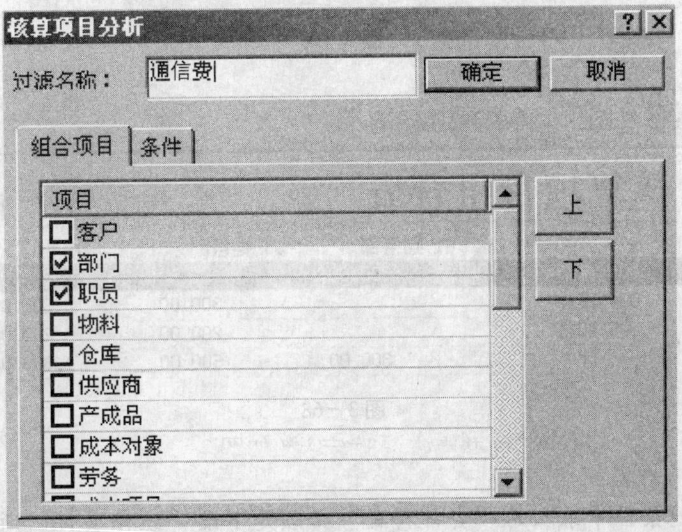

图 3－66

系统提示“是否增加通信费核算项目”，点击【是】返回“过滤条件”界面。在过滤条件界面选择会计期间、核算级次、会计科目、币别、取数类型等项目，点击【确定】(如图 3－67 所示)。

将核算项目组合表的过滤条件设置好后，“核算项目组合表”主界面出现“通信费”的组合表 (如图 3－68 所示)。

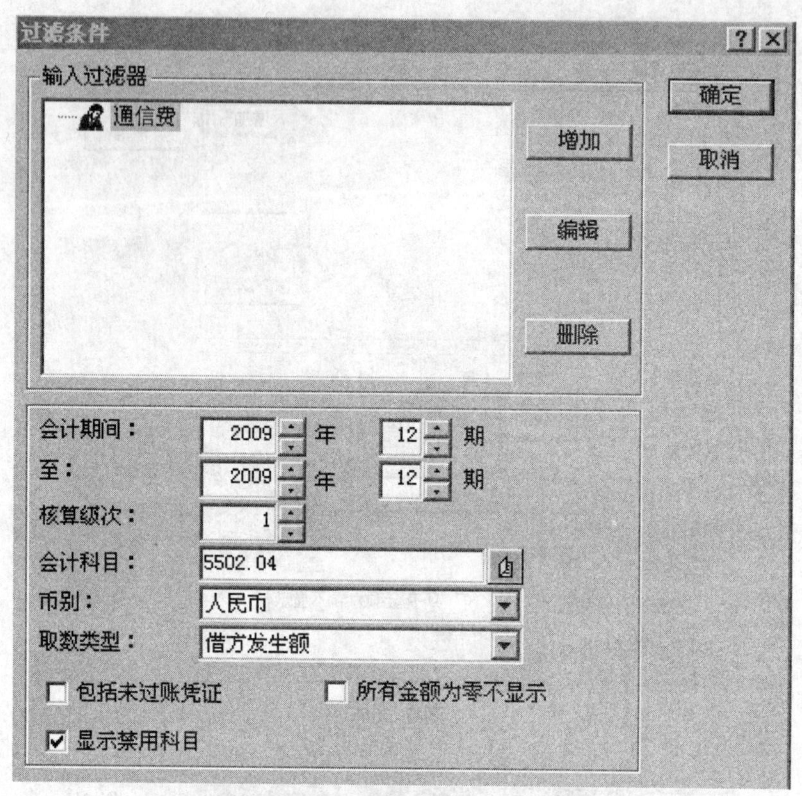

图 3－67

核算项目组合表

	01-财务部	03-销售部	小计
001-肖萧	300.00		300.00
004-吉祥		300.00	300.00
005-如意		200.00	200.00
小计	300.00	500.00	800.00

图 3－68

提示：

（1）在过滤条件中录入的“会计科目”必须是下设“组合项目”所选择的两个核算项目的科目。

（2）核算项目组合表只能对两个核算项目进行组合设置。

第四节　期末处理

一、总账期末处理主要关注的问题

所有当期日常业务录入完毕后，就要进行期末的账务处理和结账，其主要工作是调整汇率、结转本期损益、自动转账和期末结账。总账期末处理主要关注以下六个问题：

（1）总账中所有的凭证是否已经进行凭证审核及记账处理。

（2）期末调汇处理。

（3）进行期间损益结转。

（4）确认公司是否需要交纳所得税。

（5）确认公司是否提取盈余公积。

（6）结转本年利润。

二、具体处理操作

（一）自动转账

企业结账之前，按企业财务管理和成本核算的要求，必须进行制造费用、产品生产成本的结转，以及期末调汇和损益结转等工作。若为年底结转，还必须结平本年利润和利润分配账户。为了方便用户操作，K/3 系统设置了“自动转账”功能，用户只需设置好相关科目、摘要及公式，系统便可以自动编制转账凭证。

案例：

摊销应由本月负担的报刊费。

按短期借款年初余额200 000 元和3%贷款年利率计算本月应负担的短期借款利息。

步骤：

（1）在K/3 主控台中，点击【财务会计】→【总账】→【期末】→【自动转账】。

在“自动转账”界面，点击【编辑】→【新增】，在“编辑”标签页录入转账期间、凭证字、摘要、会计科目、方向、转账方式、转账比例、公式定义等（如图3－69 所示）。

在“公式定义”栏中，点击【下设】，弹出“公式定义”对话框，点击右边第一个按钮即“=”，弹出公式取数向导，选择“常用函数”中的“ACCT”函数（如图3－70所示）。

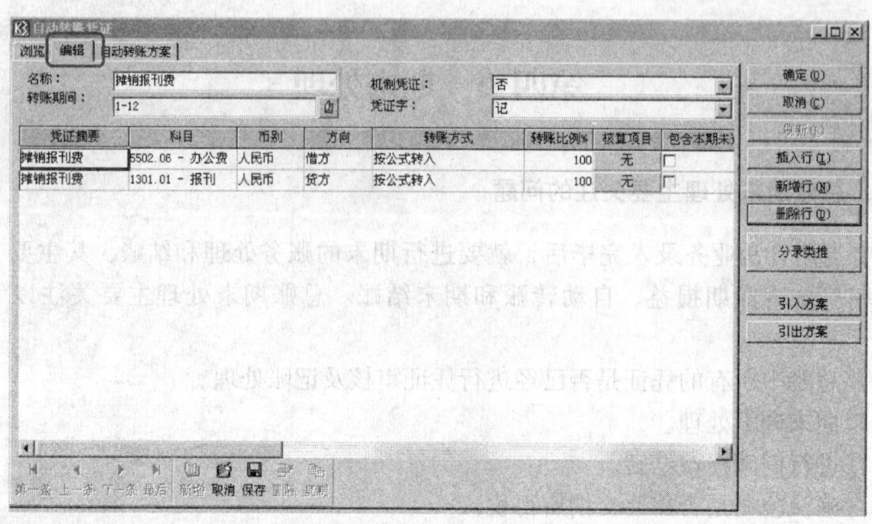

图 3－69

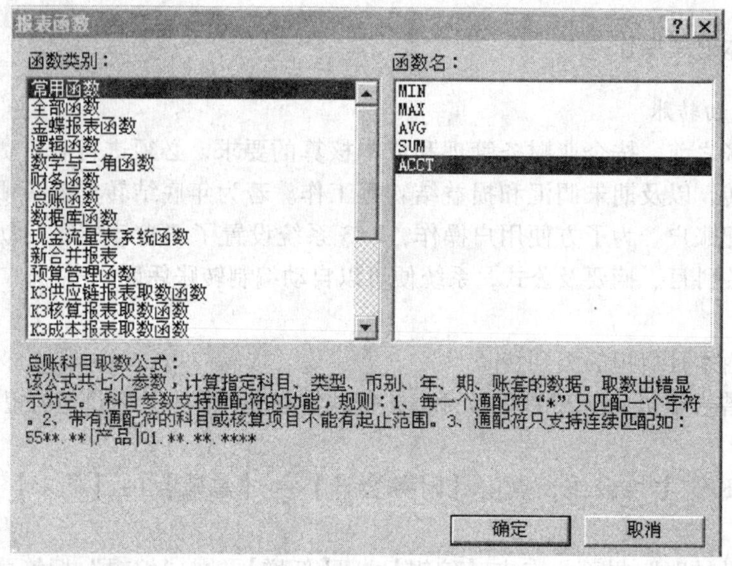

图 3－70

在弹出的公式取数向导中，按 F7 键，依次选择科目、取数类型、货币、年度、起始期间和结束期间（如图 3－71 所示）。

点击【确认】，返回"公式定义"界面，"原币公式"栏出现公式 ACCT（"1301. 01"，"C"，" "，0，0，0，""）/12，将公式定义设置完整（如图 3－72 所示）。

ACCT("1301.01","C","RMB",2009,12,12,"")

科目 1301.01

取数类型 C

货币 RMB

年度 2009

起始期间 12

结束期间 12

账套配置名

总账科目取数公式：
该公式共七个参数，计算指定科目、类型、币别、年、期、账套的数据。取数出错显示为空。 科目参数支持通配符的功能，规则：1、每一个通配符“*”只匹配一个字符。2、带有通配符的科目或核算项目不能有起止范围。3、通配符只支持连续匹配如：55**.**|产品|01.**.**.****

结束期间：取数期间，默认为当前报表期间。

计算结果 = 3000

确认 取消

图 3－71

公式定义

原币公式： ACCT("1301.01","C","",0,0,0,"")/12

本位币公式：

数量公式：

确定(O) 取消(C)

图 3－72

公式设置完成后，点击【确定】。同样，将贷方记录中的“公式定义”栏对应的“下设”中的公式也设置为 ACCT（“1301. 01”，“C”，““，0，0，0，””）/12，然后点击【保存】。自动转账方案设置成功。

提示：

①转账期间：系统提供了 1 ~12 个会计期间。本案例应该全选。

②方向：指会计分录的借贷方向，可以根据转账方式“自动判断”。除非确定，否则建议采用“自动判断”。

③转账方式：科目的“余额”、“借方发生额”、“贷方发生额”等转出的金额和方式，共有 6 种。“转入”指该会计科目属于转入科目；“按比例转出余额”指按该科目余额的百分比例转出；“按比例转出贷方发生额”指按该科目的贷方发生额的比例转出；“按比例转出借方发生额”指按该科目的借方发生额的比例转出。“按公式转出”

指根据后面的“公式定义”中的公式取数转出。“按公式转入”指根据后面的“公式定义”中的公式取数转入。

④转账比例：用于选择了比例转入（出）的转账方式，直接录入百分比例。

⑤核算项目：如果会计科目下还下挂核算项目，则在此选择相应的核算项目。

⑥包含本期未过账凭证：选择“包含”和“不包含”二者之一。若选择此选项，则在系统自动计算转账金额时，计算范围包括所有记账凭证；若不选择此项，则在系统自动计算转账金额时只包括已经记账的凭证。

⑦公式定义：当“转出方式”选择“按公式转入或转出”，则在此定义公式，根据科目是否下设外币及数量，可以录入原币取数公式、本位币取数公式、数量取数公式。公式设置可以按 F7 键或点击工具条中【获取】按钮进入公式向导辅助输入。

(2) 自动转账方案设置成功后，回到“自动转账凭证”界面，点击“浏览”标签页，选中刚刚设置的自动转账方案“摊销报刊费”，点击“生成凭证”，系统提示生成转账凭证（如图 3－73、图 3－74 所示）。

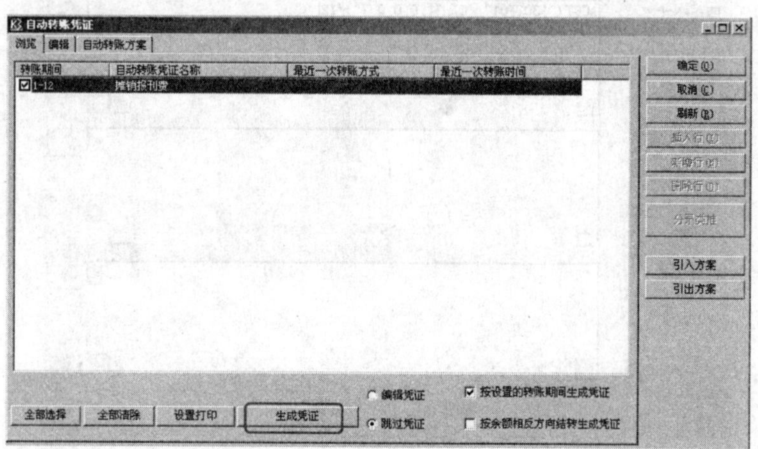

图 3－73

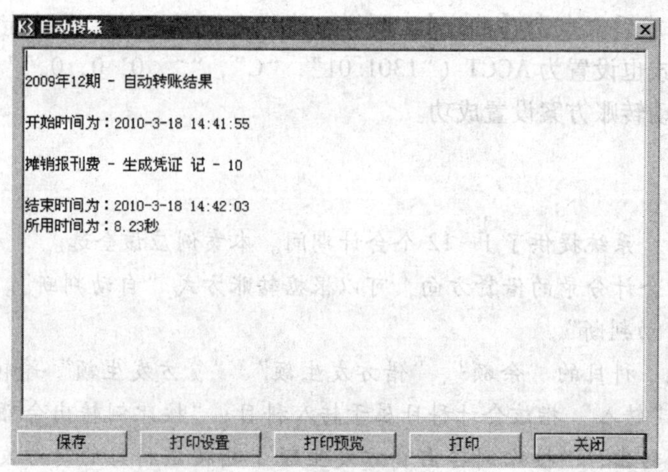

图 3－74

提示：

①在进行自动转账方案设计时，两条记录的摘要必须全部录入，不能只录入一条摘要，否则系统不能自动生成凭证。

②自动转账在性质上属于初始化设置，具有“一劳永逸”的特点。

③ACCT是总账科目取数公式。ACCT是报表系统中应用最多的一个函数，全称是“总账科目取数公式”，表示取总账科目的金额，具体是期初金额还是期末金额，要对该函数进行参数设置。

计提短期借款利息的操作方法与摊销报刊费相同，只是公式定义改为“ACCT（“2101”，“C”，““，0，0，0，””）＊0.03/12”，表示利息＝本金＊利率。

（二）期末调汇

期末调汇是指对外币核算的科目在每个会计期末核算由汇率变动带来的影响。本功能主要用于对外币核算的账户在期末自动计算汇兑损益，生成汇总损益转账凭证及期末汇率调整表。只有在会计科目中设定了“期末调汇”的科目才会进行期末调汇处理。

案例：

进行当月的期末调汇（即月末最后一天的外汇汇率）操作。

港币期末汇率：1.12。

美元期末汇率：6.86。

步骤：

（1）在K/3主控台中，点击【财务会计】→【总账】→【结账】→【期末调汇】，在“调整汇率”处录入期末汇率，点击【下一步】（如图3－75所示）。

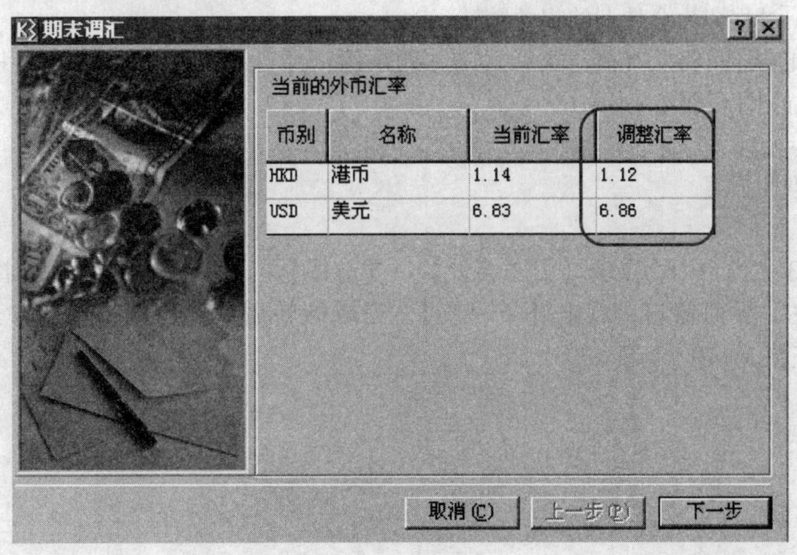

图3－75

（2）选择“汇兑损益科目5503.02”，点击【完成】即可生成一张调汇凭证（如图3－76所示）。

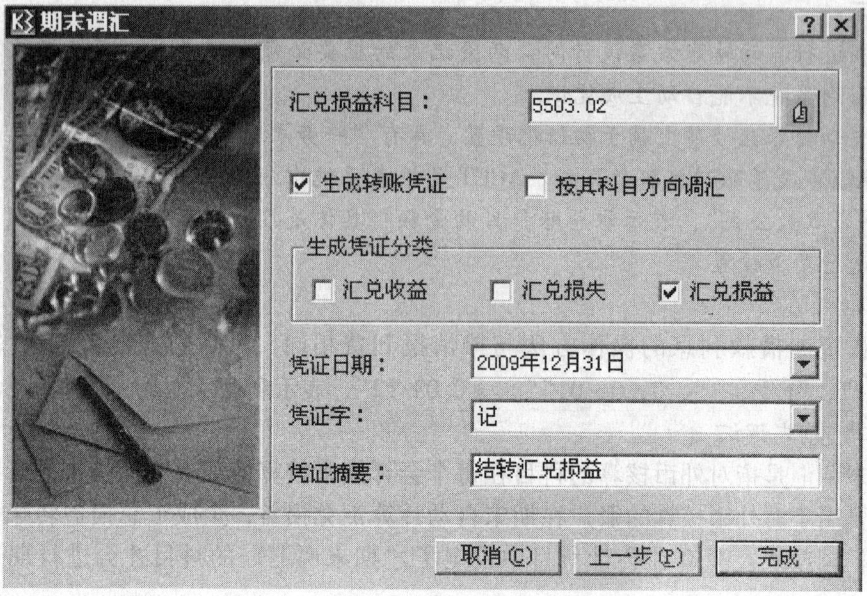

图 3 - 76

提示：

生成凭证分类：期末调汇可根据用户的需要分别生成汇兑收益凭证、汇兑损失凭证和汇兑损益凭证。一般选择汇兑损益（既有收益又有损失）。

（三）期间损益结转

期末，损益类科目的余额将全部结转到“本年利润”中，结转后，损益科目余额为零。这一过程即为会计上的损益结转。

使用此功能可将所有损益类科目的本期余额全部自动转入本年利润科目，自动生成结转损益记账凭证。

案例：

结转当期损益。

步骤：

在 K/3 主控台中，点击【财务会计】→【总账】→【结账】→【结转损益】，在“结转损益”界面窗口，点击【下一步】，完成结转后，自动进行审核并过账（如图 3 - 77至图 3 - 79 所示）。

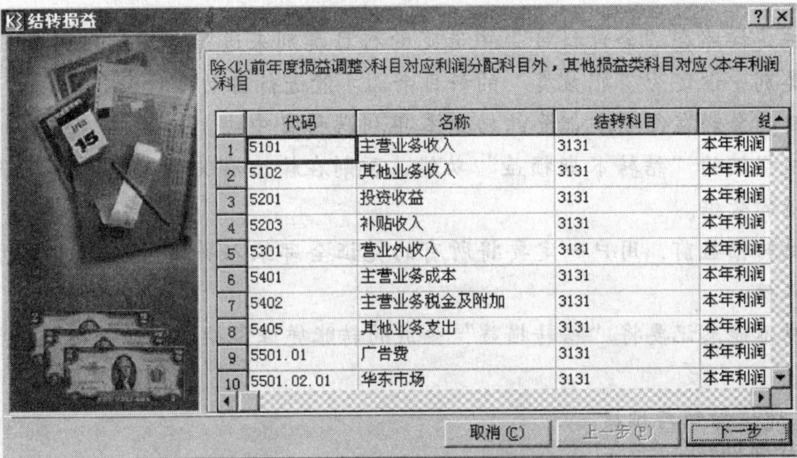

图 3-77

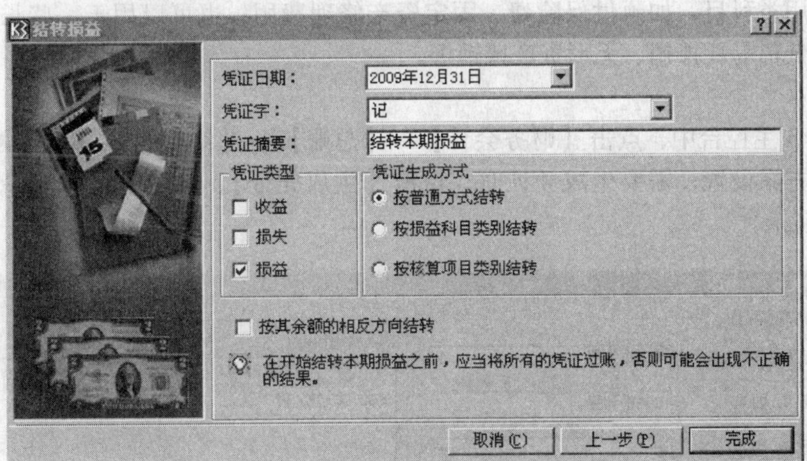

图 3-78

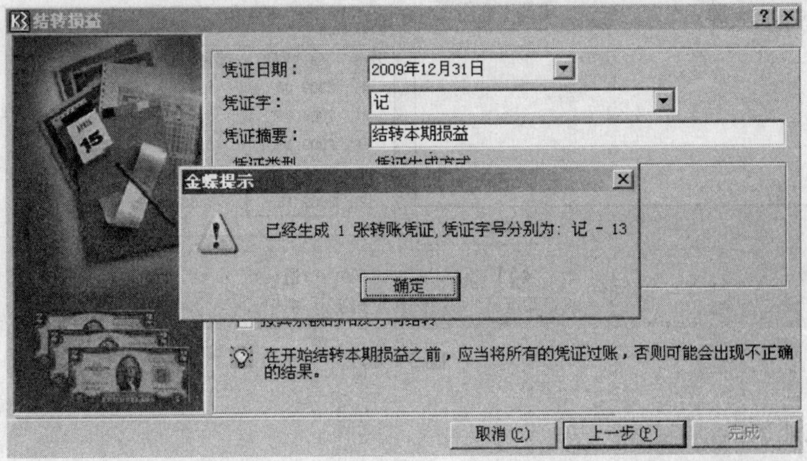

图 3-79

说明：

①系统是按照在“会计科目”中选定的科目类别来进行自动结转损益工作的。只有在科目类别中设定为“损益类”的科目余额才能进行自动结转。在日常财务处理中，损益类科目的余额在每期末都要结转到本年利润科目中去。如果要结转本期损益，建议使用系统提供的“结转本期损益”功能，否则在输出有关损益类的会计报表时，会出现不正确的数据。

②在结转损益前，用户一定要将所有的凭证全部录入并审核过账，否则结转损益数据会不正确。

③用户不能忘记要将“结转损益”生成的转账凭证审核过账，否则无法结账。

（四）凭证摊销与预提

1. 凭证摊销

凭证摊销是用来帮助用户处理对已经计入待摊费用的数据进行每一期的摊销，将其转入费用类科目，如预付保险费、固定资产修理费用；也可以用于一些长期资产的摊销，如低值易耗摊销、无形资产摊销等。

步骤：

在K/3主控台中，点击【财务会计】→【总账】→【结账】→【凭证摊销】，进行摊销的方案设置；需要生成凭证时，点击【生成凭证】，然后进行审核并过账（如图3-80所示）。

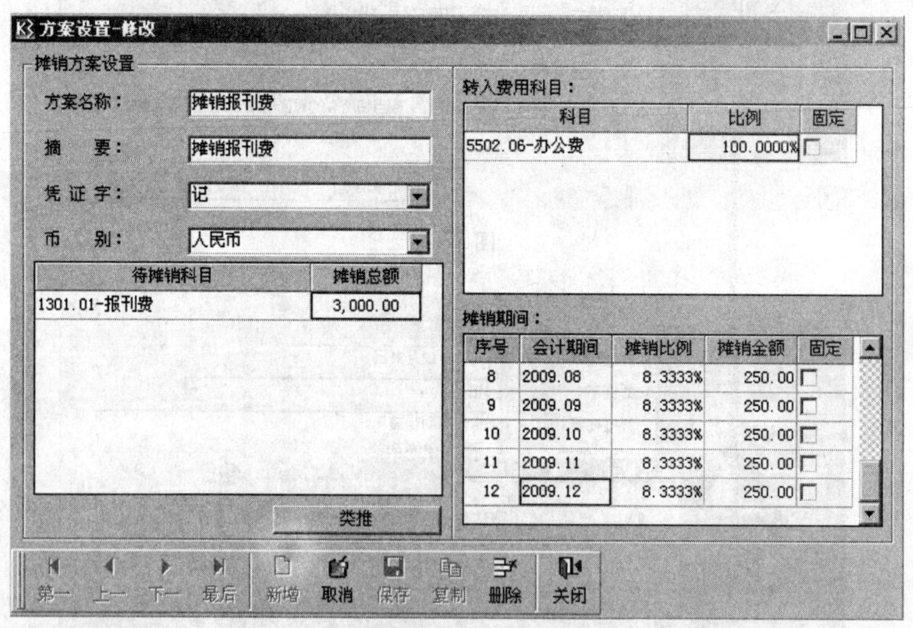

图3-80

2. 凭证预提

凭证预提是用来帮助用户处理每期对租金、保险费、借款利息、固定资产修理费等的预提。

步骤：

在 K/3 主控台中，点击【财务会计】→【总账】→【结账】→【凭证预提】，进行预提方案的设置；需要生成凭证时，点击生成【凭证】，然后进行审核并过账（如图 3－81 所示）。

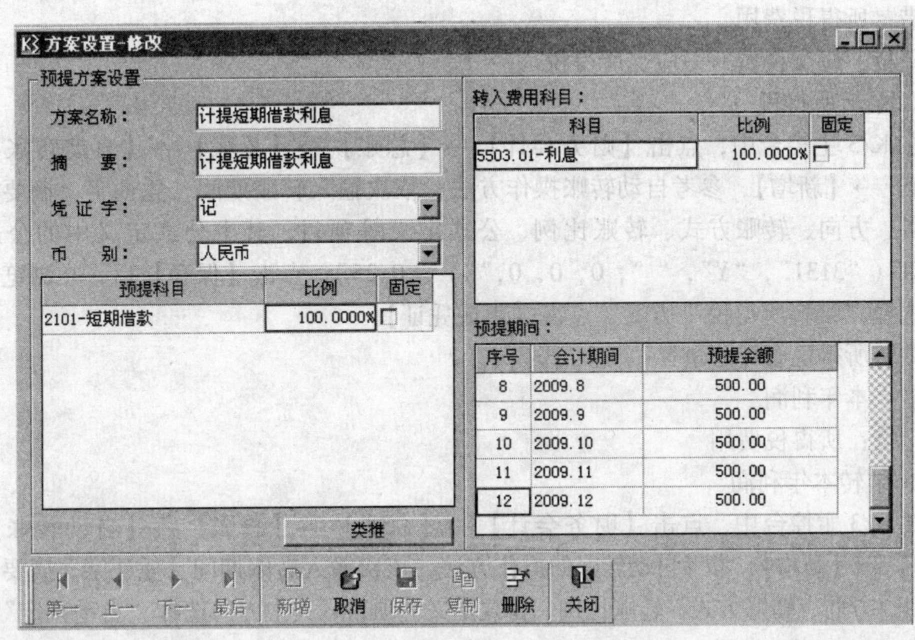

图 3－81

提示：

①凭证预提与摊销的方案设置与自动转账方案的设置相同。

②摊销与预提业务既可以分别在“结账”中的“凭证摊销”与“凭证预提”中进行操作，也可以在“结账”中的“自动转账”中进行方案设置并生成凭证。

（五）其他转账操作

在期末，企业需要计算是否需要交纳所得税，以及确定是否提取盈余公积和结转本年利润。这三项操作均可利用自动转账功能完成。操作方法请参考自动转账的操作方法。需要注意的是，在设计转账方案时，不同业务的转账公式的设计是不同的，需要根据业务性质及科目来处理。

案例：

计算所得税（假设本会计期间无纳税调整项）。

结转所得税（所得税率 25%）。

结转本年利润至未分配利润。

步骤：

1. 计算所得税

在 K/3 主控台中，点击【财务会计】→【总账】→【总账】→【自动转账】→【编辑】→【新增】，参考自动转账的操作方法，依次输入转账期间、凭证字、摘要、会计科目、方向、转账方式、转账比例、公式定义等项目，其中公式定义中的公式为"ACCT（"3131"，"Y"，""，0，0，0，""）＊0.25"，点击【保存】后，在浏览标签页上选择"计算所得税"方案，点击【生成凭证】。

计算所得税会计分录：

借：所得税费用

　贷：应交税费——应交所得税

2. 结转所得税

在K/3主控台中，点击【财务会计】→【总账】→【总账】→【自动转账】→【编辑】→【新增】，参考自动转账操作方法，依次输入转账期间、凭证字、摘要、会计科目、方向、转账方式、转账比例、公式定义等项目，其中公式定义中的公式为"ACCT（"3131"，"Y"，""，0，0，0，""）＊0.25"，点击【保存】后，在浏览标签页上选择"结转所得税"方案，点击【生成凭证】。

结转所得税会计分录：

借：本年利润

　贷：所得税费用

3. 结转本年利润

在K/3主控台中，点击【财务会计】→【总账】→【总账】→【自动转账】→【编辑】→【新增】，参考自动转账的操作方法，依次输入转账期间、凭证字、摘要、会计科目、方向、转账方式、转账比例、公式定义等项目，其中方向选择"自动判定"，转账方式选择"按比例转出余额"和"转入"，转账比例为100%（如图3－82所示）。

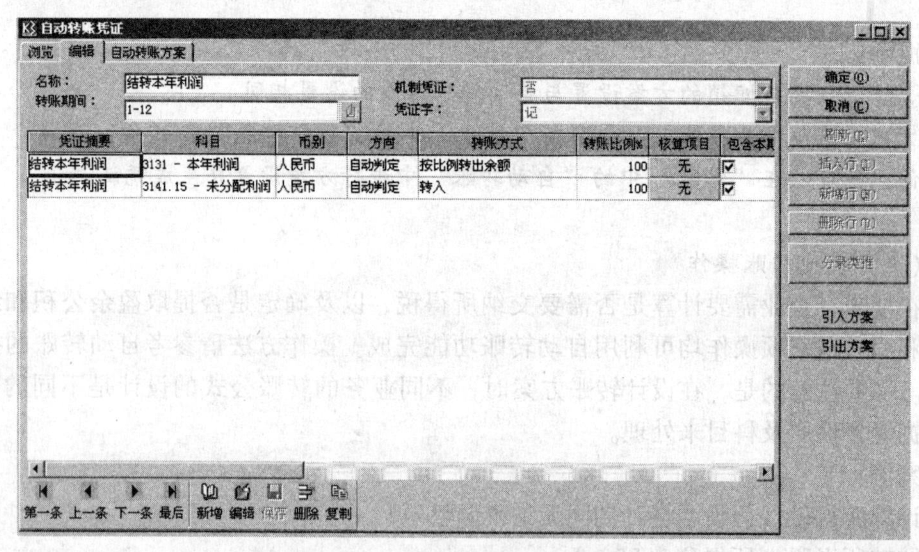

图3－82

点击【保存】后，在浏览标签页上选择"结转本年利润"方案，点击【生成凭证】，结转本年利润会计分录：

借：本年利润

　贷：利润分配——未分配利润

(六) 期末结账

在本期所有的会计业务全部处理完毕后，就可以进行期末结账了。系统的数据处理都是针对期末的，要进行下一期间的处理，必须将本期的账务全部进行结账处理，系统才能进入下一期间。

步骤：

在K/3主控台中，点击【财务会计】→【总账】→【结账】→【期末结账】（如图3-83、图3-84所示）。

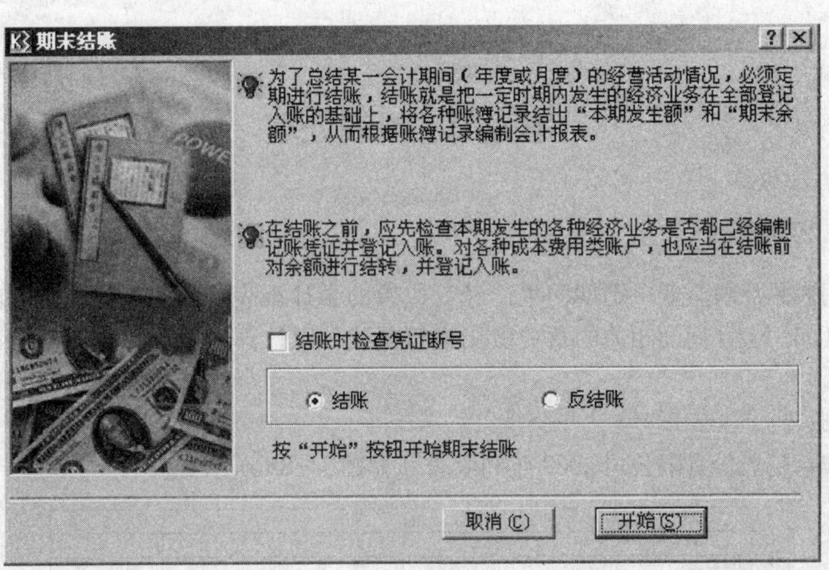

图3-83

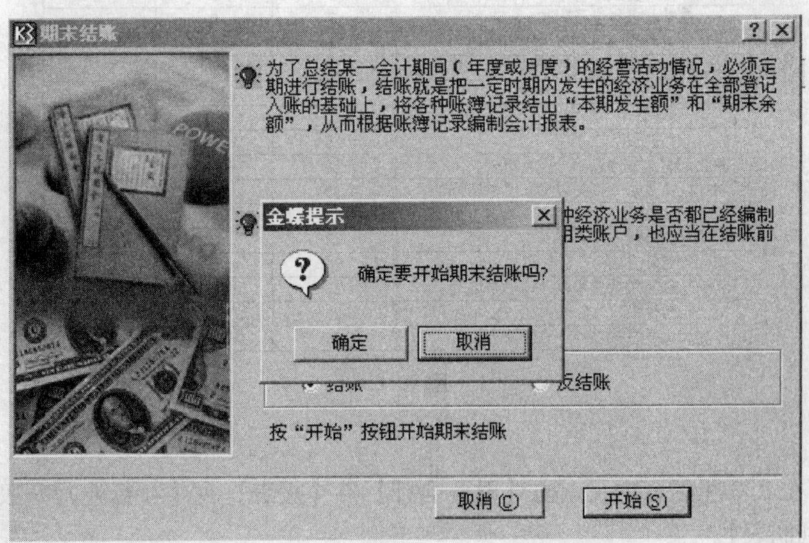

图3-84

说明：

①系统在过账之前要对账务处理进行常规性检查，必须将本期间的所有会计凭证

及业务资料全部输入了系统并且过账之后才能结账。如果系统发现本期内还有未过账的记账凭证，系统会发出警告，然后中断结账。

②在全部事项处理完毕后，系统开始结账。结账完成后，系统进入下一个会计期间，并返回主界面。对于拥有管理员权限的，系统还提供了“反结账”的功能。

③由于总账系统采用了大型数据库技术，系统一旦启用，所有年度的数据都可以放在一个账套里，所以财务数据的年结功能同月结功能没有区别。

④如果有其他系统和总账一起使用，一定要先将其他模块结账，最后对总账进行结账。

第五节 报表处理

一、利润表

利润表是反映企业一定期间生产经营成果的会计报表。利润表把一定期间的营业收入与其同一会计期间相关的营业费用进行配比，以计算出企业一定时期的净利润或净亏损。

案例：

制作卓越股份有限公司2009年利润表（如图3－85所示）。

利润表			
编制单位：	年 月		单位：元
项 目	行次	本月数	本年累计数
一、主营业务收入	1	60000	60000
减：主营业务成本	2	0	0
主营业务税金及附加	5	0	0
二、主营业务利润（亏损以“－”号填列）	10	60000	60000
加：其他业务利润（亏损以“－”号填列	11	0	0
减：营业费用	13	0	0
管理费用	14	3650	3650
财务费用	15	-3700	-3700
三、营业利润（亏损以“－”号填列）	18	60050	60050
加：投资收益（损失以“－”号填列）	19	0	0
补贴收入	22	0	0
营业外收入	23	0	0
减：营业外支出	25	0	0
四、利润总额（亏损总额以“－”号填列）	27	60050	60050
减：所得税	28	15012.5	15012.5
五、净利润（净亏损以“－”号填列）	30	45037.5	45037.5

图3－85

步骤：

（1）在K/3主控台中，点击【财务会计】→【报表】→【（行业）—股份制】→【股份制利润表】。

打开此模板，选择“文件”菜单中的“另存为”选项，将模板保存在“报表”子功能中，修改报表名称，点击【保存】即可。

说明：

报表模板也可以选择【报表】→【（性质）—模板】→【企业利润表】，此模板中的公式已设置完整。

（2）设置报表公式。利润表的公式设置使用函数“ACCT”，在参数设置时注意“取数类型”。由于利润表是动态报表，利润表中的金额是时期数，因此，“本期数”栏的取数类型应该选择“SY”即“损益表本期实际发生额”，而“本年累计数”的取数类型应选择“SL”即“损益表本年实际发生额”。

个别项目举例：“主营业务收入”本月数公式设置与计算。

（1）点击“主营业务收入”对应的“本月数”栏，点击利润表菜单栏上的“fx”按钮，系统弹出“报表函数”对话框，选择常用函数“ACCT”，点击【确定】，弹出“函数表达式”向导（如图3－86所示）。

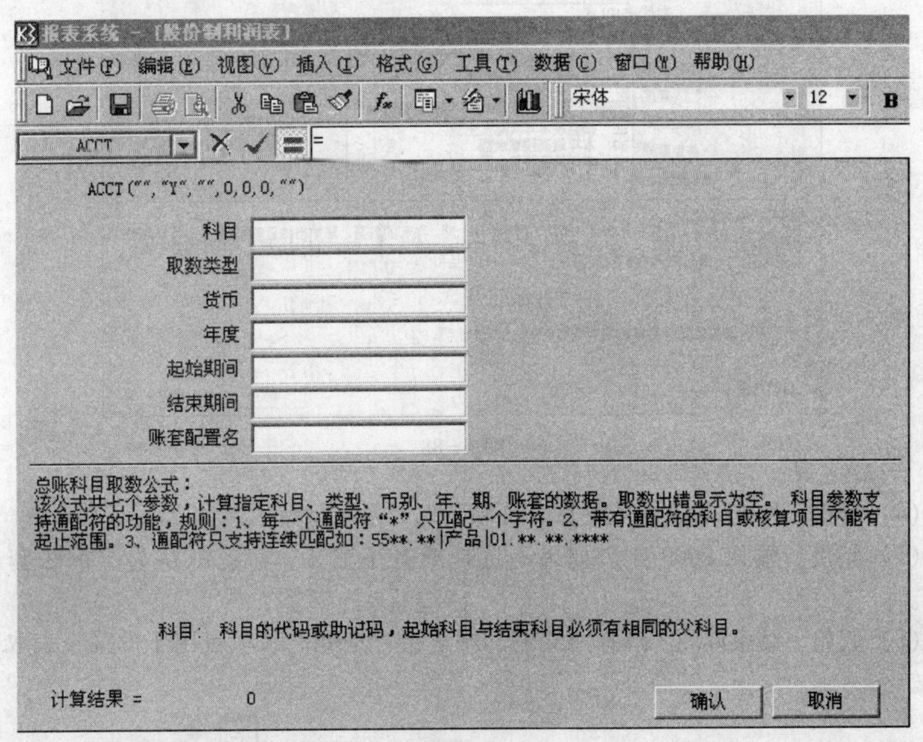

图3－86

（2）在科目中按F7键，弹出“科目取数向导”，点击“科目代码”后的“…”键，选择科目“5101 主营业务收入”，点击【填入公式】后再点击【确定】，返回“函数表达式”界面（如图3－87所示）。

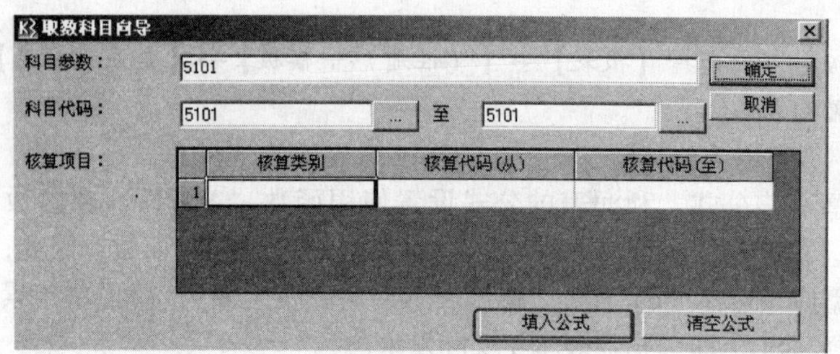

图 3－87

（3）取数类型。按 F7 键选择“SY 本期实际发生额”。如不选择取数类型，系统将默认为期末余额，而这适用于资产负债表期末数的设置（如图 3－88 所示）。

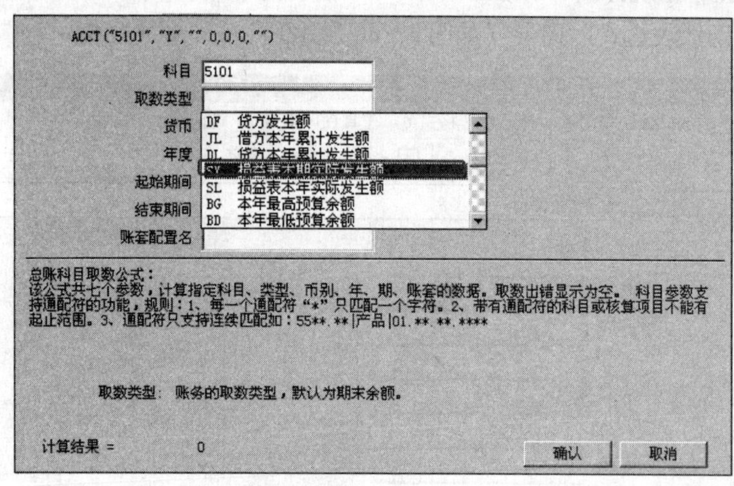

图 3－88

（4）货币。按 F7 键选择人民币。如果不选，系统将默认为本位币。

（5）年度。输入 2009 年。如果不选择或者不输入，系统默认为当前账套会计年度。

（6）起始、结束期间。选择所编制的报表会计期间。该项目用于设置报表取数的期间。

将全部项目取数公式设置完成后，点击菜单栏上的“ ”按钮，利润表从格式状态转换至数据状态，点击工具栏中的“数据”下的“报表重算”，系统自动进行报表数据的重算（如图 3－89 所示）。

其他利润表项目请参考此方法进行设置。需要注意的是，在设置各项目取数公式时，需要按照会计上的编制报表的相关规定进行设置。

报表系统 - [股份制利润表]

文件(F) 编辑(E) 视图(V) 插入(I) 格式(G) 工具(T) 数据(C) 窗口(W) 帮助(H)

数据(C)：报表重算(R) F9；终止计算(T) Ctrl+T；报表重算方案 F11；自动计算(A)；手动计算(M)；排序

	A	B	C	D
1	利			
2				
3	编制单位：			单位：元
4	项　目	行次	本月数	本年累计数
5	一、主营业务收入	1	60000	60000
6	减：主营业务成本	2	0	0
7	主营业务税金及附加	5	0	0
8	二、主营业务利润（亏损以“-”号填列）	10	60000	60000

图 3－89

二、资产负债表

资产负债表是反映企业某一特定日期财务状况的会计报表。它是根据资产、负债和所有者权益之间的相互关系，按照一定的分类标准和一定的顺序，把企业一定日期的资产、负债和所有者权益各项目予以适当排列，并对日常工作中形成的大量数据进行高度浓缩整理后编制而成的。

案例：

编制卓越股份有限公司 2009 年 12 月资产负债表。

步骤：

（1）在 K/3 主控台中，点击【财务会计】→【报表】→【（行业）—股份制】→【股份制资产负债表】（如图 3－90 所示）。打开此模板，选择“文件”菜单中的“另存为”选项，将模板保存在“报表”子功能中，修改报表名称，点击【保存】即可。

（2）设置报表公式。执行报表计算，检查报表公式是否有问题，是否出现类似于“公式设置有问题”或“科目代码错误”等系统提示，或者所取得数据能否满足用户取数的要求等，都需要修改取数公式，以取得用户所需的报表设置。

步骤：

（1）在 K/3 主控台中，点击【财务会计】→【报表】→【（性质）—报表】→【资产负债表】，选择需要修改公式的单元格。首先在公式编辑栏清除原公式，然后选择【插入】菜单中【函数】或点击工具栏【f(X)】，使用“ACCT”函数重新设置公式（如图 3－90 所示）。

报表系统 - [股份制资产负债表]

文件(F) 编辑(E) 视图(V) 插入(I) 格式(G) 工具(T) 数据(C) 窗口(W) 帮助(H)

	A	C	D	E	G	H
1		资 产 负 债 表				
2					会股01表	
3	编制单位：	年 月 日			单位：元	
4	资 产	年初数	期末数	负债和股东权益	年初数	期末数
5	流动资产：			流动负债：		
6	货币资金	=ACCT("1001:1009","C"	=ACCT("1001:1009"	短期借款	=ACCT("2101","C","",	=ACCT("2101")
7	短期投资	=ACCT("1101","C","",0	=ACCT("1101")-ACC	应付票据	=ACCT("2111","C","",	=ACCT("2111")
8	应收票据	=ACCT("1111","C","",0	=ACCT("1111")	应付账款	=ACCT("2121","DC",""	=ACCT("2121","
9	应收股利	=ACCT("1121","C","",0	=ACCT("1121")	预收账款	=ACCT("2131","DC",""	=ACCT("2131","
10	应收利息	=ACCT("1122","C","",0	=ACCT("1122")	应付工资	=ACCT("2151","C","",	=ACCT("2151")
11	应收账款	=ACCT("1131","JC","",	=ACCT("1131","JY"	应付福利费	=ACCT("2153","C","",	=ACCT("2153")
12	其他应收款	=ACCT("1133","C","",0	=ACCT("1133")	应付股利	=ACCT("2161","C","",	=ACCT("2161")
13	预付账款	=ACCT("1151","JC","",	=ACCT("1151","JY"	应交税金	=ACCT("2171","C","",	=ACCT("2171")
14	应收补贴款	=ACCT("1161","C","",0	=ACCT("1161")	其他应交款	=ACCT("2176","C","",	=ACCT("2176")
15	存货	=ACCT("1201:1271","C"	=ACCT("1201:1271"	其他应付款	=ACCT("2181","C","",	=ACCT("2181")
16	待摊费用	=ACCT("1301","C","",0	=ACCT("1301")+ACC	预提费用	=ACCT("2191","DC",""	=ACCT("2191","
17	一年内到期的			预计负债	=ACCT("2211","C","",	=ACCT("2211")
18	其他流动资产			一年内到期的		
19	流动资产合计	=SUM(C6:C18)	=SUM(D6:D18)	其他流动负债		

图 3－90

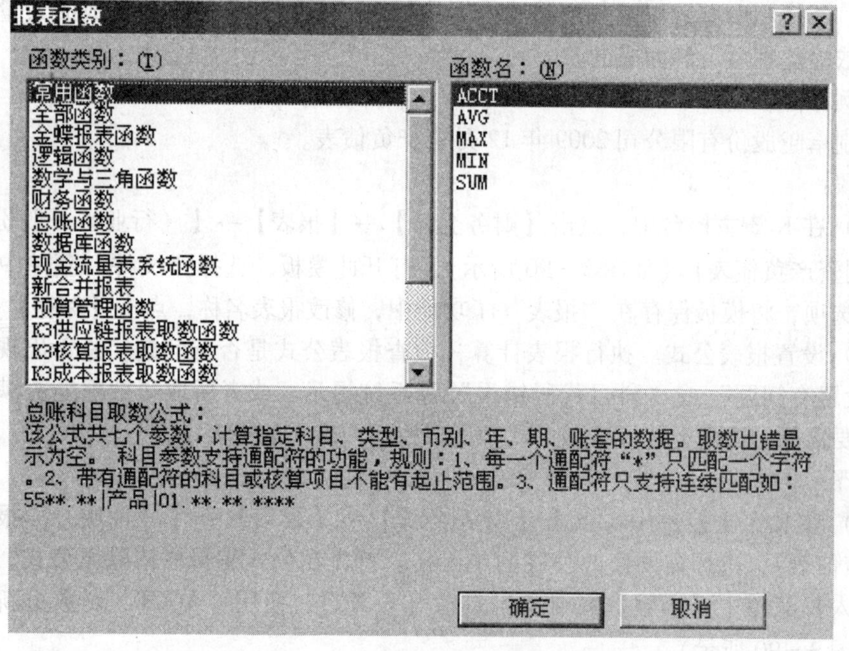

图 3－91

（2）在函数“ACCT”中，根据需要填写参数（如图 3－91）。对于本案例我们只要选择填写“科目”、“取数类型”、“起始期间”、“结束期间”等参数内容即可（如图 3－92所示）。

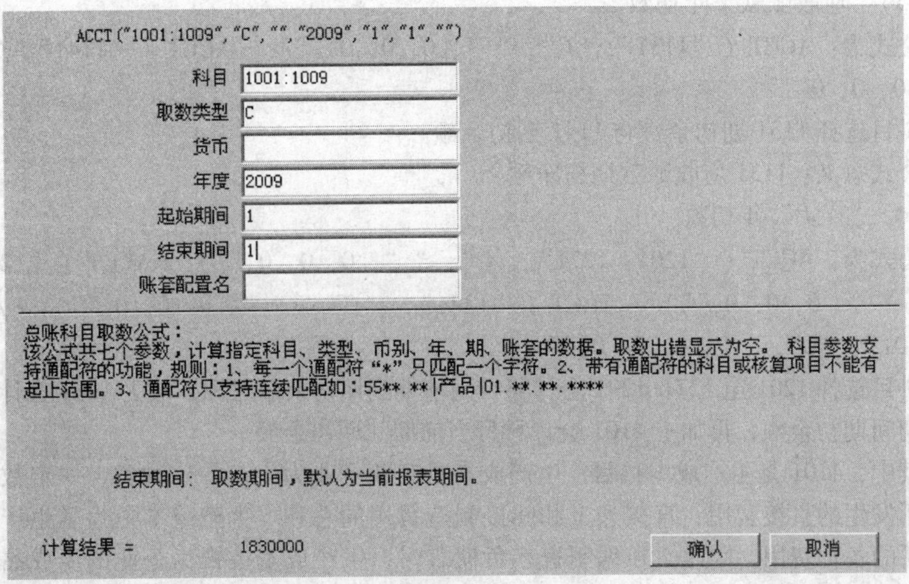

ACCT("1001:1009","C","","2009","1","1","")

科目 1001:1009

取数类型 C

货币

年度 2009

起始期间 1

结束期间 1

账套配置名

总账科目取数公式：
该公式共七个参数，计算指定科目、类型、币别、年、期、账套的数据。取数出错显示为空。科目参数支持通配符的功能，规则：1、每一个通配符“*”只匹配一个字符。2、带有通配符的科目或核算项目不能有起止范围。3、通配符只支持连续匹配如：55**.**|产品|01.**.**.****

结束期间：取数期间，默认为当前报表期间。

计算结果 = 1830000 确认 取消

图 3 - 92

在“科目取数向导”中可以设置科目代码、核算项目（如图 3 - 93 所示）。

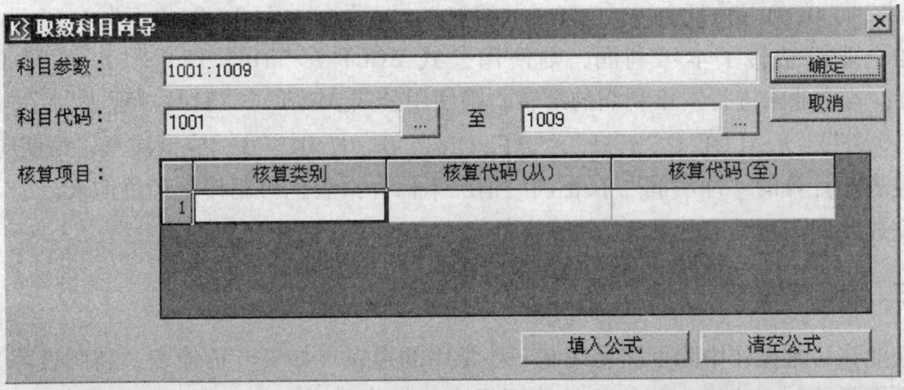

取数科目向导

科目参数： 1001:1009 确定

科目代码： 1001 ... 至 1009 ... 取消

核算项目：

	核算类别	核算代码（从）	核算代码（至）
1			

填入公式 清空公式

图 3 - 93

（3）修改公式后，选择【数据】菜单下的【报表重算】，重新计算报表数据，检查平衡情况并保存即可。

资产负债表个别项目公式设置举例说明。

（1）“货币资金”年初数。

公式为：ACCT（“1001：1009”，“C”，“ “，” 2009”，“1”，“1”，””）。

科目选择 1001 至 1009，取数类型为“期初”，起始期间为 12，结束期间为 12。

公式意义：1001 至 1009 会计科目 12 月份期初余额。

（2）“货币资金”期末数。

公式为：ACCT（“1001：1009”，“Y”，“ “，0，0，0，””）。

在参数设置时只选择科目范围即可，其他为系统默认设置。

公式意义：1001 至 1009 会计科目为当前期间期末余额。

（3）“应收账款”年初数。

公式为：ACCT（“1131”，“C”，“ “，0，0，0，””）－ACCT（“1141”，“C”，“ “，0，0，0，””）

科目选择 1131 期初余额与 1141 期初余额。

公式意义：1131 应收账款期初净额。

（4）“存货”年初数。

公式为：ACCT（“1201：1271”，“C”，“ “，0，0，0，””）＋ACCT（“1291”，“C”，“ “，0，0，0，””）－ACCT（“1281”，“C”，“ “，0，0，0，””）＋ACCT（“4101”，“C”，“ “，0，0，0，””）。

科目选择 1201 至 1271. 1291 会计科目当前期间期初余额之和，减去 1281 会计科目当前期间期初余额，再加上 4101 会计科目当前期间期初余额。

其中，4101 是生产成本科目。生产成本是工业企业为生产一定种类、一定数量的产品所发生的直接费用、直接人工和间接制造费用的总和。生产成本是为了生产产品而消耗的各种费用。因此，在编制资产负债表时，生产成本被视为企业的半成品而记入“存货”项目。

（5）“未分配利润”期末数。

公式为：ACCT（“3141. 15”，“Y”，“ “，0，0，0，””）或 ACCT（“3141. 15”，“Y”，“ “，0，0，0，””）＋ACCT（“3131”，“Y”，“ “，0，0，0，””）。

若企业已结转了本年利润，则使用公式 ACCT（“3141. 15”，” Y”，””，0，0，0，””）；若企业未进行本年利润的结转，则使用公式 ACCT（“3141. 15”，“Y”，“ “，0，0，0，””）＋ACCT（“3131”，“Y”，“ “，0，0，0，””）。应该注意，每期应先制作损益表，计算的“净利润”在正确的情况下保存报表，再制作资产负债表。

完成的资产负债表如图 3－94 所示。

三、自定义报表

企业在日常操作中除了需要编制一些常用的报表（如资产负债表、利润表等）外，有时还需要编制一些供内部使用的管理报表，如货币资金表、管理费用明细表、生产费用明细表等。

案例：

制作一张货币资金表（格式见表 3－17）。

资产负债表							
						会股01表	
编制单位：		年 月 日				单位：元	
资产	行次	年初数	期末数	负债和股东权益	行次	年初数	期末数
流动资产：				流动负债：			
货币资金	1	1830000	1969800	短期借款	68	200000	200000
短期投资	2			应付票据	69		
应收票据	3	0	0	应付账款	70	750000	810200
应收股利	4			预收账款	71	0	0
应收利息	5			应付工资	72	0	0
应收账款	6	153000	223200	应付福利费	73	0	0
其他应收款	7	5000	3000	应付股利	74		
预付账款	8			应交税金	75	0	15012.5
应收补贴款	9			其他应交款	80		
存货	10	95000	145000	其他应付款	81		
待摊费用	11	3000	2750	预提费用	82	0	500
一年内到期的长期债权投资	21			预计负债	83		
其他流动资产	24			一年内到期的长期负债	86		
流动资产合计	31	2086000	2343750	其他流动负债	90		
长期投资：							
长期股权投资	32			流动负债合计	100	950000	1025712.5
长期债权投资	34			长期负债：			
长期投资合计	38	0	0	长期借款	101		
固定资产：				应付债券	102		
固定资产原价	39	2000000	2000000	长期应付款	103		
减：累计折旧	40	900000	900000	专项应付款	106		
固定资产净值	41	1100000	1100000	其他长期负债	108		
减：固定资产减值准备	42			长期负债合计	110	0	0
固定资产净额	43	1100000	1100000	递延税项：			
工程物资	44			递延税款贷项	111		
在建工程	45			负债合计	114	950000	1025712.5
固定资产清理	46	0	0				
固定资产合计	50	1100000	1100000	股东权益（或股东权益）：			
无形资产及其他资产：				实收资本（或股本）	115	2236000	2372600
无形资产	51			减：已归还投资	116		
长期待摊费用	52	0	0	实收资本（或股本）净额	117	2236000	2372600
其他长期资产	53			资本公积	118	0	400
无形资产及其他资产合计	60	0	0	盈余公积	119	0	0
				其中：法定公益金	120		
递延税项：				未分配利润	121	0	45037.5
递延税款借项	61			所有者权益（股东权益	122	2236000	2418037.5
资产总计	67	3186000	3443750	负债和所有者权益（或股东权益	135	3186000	3443750

图 3－94

表 3－17 **货币资金表**

单位名称：四川卓越股份有限公司　　2009－12－31　　单位：元

项目	期初余额	本期发生额		期末余额
		借方发生额	贷方发生额	
现金				
银行存款——建行				
银行存款——中行				
银行存款——农行				
其他货币资金				
合　计				

单位负责人：　　　　会计主管：　　　　制表人：

步骤：

（1）在K/3主控台中，点击【财务会计】→【报表】→【新建报表】→【新建报表文件】，系统将显示空表界面（类似于电子表格）（如图3－95所示）。

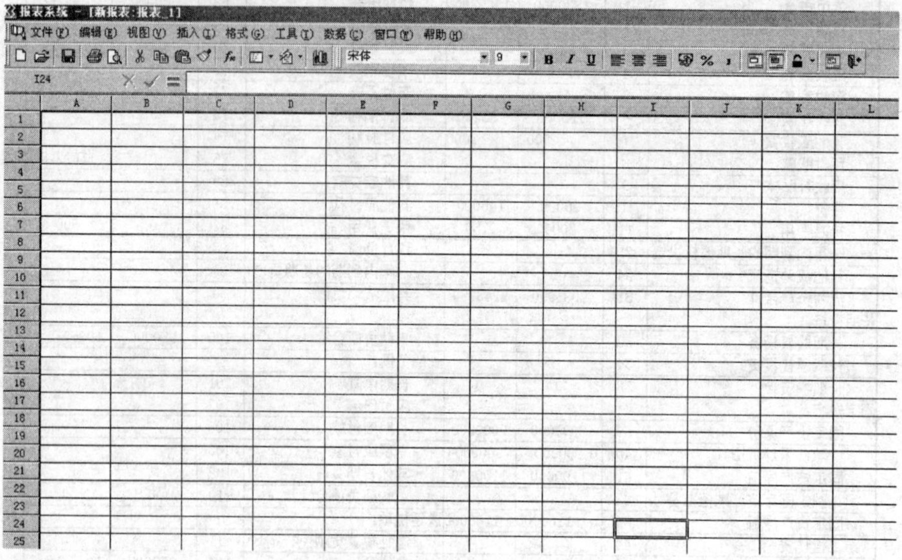

图3－95

（2）选择“格式”菜单中“表属性”功能，在“行列”标签页中直接录入行数“8”、列数“5”，以调整新建报表的行列设置（如图3－96所示）。

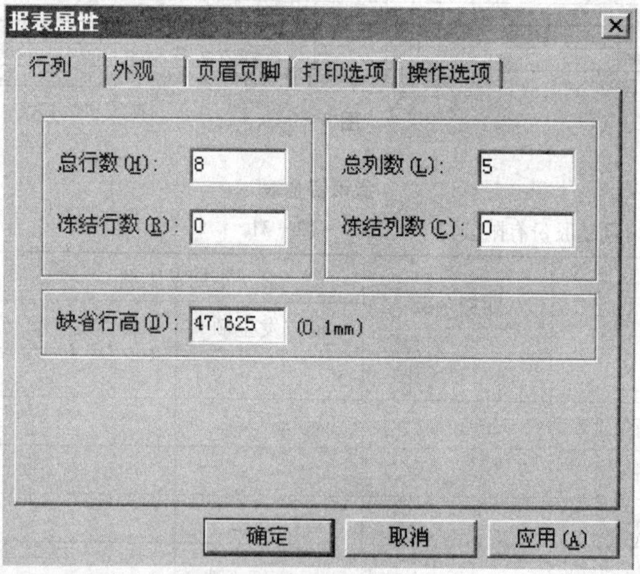

图3－96

（3）选择“格式”菜单中的“表属性”功能，在“页眉页脚”一栏中可以定义表名和表末文字和报表附注内容（如图3－97所示）。

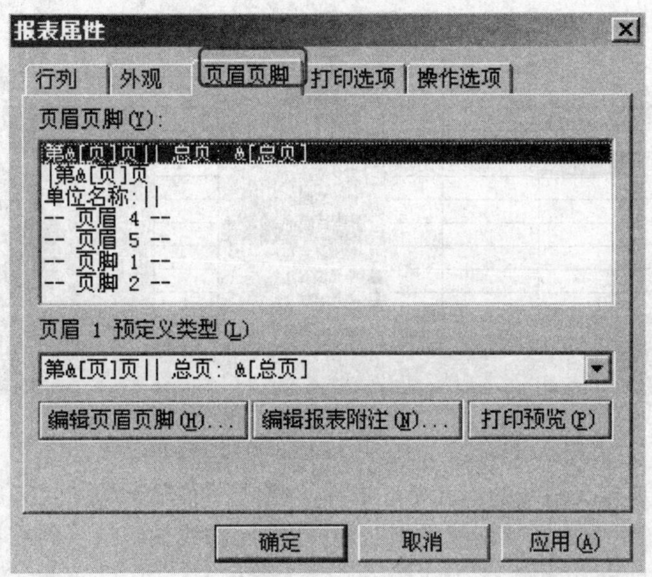

图 3－97

（4）在【页眉页脚】标签页中，选择第一行页眉“报表名称”，然后点击【编辑页眉页脚】，直接录入报表名称“货币资金表”（如图 3－98 所示）。可以在此处点击相应的工具按钮，修改页眉页脚的字体和颜色等内容。其他页眉页脚的录入方式与此相同。

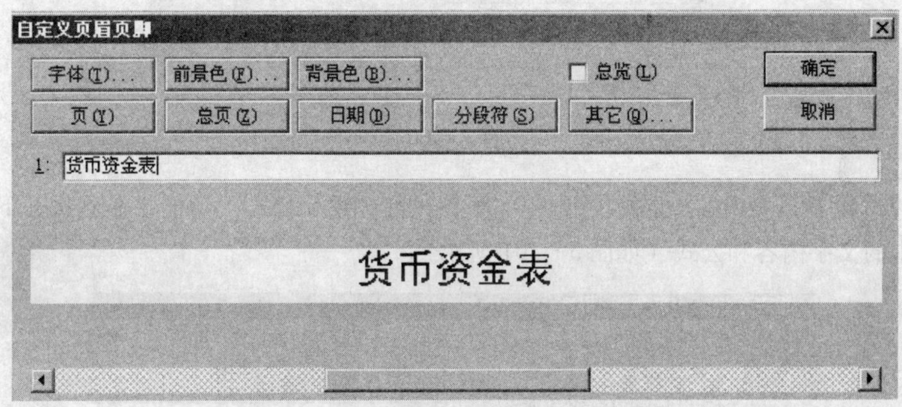

图 3－98

（5）进行单元融合设置。鼠标选定 N 个单元格，选择“格式”菜单下的“单元融合”功能，可将一块单元区域合并为一个单元格。在案例中，分别合并“A1、A2”、“B1、B2”、“C1、D1”、“E1、E2”（如图 3－99 所示）。

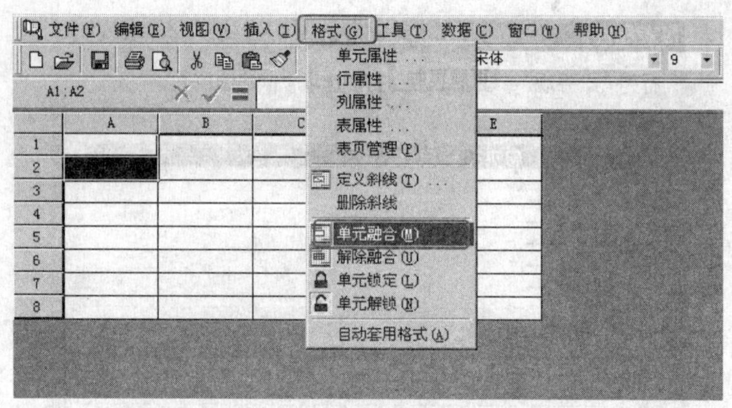

图 3 - 99

(6) 选中需要定义斜线的单元格，选择“格式”菜单下的“定义斜线”功能，在“单元斜线”标签页中选择“斜线类型”，并在单元斜线页签录入斜线单元中的文字内容，按【确定】即可（如图 3 - 100 所示）。（本案例不需要定义斜线）

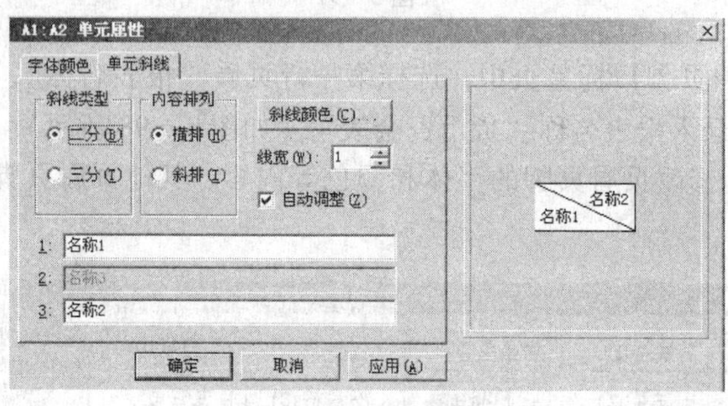

图 3 - 100

(7) 设置报表内容。选择“视图”菜单下的“显示公式”功能，在此状态下设置报表中的文字内容和公式（如图 3 - 101 所示）。

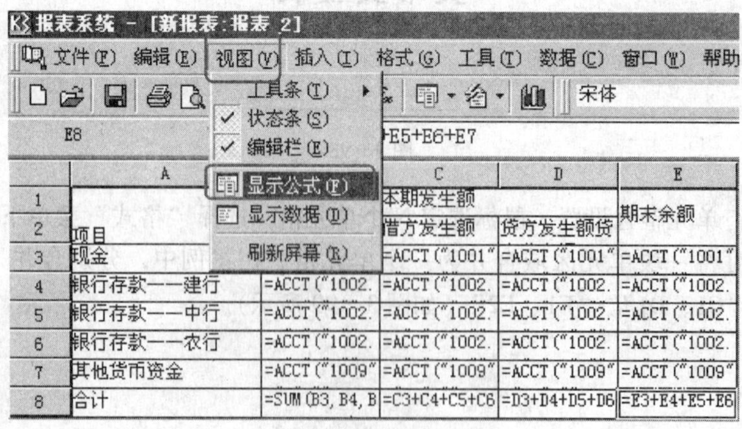

图 3 - 101

（8）完成设置后，选择“视图”菜单下的“显示数据”状态，完成报表制作。在“文件”菜单下，执行“另存为”，录入报表名称并“保存”报表即可（如图 3－102 所示）。

A	B	C	D	E
项目	期初余额	本期发生额		期末余额
		借方发生额	贷方发生额	
现金	50000	3200	1600	51600
银行存款——建行	300000	0	3000	297000
银行存款——中行	1366000	143200	0	1509200
银行存款——农行	114000	0	2000	112000
其他货币资金	0	0	0	0
合计	1830000	146400	6600	1969800

图 3－102

点击工具栏上的打印预览图标“ ”，出现“货币资金表”的打印预览图，在“打印预览”中可以看到之前设置的页眉与页脚（如图 3－103 所示）。

货币资金表

第1页

单位名称:

项目	期初余额	本期发生额		期末余额
		借方发生额	贷方发生额	
现金	50000	3200	1600	51600
银行存款——建行	300000	0	3000	297000
银行存款——中行	1366000	143200	0	1509200
银行存款——农行	114000	0	2000	112000
其他货币资金	0	0	0	0
合计	1830000	146400	6600	1969800

单位负债人：　　会计主管：　　制表人：

图 3－103

第四章

固定资产

固定资产是指企业使用期限超过一年的房屋、建筑物、机器、机械、运输工具，以及其他与生产、经营有关的设备、器具、工具等。不属于生产经营主要设备的物品，单位价值在2 000元以上，并且使用年限超过两年的，也应当视为固定资产。固定资产是企业的劳动手段，也是企业得以生产经营的主要资产。

第一节　系统设置

一、参数设置

固定资产系统参数设置反映了企业管理固定资产的个性化需要，它的设置关系到以后系统的业务和流程处理，用户在设置前要根据企业的管理制度和要求进行全面考虑。

与总账系统中的参数设置不同，设置固定资产系统参数是为了使固定资产模块得到更好的使用。总账中的某些参数设置可以关联到固定资产模块中的参数设置，并影响固定资产模块的操作。

案例：

系统参数设置：①启用期间为2009年12月；②与总账系统相连；③允许改变基础资料编码；④期末结账前先进行自动对账。

步骤：

（1）将总账结束初始化后的账套引入账套管理中，然后登录新引入的账套。在K/3主控台中，点击【系统设置】→【系统设置】→【固定资产管理】→【系统参数】，进入固定资产参数设置“系统选项”界面，在“基本设置”标签页上可查看和修改公司的名称和地址等信息。

（2）在“固定资产”标签页上可以选择启用期间、是否折旧、折旧率等信息，点击【确定】即可（如图4-1所示）。

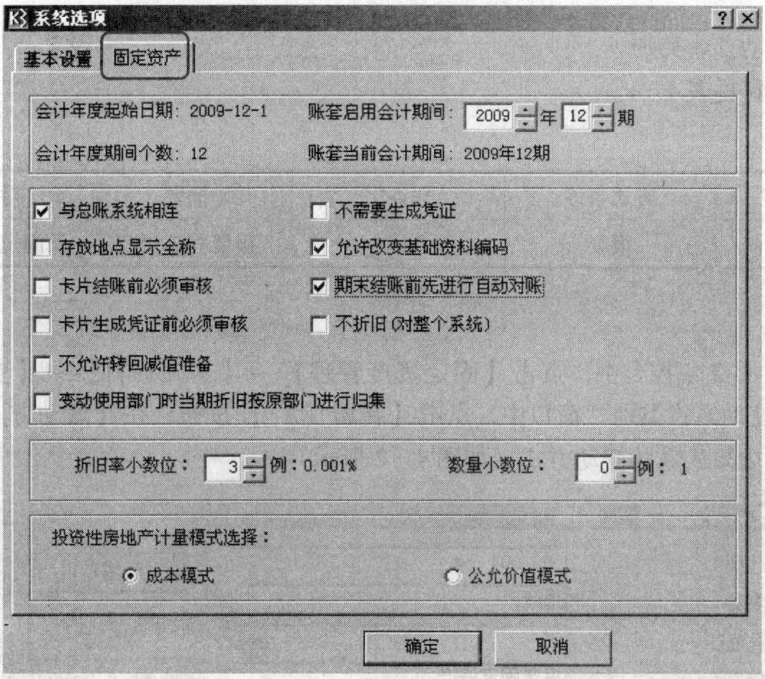

图 4－1

提示：

①与总账系统相连。如果企业将固定资产管理与总账系统集成应用，则应该选择此参数，这样系统会保证两系统在会计期间上的有效性，即总账必须在固定资产管理系统结账后方可进行结账；否则，不检测两系统结账的先后顺序。

②允许改变基础资料编码。基础资料编码属于企业基础管理的重要内容，一般情况下基础资料的编码一旦确定不应随意修改，因此系统默认控制不允许修改基础资料的编码。如果企业因管理需要确实需要修改固定资产基础资料的编码，则可以选择此参数，这样就可以对变动方式、使用状态、卡片类别、存放地点等基础资料的编码进行修改。

③期末结账前先进行自动对账。为了保证固定资产系统的业务数据与总账系统的财务数据一致，应该在期末结账前进行自动对账。为了加强这方面的管理和控制，可以选择此参数，这样在期末结账前，系统会自动检查是否进行了对账、对账时两系统数据是否一致。如果没有设置对账方案或对账不平，系统将给予提示，并不允许结账。

二、基础资料录入

（一）变动方式录入

变动方式是指固定资产增加、减少或者是调动的方式。固定资产的变动方式多种多样，不同的企业可能不同。系统中已经预设了三种变动方式类别，其中包括通用的诸多变动方式，除此之外，用户也可以自行定义本企业所需的固定资产变动方式。

案例：

增加变动方式类别。

相关资料见表4－1。

表4－1

代码	方式名称	凭证字	摘要	对方科目
002.004	报废	记	报废固定资产	固定资产清理

步骤：

（1）在K/3主控台中，点击【固定资产管理】→【基础资料】→【变动方式类别】。在“变动方式类别”窗口中，点击【新增（A）】按钮，在【变动方式类别——新增】界面中录入新的变动方式（如图4－2所示）。

变动方式类别 - 新增

代码：	002.004
名称：	报废
凭证字：	记
摘要：	报废固定资产
对方科目代码：	1701

新增(A)　关闭(C)

核算类别	名称

图4－2

（2）变动方式可以执行“新增”、“修改”、“删除”等操作，已经使用的变动方式则不能删除。

（二）录入使用状态类别

固定资产的使用状态是指固定资产当前的使用情况，会计上通常分为“在用”、“未使用”、“不需用”三类。

用户可以对系统中未设置的使用状态进行“新增”，也可以对系统中已经设置的使用状态进行“修改”、“删除”。

步骤：

（1）在K/3主控台中，点击【固定资产管理】→【基础资料】→【使用状态类别】，点击【新增（A）】或【修改（M）】按钮，新增使用状态类别或修改已有类别中的内容（如图4－3所示）。

（2）在“使用状态类别——修改”界面，对“是否折旧”进行选择（如图4－4所示）。

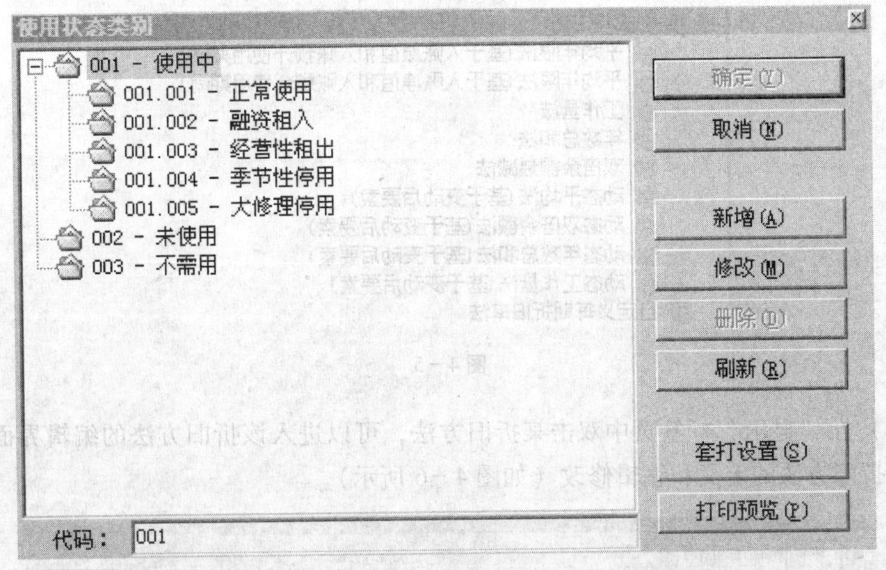

图 4-3

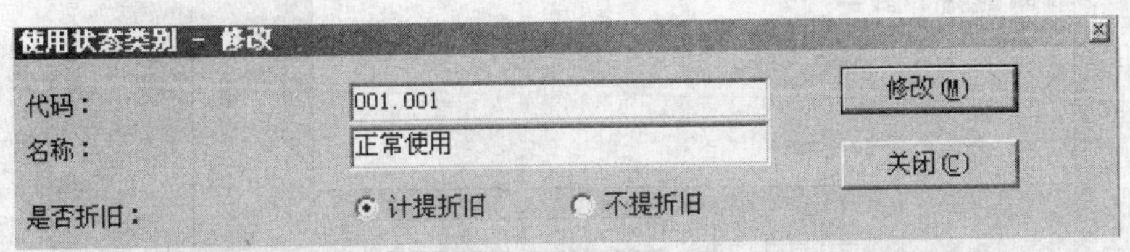

图 4-4

（三）折旧方法定义

折旧，是指在固定资产使用寿命内，按照确定的方法对应计折旧额进行系统分摊。折旧是固定资产在使用过程中因损耗逐渐转移到新产品中去的那部分价值的一种补偿方式。固定资产的物质形态在报废之前是在生产中长期被使用的，而它的价值却是按照其在生产中的损耗程度一部分一部分逐渐地转移到产品中去的。为了保证再生产的正常进行，必须在产品销售以后，把那部分已经转移到新产品中去的固定资产的价值，以货币形式提取并积累起来，以便若干年后即在固定资产价值全部转移完毕时用于更新固定资产。这种按固定资产的损耗程度进行补偿的方法就称为折旧。

固定资产系统为用户提供了自动计提折旧和分摊折旧费用的功能。为了实现自动计提折旧，必须预先设置好要用的固定资产折旧方法。系统根据相关会计准则预设了九种折旧方法。同时，为了满足企业特殊的折旧处理要求，系统提供了自定义折旧方法的功能。用户可以根据企业需要自定义公式或每期折旧率，系统同样可根据这些折旧方法实现自动计提折旧和费用分摊。

步骤：

（1）在 K/3 主控台中，点击【财务会计】→【固定资产管理】→【基础资料】→【折旧方法定义】（如图 4-5 所示）。

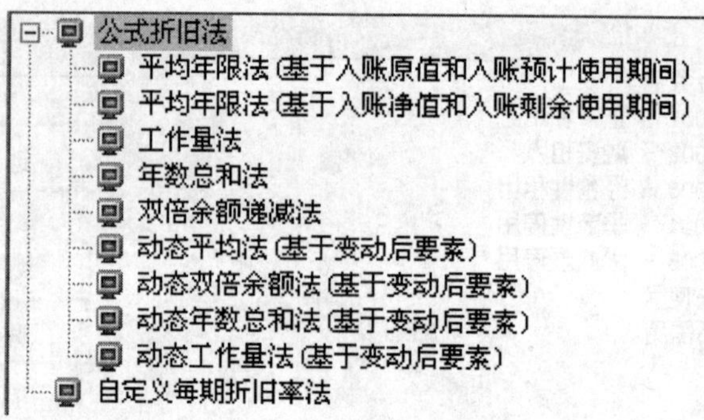

图4－5

（2）在“显示”标签页中双击某折旧方法，可以进入该折旧方法的编辑界面。在此进行折旧方法的定义和编辑修改（如图4－6所示）。

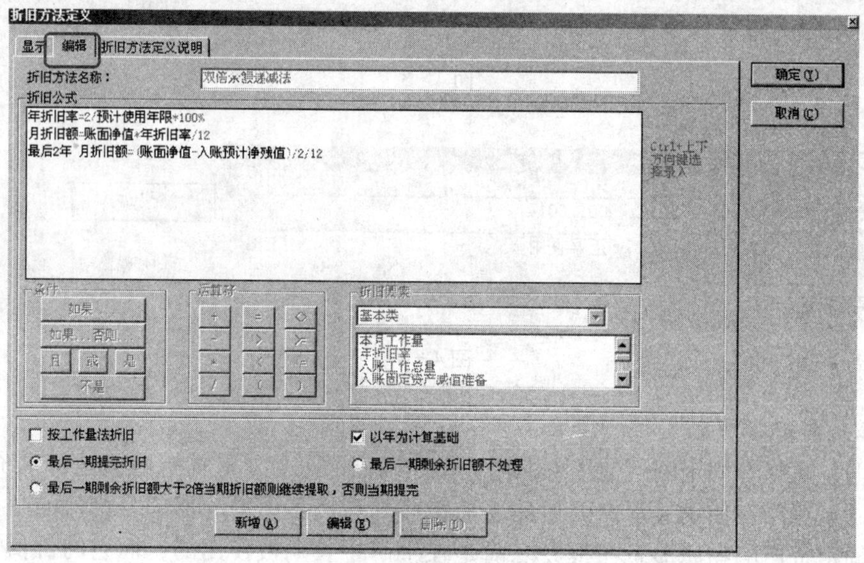

图4－6

（四）卡片类别设置

卡片类别是指企业根据自身特点及行业性质所设计的固定资产管理卡片的类别。由于每个企业的划分原则不同，系统没有提供预设数据，需要用户自行设置。

案例：

增加如下卡片类别（见表4－2）：

表4－2

代码	名称	使用年限	净残值率	计量单位	预设折旧方法	固定资产科目	累计折旧科目	卡片编码规则	是否计提折旧
001	房屋及建筑物	50	5%	幢	动态平均法	1501	1502	FW－	不管使用状态如何一定提折旧
002	交通工具	10	3%	辆	工作量法	1501	1502	JT－	由使用状态决定是否提折旧

表4－2(续)

代码	名称	使用年限	净残值率	计量单位	预设折旧方法	固定资产科目	累计折旧科目	卡片编码规则	是否计提折旧
003	生产设备	10	3%	台	双倍余额递减法	1501	1502	SC－	由使用状态决定是否提折旧
004	办公设备	5	5%		平均年限法	1501	1502	BG－	由使用状态决定是否提折旧

步骤：

(1) 在K/3主控台中，点击【财务会计】→【固定资产管理】→【基础资料】→【卡片类别设置】，点击【新增（A）】按钮，在此设置固定资产类别，在“固定资产类别——新增”界面输入新增的卡片类别（如图4－7所示）。

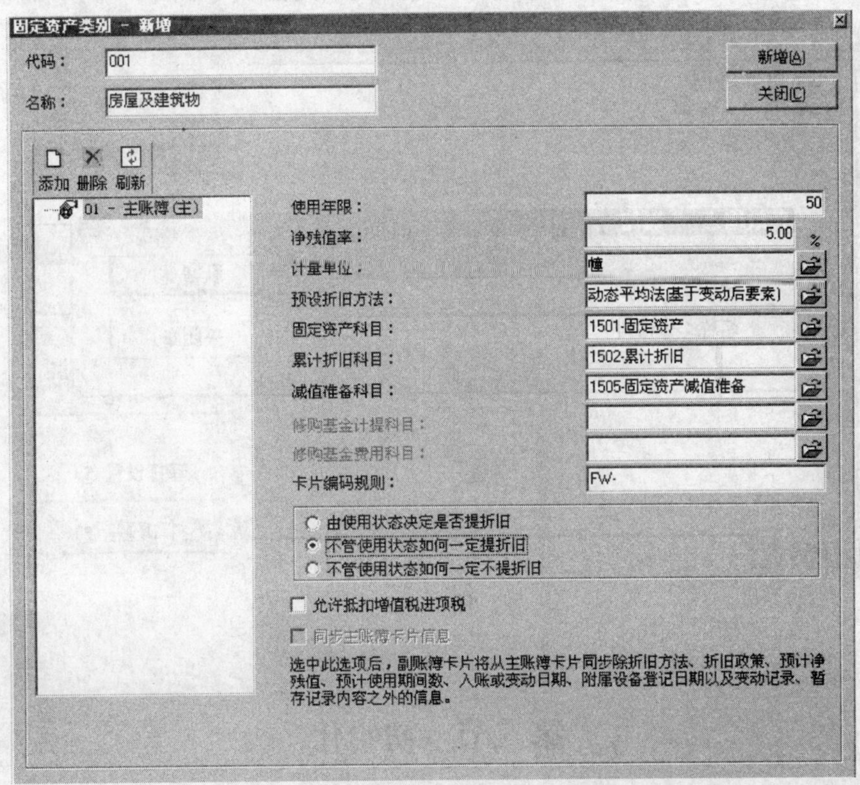

图4－7

(2) 固定资产类别可以进行新增、修改和删除，使用过的类别不能删除。

（五）*存放地点维护*

存放地点是指固定资产所存放的不同部门、不同地点。将固定资产的存放地点进行划分，是为了便于企业对固定资产进行管理。系统中没有提供预设数据，需要用户根据实际情况自行设置。

案例：

增加固定资产“存放地点”。

相关资料见表4－3。

表 4－3

代码	名称
01	车间
02	办公室
03	车库

步骤：

在 K/3 主控台中，点击【财务会计】→【固定资产管理】→【基础资料】→【存放地点维护】，弹出存放地点维护窗口，点击【新增（A）】，弹出“存放地点——新增”窗口，在此窗口录入相关数据，录入完成后退出此窗口（如图 4－8 所示）。

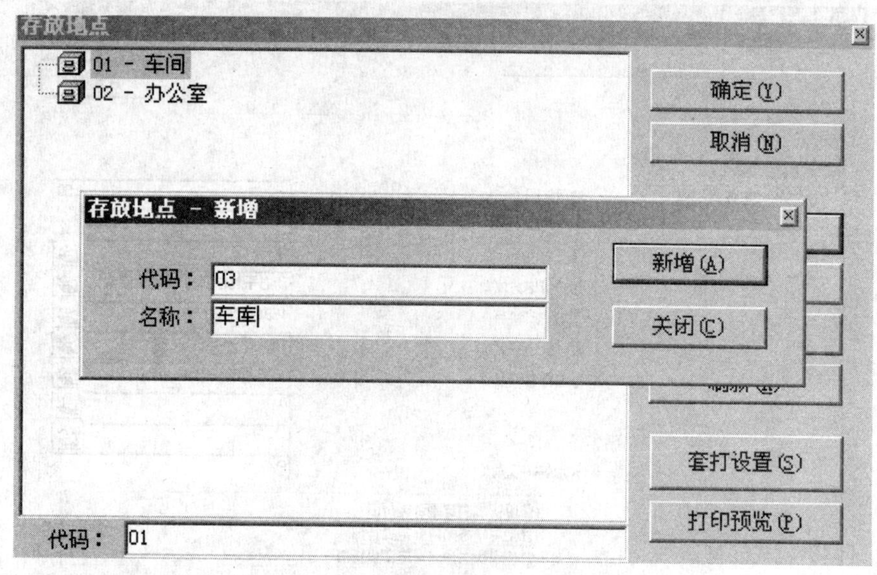

图 4－8

第二节 初始化

固定资产初始化是指将固定资产系统的各项设置，以及启用固定资产系统之前的固定资产内容通过卡片的形式录入系统中。其他各项设置已经在前文讲述，本节只讲卡片录入内容。

一、录入基本资料

案例：

录入固定资产初始数据。

相关资料见表 4－4。

表 4 - 4

资产编码	FW - 001	JT - 001	SC - 001
名称	办公楼	小汽车	柔性生产线
类别	房屋及建筑物	交通工具	生产设备
计量单位	幢	辆	台
数量	1	1	2
入账日期	1986. 8. 30	1995. 5. 7	2003. 12. 5
存放地点		车库	车间
经济用途	经营用	经营用	经营用
使用状态	正常使用	正常使用	正常使用
变动方式	自建	购入	购入
使用部门	行政部	销售一部、销售二部（费用比例各 50%）	生产部
折旧费用科目	管理费用——折旧费	产品销售费用——折旧费	制造费用——折旧费
币别	人民币	人民币	人民币
原币金额	1 000 000	400 000	600 000
购进累计折旧	无	无	无
开始使用日期	1986. 9. 1	1995. 6. 1	2004. 1. 1
已使用期间	180	工作总量：30 万千米，已使用 18 万千米	80
累计折旧金额	280 000	220 000	400 000
折旧方法	动态平均法	工作量法（计量单位：千米）	双倍余额递减法

步骤：

在 K/3 主控台中，点击【财务会计】→【固定资产管理】→【业务处理】→【新增卡片】，系统会提示当前启用期间，点击【是】后进入固定资产卡片管理界面（如图 4 - 9 所示）。

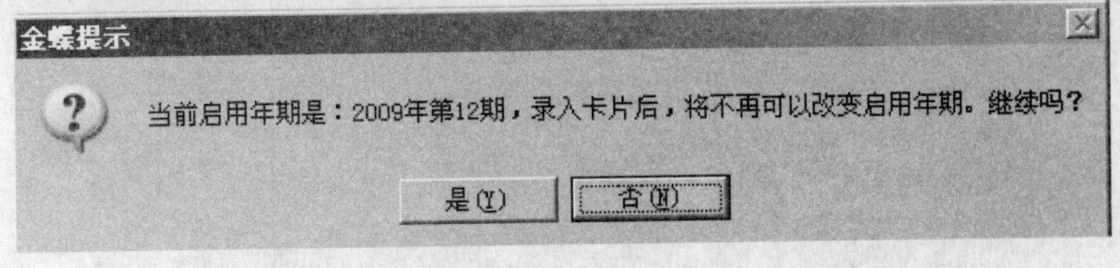

图 4 - 9

然后在“卡片及变动——新增”界面录入企业固定资产数据信息，其中包括“基本信息”、“部门及其他”、“原值与折旧”、“初始化数据”四项标签页，录入信息后点击【保存】即可。

1. 基本信息

卡片中的基本信息包括固定资产类别、编码、名称、计量单位、数量、入账日期等内容。其中资产类别等已经在基础资料中完成了设置，可以直接点击旁边的按钮进行选择，其他信息可以直接录入或修改（如图 4 - 10 所示）。

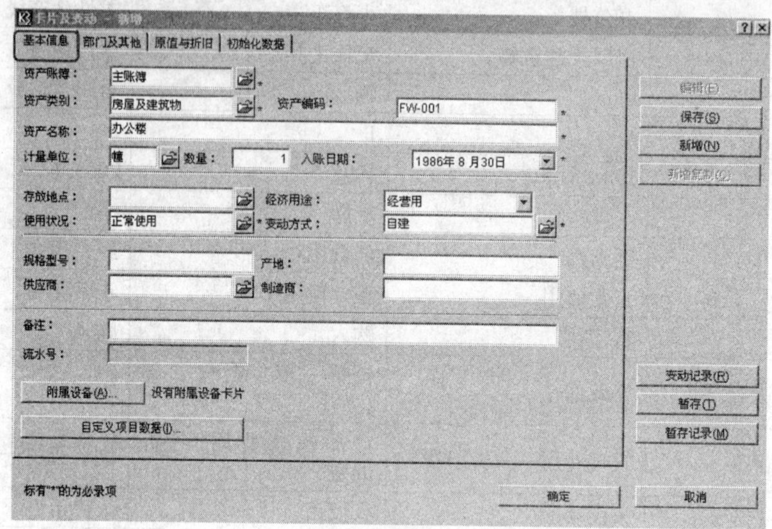

图 4 - 10

提示：

项目后带“＊”标记为必录项目，其他为非必录项目。自定义项目的必录项属性是可以设置的。

2. 部门及其他

此部分的信息主要是为固定资产计提折旧和进行费用分摊提供依据的，因此需要设置使用部门、固定资产及累计折旧的核算科目、折旧费用的核算科目等。这些信息均可以按 F7 键进行选择录入（如图 4 - 11 所示）。

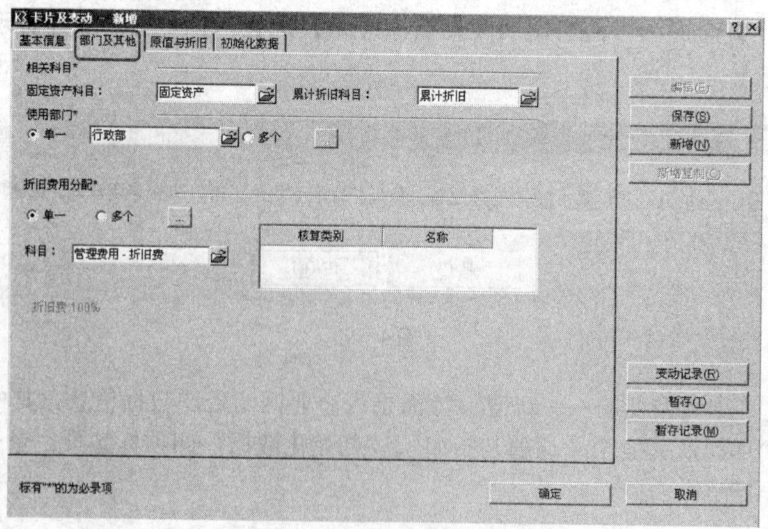

图 4 - 11

提示：

“使用部门”如果为一个，则选择“单一”和部门名称；如果同时为多部门服务，其“使用部门”也对应多个，此时选择“多个”后单击右侧“[...]”按钮，各部门的分配比例之和应为100%（如图4－12所示）。

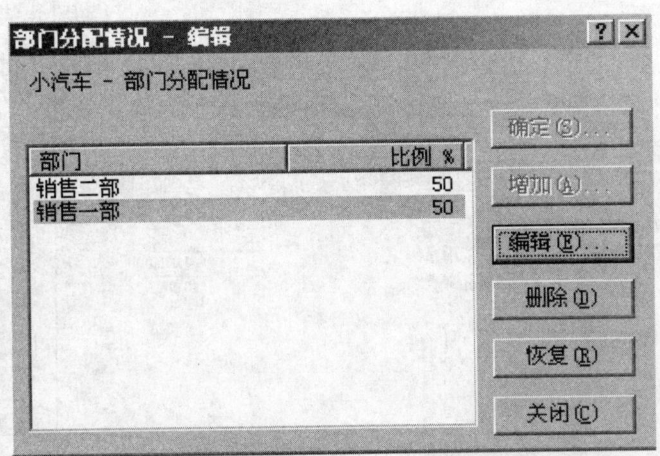

图4－12

同理，“折旧费用分配”如果使用部门为一个，则折旧费用科目也只有一个，选“单一”；如果使用部门为多个，分摊的费用科目也为多个，则应选“多个”后单击右侧“[...]”按钮，单击“新增”，以增加折旧费用分配科目，录入折旧费用科目、分配比例，保存后继续增加。一定要保证同一个部门的所有费用科目的分配比例合计为100%（如图4－13所示）。

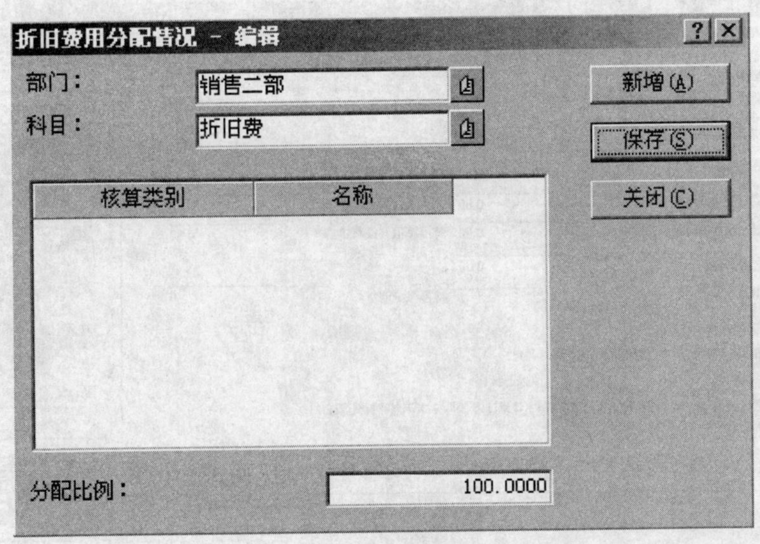

图4－13

3. 原值与折旧

该标签页中各项内容都是与折旧要素相关的项目，主要包括原值、币别、开始使用日期、预计使用期间数、已使用期间数、累计折旧、预计净残值、折旧方法等要素信息（如图 4 – 14 所示）。

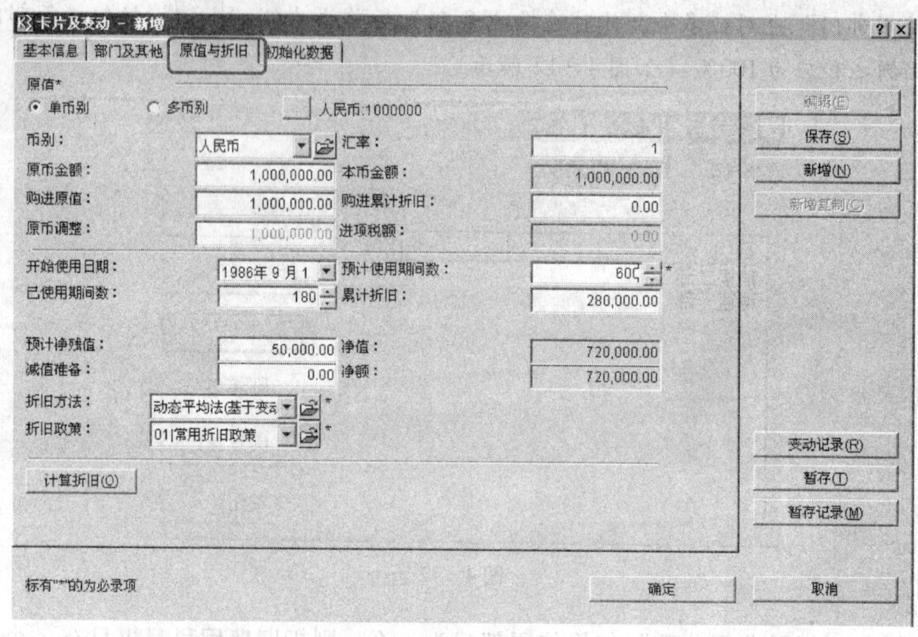

图 4 – 14

4. 初始化数据

初始化数据主要包括本年原值调增、本年累计折旧调增、本年已提折旧等信息。以上这些项目应反映本年内固定资产数据方面的变动情况（如图 4 – 15 所示）。

卡片及变动 – 新增
基本信息 | 部门及其他 | 原值与折旧 | 初始化数据
本年数据
年初原值：1,000,000.00　年初累计折旧：280,000.00
年初减值准备：0.00
本年原值调增：0.00　本年原值调减：0.00
本年累计折旧调增：0.00　本年累计折旧调减：0.00
本年减值准备调增：0.00　本年减值准备调减：0.00
本年已提折旧：0.00
年初数量：1　本年数量调整：0
该固定资产现已报废
入账原值=年初原值+本年原值调增-本年原值调减
入账累计折旧=年初累计折旧+本年已提折旧+本年累计折旧调增-本年累计折旧调减
编辑(E)　保存(S)　新增(N)　新增复制(C)
变动记录(R)　暂存(T)　暂存记录(M)
标有"*"的为必录项　确定　取消

图 4 – 15

将初始卡片全部输入后，点击【保存】和【确定】，返回“卡片管理”界面，在

“卡片管理”界面会出现刚刚输入的三张卡片（如图 4 - 16 所示）。

初始化　　资产账簿：　主账簿

流水号	年度	期间	入账日期或变动日期	摘要	编码	名称	型号	类别	变动方式	使用状态	部门	单位	数量
1	2009		1986-8-30	新增:	FW-001	办公楼		房屋及建筑物	自建	正常使用	行政部	幢	1.00
2	2009		1995-5-7	新增:	JT-001	小汽车		交通工具	购入	正常使用	销售部 · 销售一部	辆	1.00
3	2009		2003-12-5	新增:	SC-001	柔性生产线		生产设备	购入	正常使用	生产部	台	2.00
					合计								4.00

图 4 - 16

二、传递初始数据

“传递初始数据”功能只有在固定资产系统和总账系统同期进行初始化时才可以使用。可以首先进行固定资产系统初始化，录入所有的初始卡片之后，可将此处的数据传递到总账系统“初始数据录入”界面，此种方法还可以起到检查固定资产数据是否录入准确的作用；否则需要仔细检查，以保证两个系统的数据录入的一致性，并且可以多次传递，数据以最后一次传递为准。

步骤：

在 K/3 主控台中，点击【固定资产管理】→【业务处理】→【新增卡片】，在此卡片序时簿的“工具”菜单下看到“将初始数据传送总账”的功能，以完成传递（如图 4 - 17 所示）。

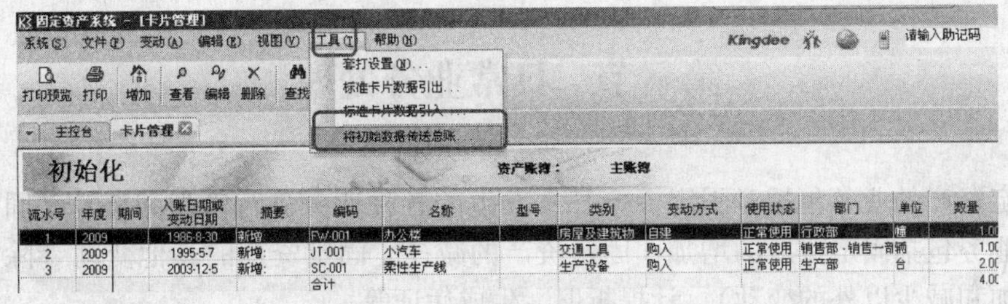

图 4 - 17

提示：

①只能将本位币金额传递至对应的总账科目的本位币币别中。

②如果总账中固定资产、累计折旧、减值准备三个科目中有任何一个下设了核算项目，系统将不予传递数据。

③如果总账系统结束了初始化，则系统不予传递数据。

三、结束初始化

初始设置结束后，结束固定资产系统初始化，进入日常业务处理。

步骤：

(1) 在 K/3 主控台中，点击【系统设置】→【初始化】→【固定资产管理】→【初始化】。在“结束初始化”界面，点击【开始】完成结束初始化工作（如图 4 - 18 所示）。

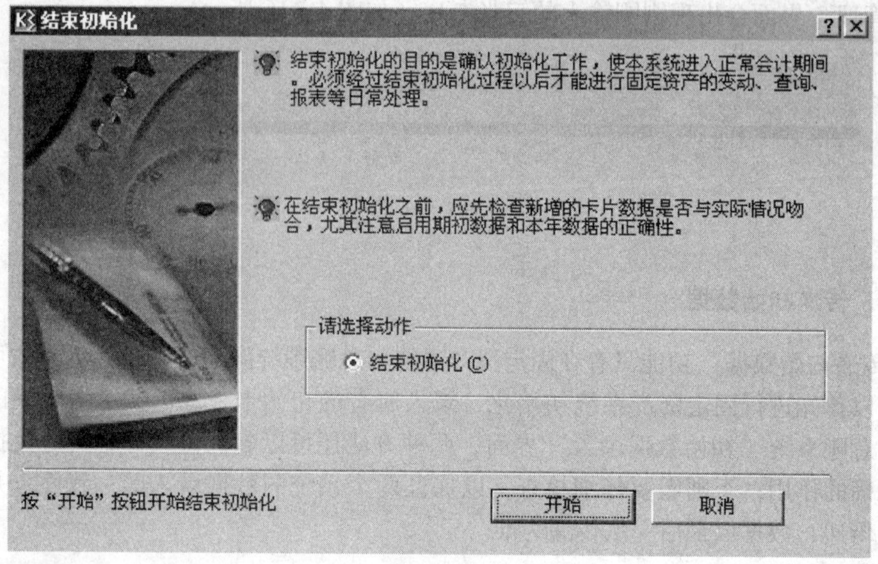

图 4－18

（2）如果需要进行反初始化，按住 Shift 键在“工具”中选择“反初始化”即可，或者到系统设置中双击初始化。

第三节　日常业务处理

固定资产的业务包括对固定资产日常发生的各种业务进行管理和核算。固定资产的日常业务包括固定资产的增加、固定资产的减少、固定资产的其他变动（除固定资产的增加和减少以外的变动）、计提折旧、生成凭证等。

一、新增卡片

当企业增加固定资产时，需要新增卡片。一项固定资产对应一张固定资产卡片。

案例：

本月 15 日，企业购买两台打印机，分别给财务部和行政部使用。

相关资料见表 4－5。

表 4－5

资产编码	BG－001
名称	打印机
类别	办公设备
计量单位	台
数量	2
入账日期	2009. 12. 15
存放地点	办公室

表4－5(续)

资产编码	BG－001
经济用途	经营用
使用状态	正常使用
变动方式	购入
使用部门	财务部/行政部
折旧费用科目	管理费用——折旧费
币别	人民币
原币金额	10 000
购进累计折旧	无
开始使用日期	2009. 12. 20
已使用期间	0
累计折旧金额	0
折旧方法	平均年限法（第一种）

步骤：

（1）在K/3主控台中，点击【财务会计】→【固定资产管理】→【业务处理】→【卡片新增】，在此录入新增固定资产各项信息，并保存卡片即可（如图4－19所示）。

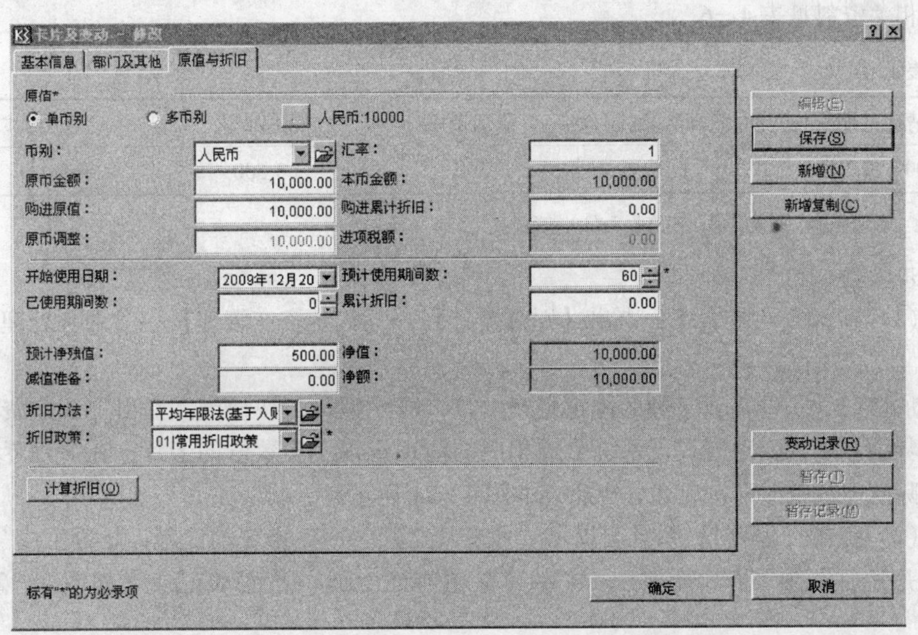

图4－19

（2）在刚刚保存的新增卡片界面点击鼠标右键，选择“复制增加”功能，可以快速新增一项资产，系统自动将资产编码顺序加1，修改局部信息后，进行保存即可（如图4－20所示）。

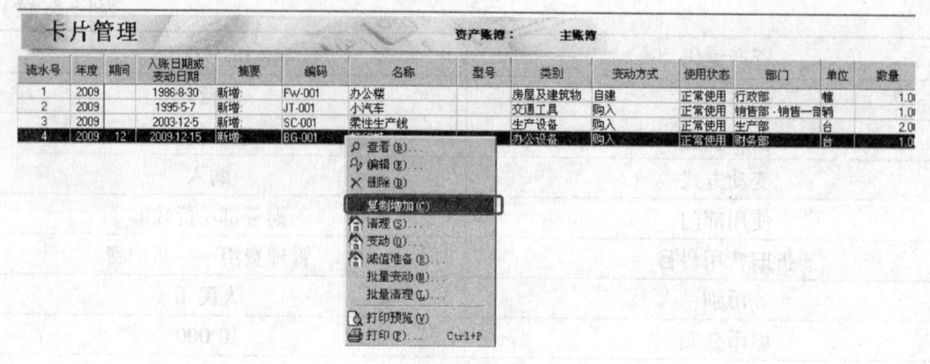

图4－20

提示：

增加卡片的操作与初始数据录入的方法相同。

二、资产减少

固定资产减少主要是通过固定资产清理，其减少界面与变动处理基本相似。

案例：

本月22日，将SC－001固定资产卡片中的一条柔性生产线报废。

相关资料见表4－6。

表4－6

清理日期	清理数量	清理费用	残值收入	变动方式
2009.12.22	1	500	3 500	报废

注：清理费用以现金支付；残值收入存入建行。

步骤：

（1）在K/3主控台中，点出【财务会计】→【固定资产管理】→【业务处理】→【变动处理】，选择需要清理的固定资产卡片，按“清理”快捷键。弹出“固定资产清理”界面，录入变动方式，系统生成相应的清理记录。多数量的卡片，在清理界面录入实际清理数量即可实现部分清理（如图4－21所示）。

（2）点击【保存】，系统会提示“此变动必须生成一条变动记录，是否生成”，点击【是】后，在“卡片管理——主账簿”主界面生成一条变动记录（如图4－22所示）。

提示：

①卡片清理后，该固定资产的价值为零。

②若要删除清理记录，则在“卡片管理”中选择原生成的清理记录，点击【清理】，在弹出的清理编辑界面，点击【删除】即可（如图4－23所示）。

固定资产清理 - 新增

固定资产： SC-001 - 柔性生产线

清理日期： 2009年12月22

原数量： 2　　清理数量： 1

清理费用： 500.00　　残值收入(不含税)： 3,500.00

适用税率： 0.000 %　　销项税额： 0.000

变动方式： 报废

摘要：

保存(S)　删除(D)　变动记录(A)...　关闭(C)

图 4 - 21

卡片管理　　资产账簿：　主账簿

流水号	年度	期间	入账日期或变动日期	摘要	编码	名称	型号	类别	变动方式	使用状态	部门
1	2009		1986-8-30	新增:	FW-001	办公楼		房屋及建筑物	自建	正常使用	行政部
2	2009		1995-5-7	新增:	JT-001	小汽车		交通工具	购入	正常使用	销售部 - 销
3	2009		2003-12-5	新增:	SC-001	柔性生产线		生产设备	购入	正常使用	生产部
4	2009	12	2009-12-15	新增:	BG-001	打印机		办公设备	购入	正常使用	财务部
5	2009	12	2009-12-15	新增:	BG-002	打印机		办公设备	购入	正常使用	行政部
6	2009	12	2009-12-22	部分清理:/*此变动由清理功能生成*/	SC-001	柔性生产线		生产设备	报废	正常使用	生产部

图 4 - 22

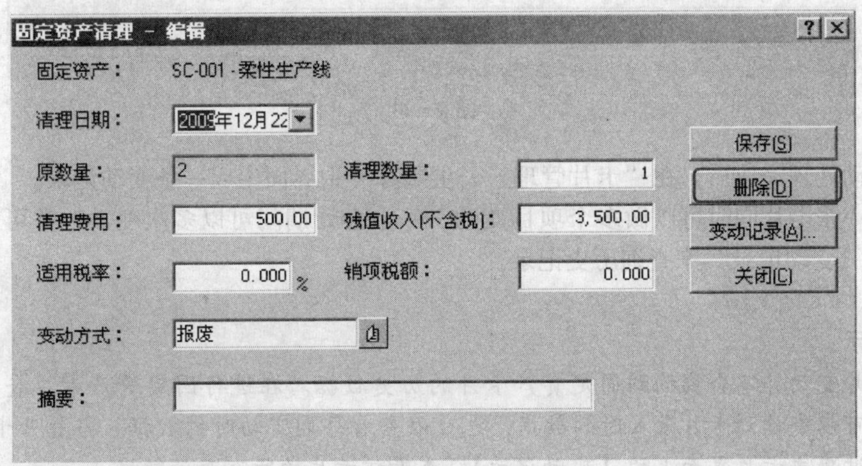

图 4 - 23

三、固定资产其他变动

固定资产其他变动是指除卡片增加和清理之外的其他变动业务，具体包括部门、类别、原值、累计折旧、自定义项目等所有卡片项目的变动。

案例：

本月 23 日，将 JT - 001 固定资产卡片中小汽车的使用部门由销售部转为财务部，折旧费用科目也由“产品销售费用——折旧费”转为“管理费用——折旧费”。

步骤：

（1）在K/3主控台中，点击【财务会计】→【固定资产管理】→【业务处理】→【变动处理】，选择要变动的记录，单击“变动”。

（2）系统弹出卡片信息供选择，在卡片上直接修改需要变动的相关信息即可（如图4－24所示）。

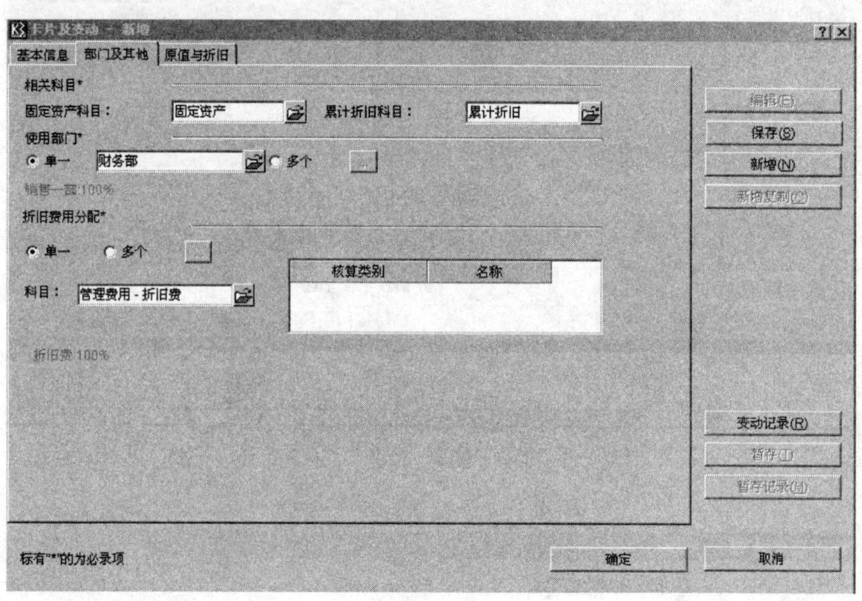

图4－24

变动处理完成后，在“卡片管理——主账簿”主界面生成一条变动记录。

同一张卡片同时可以做多个项目变动。一个会计期间可以多次变动，并可通过卡片上的“变动记录”来查询历史记录。

提示：

卡片变动并不会影响到固定资产卡片的历史数据。在进行固定资产卡片查询的时候，既可以查询到卡片录入时的数据，也可以查看每期变动时的数据。当打开卡片时，可以通过单击卡片界面上的【变动记录】，查看该卡片的所有变动数据。

四、生成凭证

K/3固定资产管理系统除了完成对固定资产的新增、减少和变动的业务处理，进行折旧计提和费用分摊外，还提供凭证管理功能，即依据会计制度和准则的规定，完成对前述业务的会计核算处理。固定资产管理系统生成的凭证将自动传递到总账系统，实现财务业务的一体化管理，保证固定资产管理系统与总账系统的数据相符。

案例：

将本月固定资产新增和减少的业务生成凭证。

步骤：

（1）在 K/3 主控台中，点击【财务会计】→【固定资产管理】→【业务处理】→【凭证管理】，系统弹出“凭证管理——过滤方案设置”窗口。在该窗口，用户在“基本条件”标签上选择事务类型，即需要生成凭证的业务类型。

（2）选择过滤方案后，点击【确定】。需要设置凭证处理的选项，在“凭证管理”界面中单击菜单【文件】→【选项】，用户可打开“凭证管理——选项方案设置”界面进行“异常处理”设置（如图 4－25 所示）。

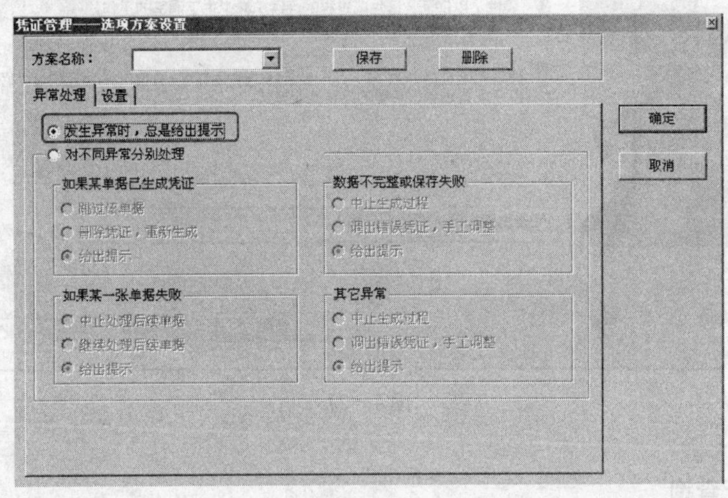

图 4－25

提示：

①异常处理：用户可以选择在凭证生成过程发生异常时，系统如何进行处理。

②设置：设置残值收入对应科目、清理费用对应科目、减值准备对方科目。这几项科目不必分别与固定资产对应，因此可在此统一设置，以确保固定资产清理和减值准备处理在生成凭证时的数据的完整性（如图 4－26 所示）。

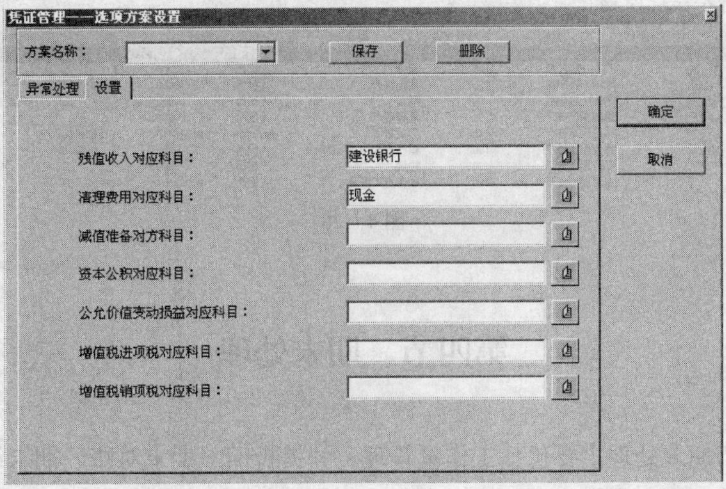

图 4－26

(3) 在“凭证管理”界面选择要生成凭证的固定资产业务记录，单击【按单生成凭证】，并在向导中点击【开始】，系统会根据变动方式类别中的设置生成记账凭证（如图 4－27 所示）。

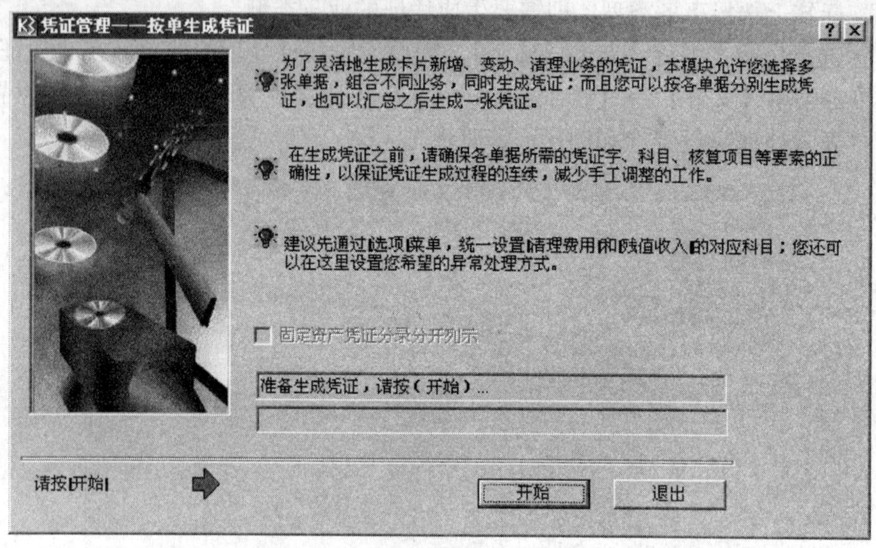

图 4－27

五、凭证查询

生成凭证后，若要对凭证时行查询或编辑，需要进入会计分录序时簿。

步骤：

在 K/3 主控台中，点击【财务会计】→【固定资产管理】→【业务处理】→【凭证管理】，点击“查看”菜单下的“序时簿”进入会计分录序时簿。

查看结果如图 4－28 所示。

会计分录序时簿

日期	期间	凭证字号	摘要	科目代码	科目名称	币别	原币金额	借方	贷方	制单
2009-12-15	2009.12	记 - 17	购入--打印机	1501	固定资产	人民币	10000	10,000.00		蓝兰
			购入--打印机	1001	现金	人民币	10000		10,000.00	
2009-12-15	2009.12	记 - 18	购入--打印机	1501	固定资产	人民币	10000	10,000.00		蓝兰
			购入--打印机	1001	现金	人民币	10000		10,000.00	
2009-12-22	2009.12	记 - 19	报废固定资产	1501	固定资产	人民币	300000		300,000.00	蓝兰
			报废固定资产	1502	累计折旧	人民币	201666.66	201,666.66		
			报废固定资产	1002.01	银行存款 - 建设银行	人民币	3500	3,500.00		
			报废固定资产	1001	现金	人民币	500		500.00	
			报废固定资产	1701	固定资产清理	人民币	95333.34	95,333.34		

图 4－28

第四节 期末处理

固定资产期末处理主要包括工作量管理、计提折旧、期末对账、期末结账等。

一、工作量管理

对于按工作量法计提折旧的固定资产，应在计提折旧费用之前输入本期完成的实际工作量。

案例：

输入本月小汽车工作量 2 000 公里。

步骤：

在 K/3 主控台中，点击【财务会计】→【固定资产管理】→【期末处理】→【工作量管理】，录入“本期工作量”（如图 4－29 所示）。

工作量管理

序号	资产编码	资产名称	规格型号	单位	本期工作量	工作总量	累计工作总量	剩余工作量
1	JT-001	小汽车		公里	2,000.0000	300,000.0000	180,000.0000	118,000.0000
2	合计				2,000.0000	300,000.0000	180,000.0000	118,000.0000

图 4－29

二、计提折旧

固定资产折旧费用的计提是会计核算工作的一项十分重要的日常业务。金蝶财务管理软件为用户提供了完全计提折旧费用的功能，能够实现自动计提固定资产本期折旧额，并将折旧分别计入有关费用科目，自动生成计提折旧的转账凭证并传送到账务系统中。

案例：

计提本月固定资产折旧额。

步骤：

（1）在 K/3 主控台中，点击【财务会计】→【固定资产管理】→【期末处理】→【计提折旧】，进入计提折旧操作。第一步，选择左边的方框中的“主账簿”，进入右边的空白框（如图 4－30 所示）。

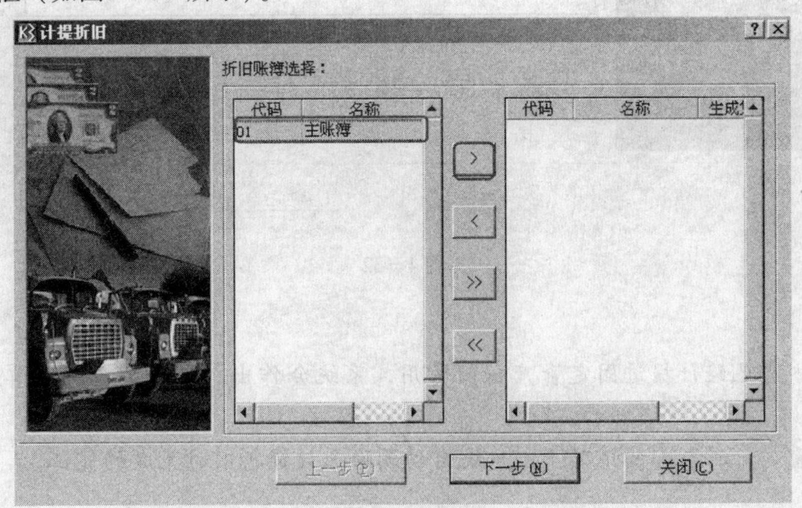

图 4－30

（2）点击【下一步】，然后输入凭证摘要和凭证字（如图 4－31 所示）。

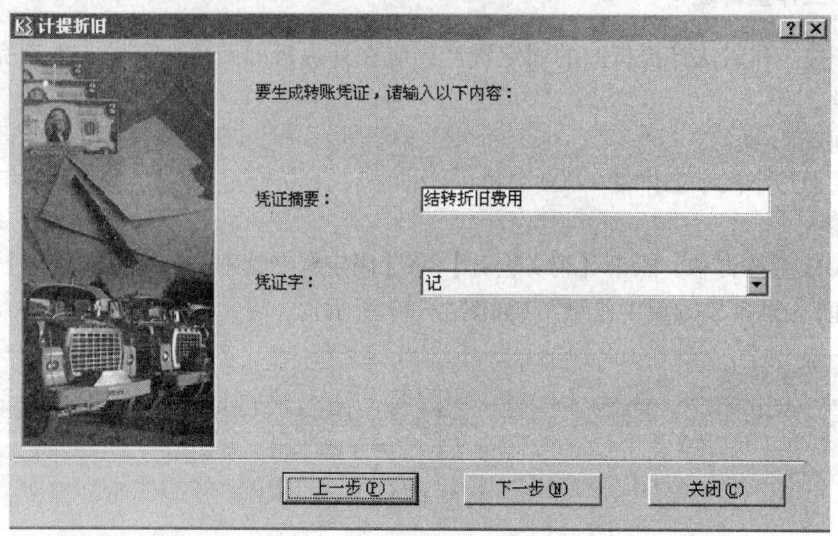

图 4－31

（3）继续点击【下一步】，单击【计提折旧】键，开始提取折旧工作（如图 4－32 所示）。

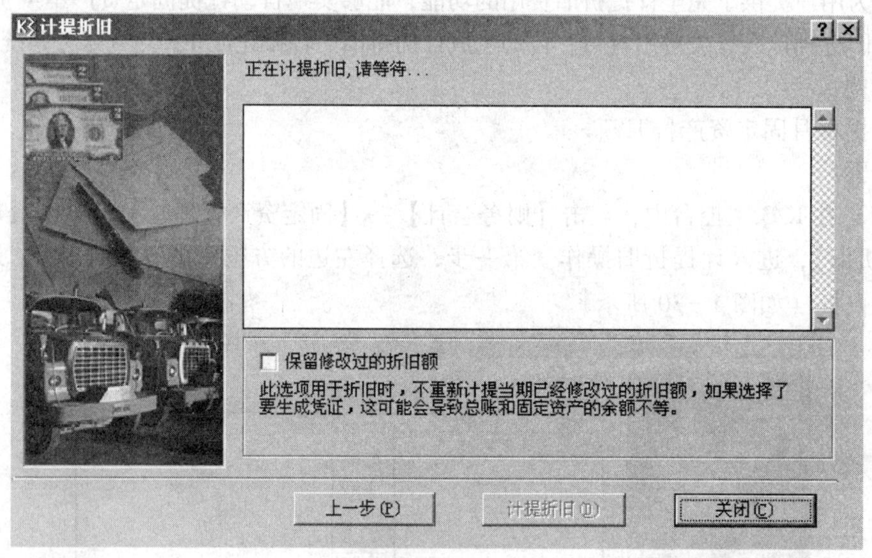

图 4－32

提示：

①若本期已经计提过固定资产折旧费用，系统会作出“是否要重新计算折旧”的提示。

②在重新计算折旧的情况下，系统自动删除原计提折旧时生成的凭证。

三、折旧管理

计提折旧后，若需要对本期实际折旧额进行调整，在“折旧管理”中对本期折旧额进行修改即可。在“折旧管理”中修改“本期折旧额”后，系统会自动修改计提折旧凭证上的数据，但只对本期折旧额进行修改，今后期间计提的折旧还是原折旧额。如果用户希望今后每个期间的折旧额都改变的话，应当进行“卡片变动处理”。

步骤：

在 K/3 主控台中，点击【财务会计】→【固定资产管理】→【期末处理】→【折旧管理】（如图 4－33 所示）。

折旧管理

	资产编码	资产名称	本期折旧额	本期应提折旧额	未提折旧额
1	FW-001	办公楼	1,595.2400	1,595.2400	668,404.7600
2	JT-001	小汽车	2,586.6700	2,586.6700	165,413.3300
3	SC-001	柔性生产线	3,333.3300	3,333.3300	178,666.6700
4	合计		7,515.2400	7,515.2400	1,012,484.7600

图 4－33

提示：

在折旧管理中修改了数据后，若再次计提折旧，又希望保留修改结果，则需要在计提折旧界面选择“保留修改过的折旧额”。

四、自动对账

对账就是核对账目，是指在会计核算中为保证账簿记录正确、可靠，对账簿中的有关数据进行检查和核对的工作。此处的对账是指将固定资产系统中的数据与总账系统中的数据进行核对。核对科目主要包括“固定资产”、“累计折旧”、“固定资产减值准备”。

案例：

利用“自动对账”功能进行固定资产管理系统和总账系统的对账。

步骤：

（1）在 K/3 主控台中，点击【财务会计】→【固定资产管理】→【期末处理】→【自动对账】，进入“自动对账”界面，先需要设置对账方案。

（2）单击【增加】，弹出“固定资产对账”界面，可以设置固定资产系统的原值、累计折旧、减值准备所对应的总账系统的科目，科目设置完成后，录入方案名称并单击【确定】，进行方案保存（如图 4－34 所示）。

（3）对账方案设置完成后，返回到“自动对账”主界面，出现对账结果（如图 4－35所示）。

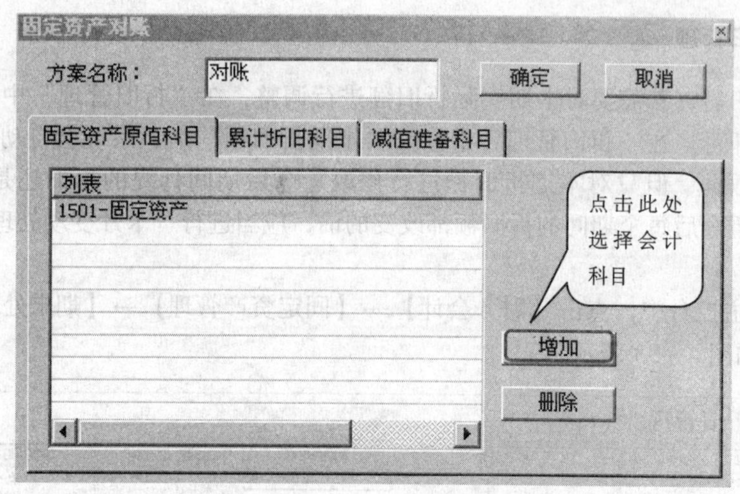

图 4－34

自动对账

系统名称	固定资产原值				累计折旧				减值准备			
	期初余额	本期借方	本期贷方	期末余额	期初余额	本期借方	本期贷方	期末余额	期初余额	本期借方	本期贷方	期末余额
总账系统	2,000,000.00	20,000.00	300,000.00	1,720,000.00	900,000.00	201,666.66	7,515.24	705,848.58				
固定资产系统	2,000,000.00	20,000.00	300,000.00	1,720,000.00	900,000.00	201,666.66	7,515.24	705,848.58				
差异												

图 4－35

提示：

①在“对账方案”界面，选择对账方案和对账会计期间，可以对不同期间的账务进行核对。

②“对账方案”界面的“包括未过账凭证”是指是否包括总账系统尚未过账的凭证。

③进行对账后，若数据不平，即某项数据有“差异”，用户应及时对两系统数据进行检查，找出错误及时更正。如果对账平衡了，则可以开始进行结账的处理。若对账不平衡，则不能结账。

五、期末结账

期末结账功能是指将当前会计期间的业务结转到下一期间，也可以对最近已结账会计期间的业务进行反结账。结账还指将固定资产的有关账务处理如折旧变动等信息转入已结账状态，已结账的业务不能再修改和删除。反结账则是指当发现已结账信息有误时对已结账信息进行逆转操作，恢复到结账前的状态。在固定资产系统的窗口中选取“期末处理”功能子模块，双击“期末结账”，即可进行期末结账操作，系统会自动完成结账工作。

步骤：

在 K/3 主控台中，点击【财务会计】→【固定资产管理】→【期末处理】→【期末结账】，单击【确定】完成结账操作，会计期间会自动转入下期（如图 4－36 所示）。

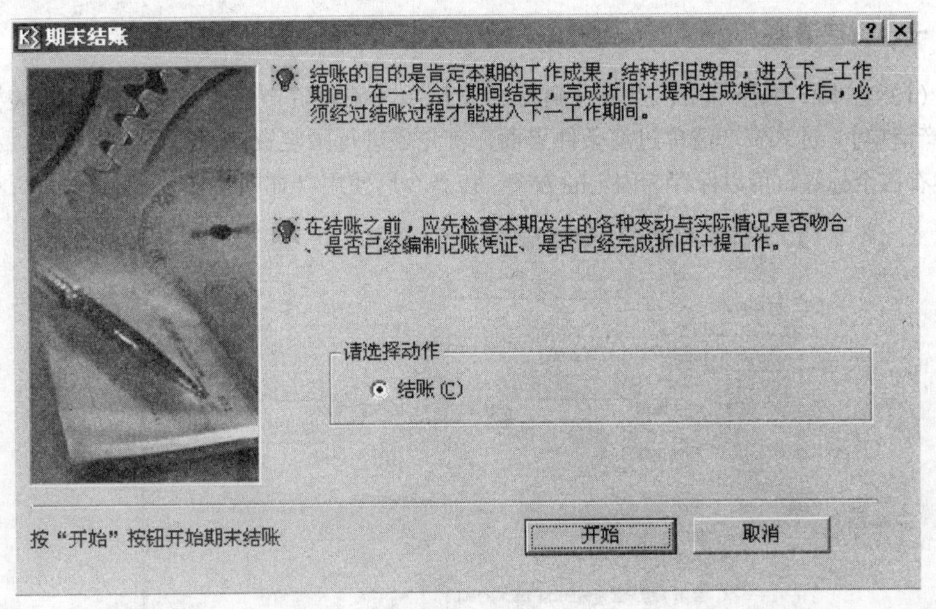

图4-36

反结账步骤：

按住 Shift 键，双击“期末结账”，选择“反结账”功能选项，系统会自动完成反结账工作，单击【确定】后会计期间会自动转回上期。

六、固定资产与总账的关系

总账是金蝶 K/3 财务管理软件的核心系统，固定资产系统是在总账基础上扩展的系统。若不使用固定资产系统，固定资产的相关操作亦可以在总账中进行，但有些明细内容不可以在总账中查看，如固定资产明细账的查看。

固定资产系统数据可以传递至总账，尤其是在固定资产系统中生成的凭证可以自动传递至总账。修改或删除凭证只能在固定资产系统中进行，不能在总账系统中操作。

执行固定资产与总账的对账，一方面可以检查固定资产系统的操作是否正确、可靠，另一方面也可以加强对固定资产的管理，强化企业的内部控制。

第五节　报表处理

除了提供完整的固定资产业务处理，金蝶 K/3 固定资产管理系统还提供了丰富的统计报表和管理报表，帮助企业从多角度查询固定资产信息，进行资产统计分析及各种资产折旧费用和成本分析，并为企业进行固定资产投资、保养、修理等提供决策依据。

案例：

查看固定资产清单等各种账表。

一、资产清单

（1）在 K/3 主控台中，点击【财务会计】→【固定资产管理】→【统计报表】→【资产清单】，进入资产清单过滤条件界面，首先要进行固定资产清单的方案设置。报表方案有三个标签，可以保存为固定的方案，以备今后使用（如图 4－37、图 4－38 所示）。

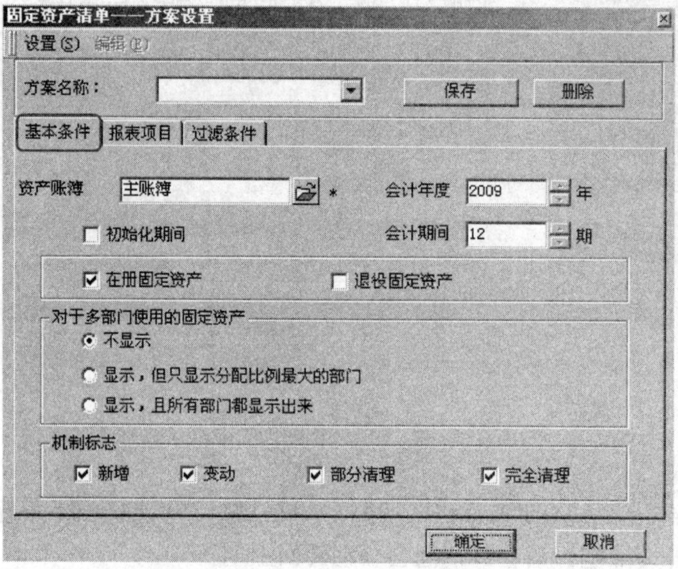

图 4－37

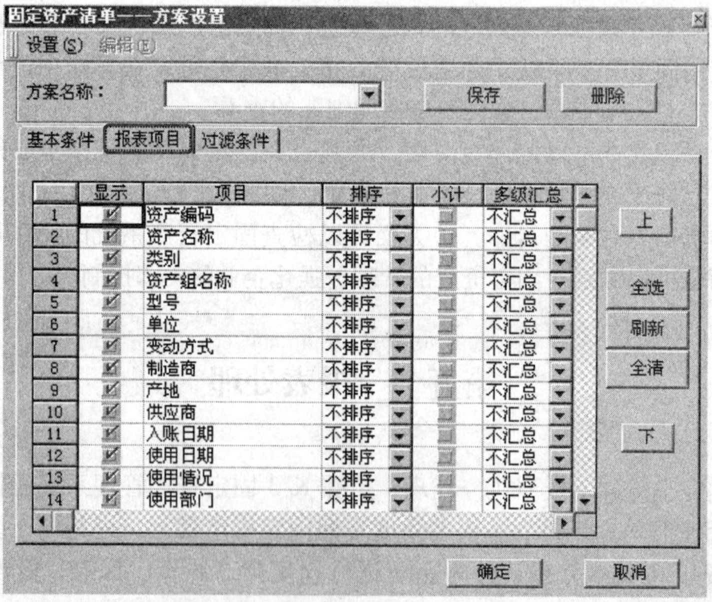

图 4－38

（2）设置过滤条件后，即可进入资产清单查看企业的资产情况（如图 4－39 所示）。

固定资产清单		资产账簿：	主账簿		会计期间：	2009年12期
资产编码	资产名称	类别	资产组名称	型号	单位	变动方式
FW-001	办公楼	房屋及建筑物			幢	自建
JT-001	小汽车	交通工具			辆	其它
SC-001	柔性生产线	生产设备			台	报废
BG-001	打印机	办公设备			台	购入
BG-002	打印机	办公设备			台	购入
总计						

图 4－39

（3）通过资产清单，还可以查询具体资产的卡片内容。即在报表上选择一个资产，单击【卡片】，就可以查看这项资产的卡片信息。

二、固定资产明细账

固定资产明细账即固定资产三级账，其中包括固定资产原值、累计折旧、净值等各项信息，这在总账系统中是无法实现的。

步骤：

（1）在 K/3 主控台中，点击【财务会计】→【固定资产管理】→【管理报表】→【固定资产明细账】，进入固定资产明细账过滤方案设置界面。在基本条件标签页上设置起始年期、截止年期及资产账簿（如图 4－40 所示）。

固定资产及累计折旧明细账——方案设置

设置(S) 编辑(E)

方案名称： 保存 删除

基本条件 过滤条件

资产账簿： 主账簿 *

起始年期： 2009 12 期

截止年期： 2009 12 期

确定 取消

图 4－40

(2) 在“过滤条件”标签页中设置按何种方式来查询固定资产（如图4-41所示）。

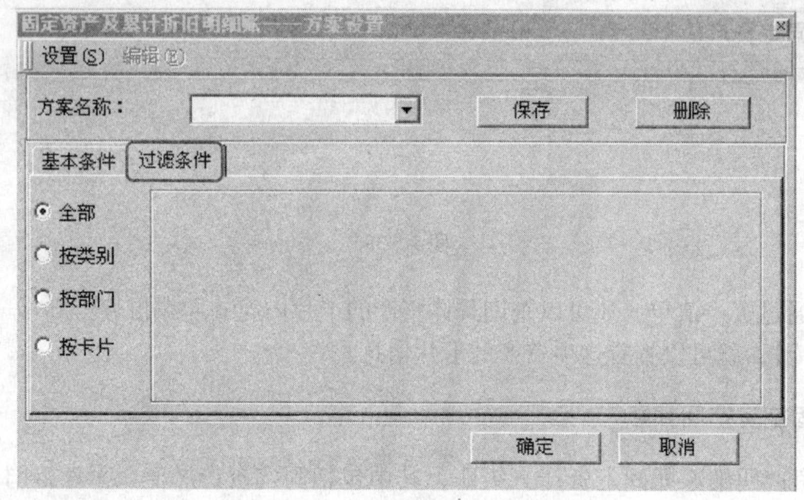

图4-41

(3) 设置“过滤条件”后，进入“固定资产明细账”界面（如图4-42所示）。

固定资产及累计折旧明细账

资产账簿：　主账簿　　　　会计期间：　2009年12期

日期	凭证字号	摘要	资产编码	资产名称	币别	原币金额	原值(综合本位币)			累计折旧(综合本位币)			净值(综合本位
							借方金额	贷方金额	余额	借方金额	贷方金额	余额	
期初余额							0.00	0.00	2,000,000.00	0.00	0.00	900,000.00	1,100,00
2009-12-15	记 字17号	购入--打印机	BG-001	打印机	人民币	10,000.00	10,000.00	0.00	2,010,000.00	0.00	0.00	900,000.00	1,110,00
2009-12-15	记 字18号	购入--打印机	BG-002	打印机	人民币	10,000.00	10,000.00	0.00	2,020,000.00	0.00	0.00	900,000.00	1,120,00
2009-12-22	记 字19号	报废固定资产	SC-001	柔性生产线	人民币	300,000.00	0.00	300,000.00	1,720,000.00	201,666.66	0.00	698,333.34	1,021,66
2009-12-31	记 字 20号	结转折旧费用					0.00	0.00	1,720,000.00	0.00	7,515.24	705,848.58	1,014,151
第12期合计							20,000.00	300,000.00	1,720,000.00	201,666.66	7,515.24	705,848.58	1,014,151
本年累计							20,000.00	300,000.00	1,720,000.00	201,666.66	7,515.24	705,848.58	1,014,151

图4-42

提示：

在固定资产明细账中可以按卡片、按部门、按类别（包括代码和名称）查看不同会计期间的资产、折旧情况，同时它还反映了当期新增和当期减少的固定资产明细的进出过程。在过滤条件中可选择按部门、按类别、按卡片显示明细账。

三、折旧明细表

折旧明细表用于查询各项固定资产的价值及折旧信息，可以按类别、使用部门、存放地点、经济用途、变动方式、使用状态等项目的指定级次进行多级汇总。

折旧明细表的查看方法与上述两表的查看方法相似。

四、资产构成表

资产构成表反映在指定会计期间内，固定资产按照不同项目（按类别、使用部门、存放地点、经济用途、变动方式、使用状态等）分类后，固定资产原值的构成比例可以帮助企业掌握固定资产的价值分布。

资产构成表的查看方法也与上述两表的查看方法相似。

第五章

往来系统

往来账是公司与供应商和客户的贸易往来中，记录公司应付供应商多少款，应收客户多少款的账目。往来系统主要包括应收系统和应付系统。

应收账款是企业因销售商品及材料、提供劳务等，应向购货单位收取的款项。应收账款是伴随企业销售行为的发生而形成的一项债权。因此，应收账款的确认与收入的确认有着密切的关系。通常在没有收到现金或现金等价物的前提下，确认收入的同时，确认应收账款。

金蝶 K/3 系统中应收账款管理系统主要核算企业因销售商品及材料、提供劳务等，应向购货单位收取的款项，以及代垫运杂费和承兑到期而未能收到款的商业承兑汇票，即会计业务中的应收账款、其他应收款、应收票据等相关业务处理都在此系统中进行。

应付账款用来核算企业因购买材料、商品和接受劳务供应等经营活动应支付的款项。应付账款是伴随着企业采购行为而发生的一项债务。

金蝶 K/3 系统中应付账款管理系统主要核算企业因采购商品及材料、接受劳务等，应向供货单位支付的款项，以及承兑到期而未能支付的商业承兑汇票，即会计业务中的应付账款、其他应付款、应付票据等相关业务处理都在此系统中进行。

第一节　系统设置

与固定资产模块类似，对应收账款模块和应付账款模块进行系统设置反映了企业管理应收账款和应付账款的个性化需要，它的设置关系到以后系统的业务和流程处理。

系统参数主要是用来设置应收系统的启用期间、用户的名称及其他有关信息，以及选择坏账准备的计提方法，选择要计提坏账准备的科目等，是应收、应付子系统最基础的参数，尤为重要。

案例：

1. 系统设置

坏账计提方法：备抵法——应收账款百分比法；

坏账损失科目：管理费用——坏账损失；

坏账准备科目：坏账准备；

计提坏账科目：应收账款；

计提比例：0.5%。

2. 其他参数

单据审核人与制单人可同为一人。

手动修改单据编号。

步骤：

将总账结束初始化后的账套引入 K/3 账套管理中。

在 K/3 主控台中，点击【系统设置】→【系统设置】→【应收款管理】→【系统参数】，进入应收系统参数设置界面，共有九项设置，用户需要分别详细地进行设置。

一、基本信息

基本信息主要填制公司的名称、地址、电话等基本信息，注明会计期间启用年份和启用会计期间。

二、坏账计提方法

坏账是指企业无法收回或收回的可能性极小的应收款项。坏账计提的方法包括直接转销法和备抵法，备抵法又具体分为销货百分比法、应收账款百分法和账龄分析法三种方法。坏账计提可以一年一次，也可以随时计提。坏账计提的方法也可以随时更改。系统根据设置的方法计提坏账准备，并产生相应的凭证（如图 5－1 所示）。

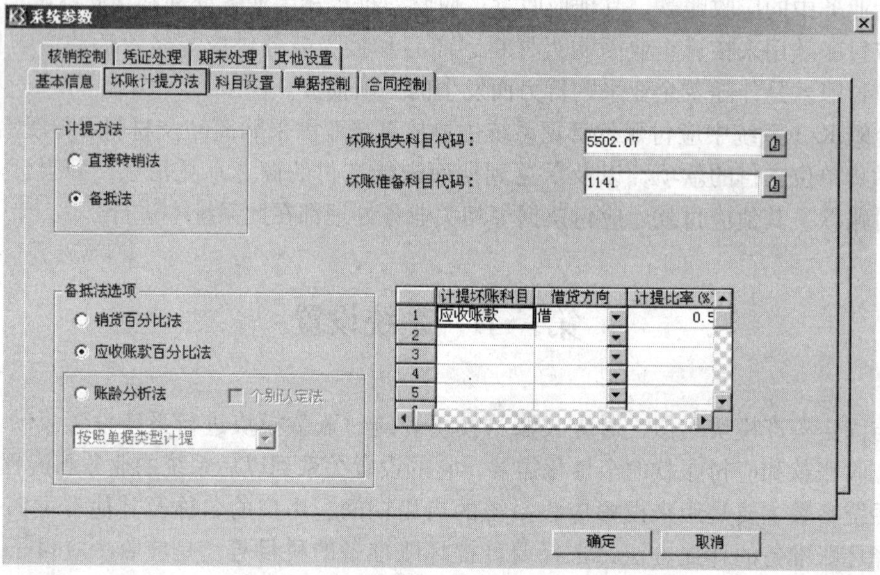

图 5－1

三、科目设置

如果系统不使用凭证模板对业务生成凭证，则各项业务执行凭证处理时，系统会根据此处所设置的科目自动填充（如图 5－2 所示）。

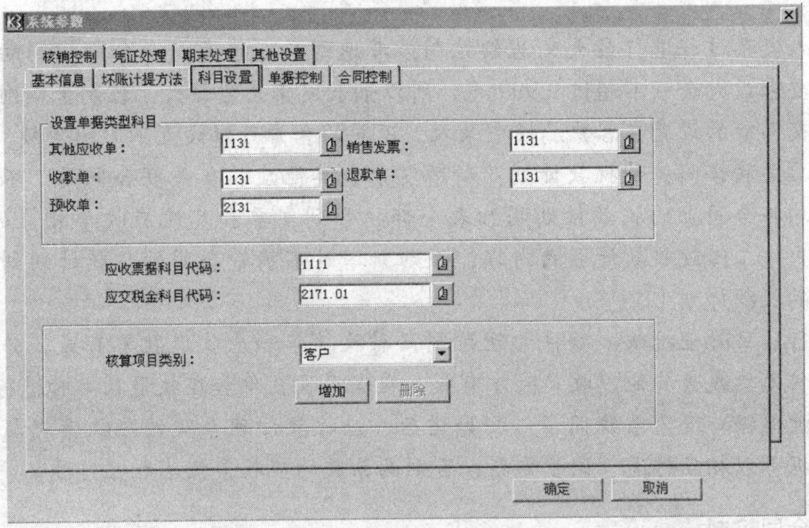

图5-2

提示：

在此步骤之前，需要将应收账款、预收账款以及其他应收款等科目进行修改，将其修改为“科目受控”，否则在此的参数设置将不被系统承认，也不能进行应收款管理系统的操作。

四、单据控制

单据控制是指对应收系统中的一系列单据如“应收单”等进行相关设置。企业对单据进行控制，可以加强内部管理。系统提供了税率来源、折扣率的精度位数、专用发票单价精度以及其他的单据控制参数（如图5-3所示）。

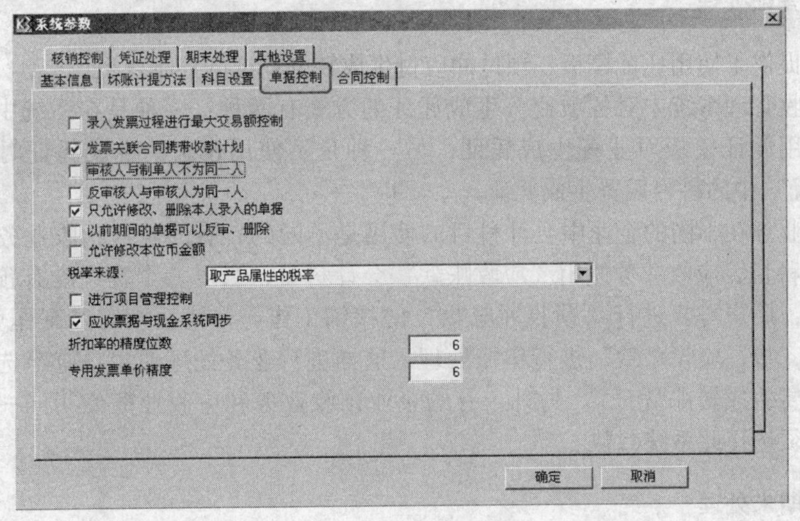

图5-3

提示：

①录入发票过程进行最大交易额控制：考虑到开发票有一个金额控制的问题，如千元发票要求最大金额不超过9 999元，所以如果发票总金额大于控制金额则不允许保存。最大交易额的设置在客户属性中录入，不同的客户可以设置不同的金额。

②发票关联合同携带收款计划：新增发票和其他应收单关联合同是，不管是否整体关联，均将合同上的收款计划明细表全部携带到发票和其他应收单相应的内容上，并允许用户手工修改收款计划的内容，否则新增时不携带合同的收款计划到发票和其他应收单的收款计划上。

③进行项目管理控制：项目管理控制只对收款单和应收退款单有效，并且是在关联对应销售发票或者其他应收单时才有效，在保存收款单和应收退款单时进行检验。

④应收票据与现金系统同步：初始化后，应收款管理系统的应收票据与现金系统的应收票据可以相互传递、同步更新；否则两系统的应收票据不相互传递。

五、合同控制

合同控制是针对企业签订的合同进行处理时所进行的控制。系统提供了“合同执行金额”、“合同执行数量是否允许超过合同金额”、“合同数量的控制参数”以供选择。

六、核销控制

系统提供了按相同合同号、相同订单号、审核后自动核销三种核销控制参数。

“相同合同号、相同订单号才能核销”的控制，增强了核销工作的严谨性。

“审核后自动核销”的控制，则减少了工作环节。系统将“审核”和“核销”两项工作合并，单据审核时核销工作自动完成。

七、凭证处理

系统提供了使用凭证模板、预付冲应付生成转账凭证的控制参数。

在应收管理系统中对各项业务生成凭证的方式有两种：一种是在系统中设置凭证模板，使用凭证模板对业务生成凭证；另一种是不使用模板，生成凭证时系统选择“科目设置”中的科目设置生成凭证。

预收业务在不同的企业中会计科目的使用是不同的。有的企业预收业务使用“预收账款”科目，应收业务使用“应收账款”会计科目，当对一个客户既有预收又有应收业务时，用户需要进行“预收冲应收”的核销工作，核销后则需要制作凭证“借：预收账款，贷：应收账款”进行销账处理，这样进行业务处理的用户应当选择“预收冲应收需要生成转账凭证”。另外，有的企业预收业务和应收业务使用同一个会计科目，则无须选择此系统参数。

八、期末处理

系统提供了结账与总账期间同步、期末处理前凭证处理应该完成、期末处理前单据必须全部审核、启用对账与调汇的控制参数。

说明：

“结账与总账期间同步”，若选择了此项，应收款管理系统必须先于总账系统结账。一般建议选择此项，以保证应收款管理系统的数据资料能及时准确地传入总账系统。

九、编码规则设置

编码规则设置主要是针对应收系统中各单据的编码进行设置与修改。根据单据的类型不同，其编码类型也不同，在系统设置中可以对其进行设置或修改。

步骤：

在 K/3 主控台中，点击【系统设置】→【系统设置】→【应收款管理】→【编码规则】，进入单据设置界面，双击要修改的单据，进入“修改单据参数设置”界面，进行编码设置和选项设置（如图 5－4 所示）。

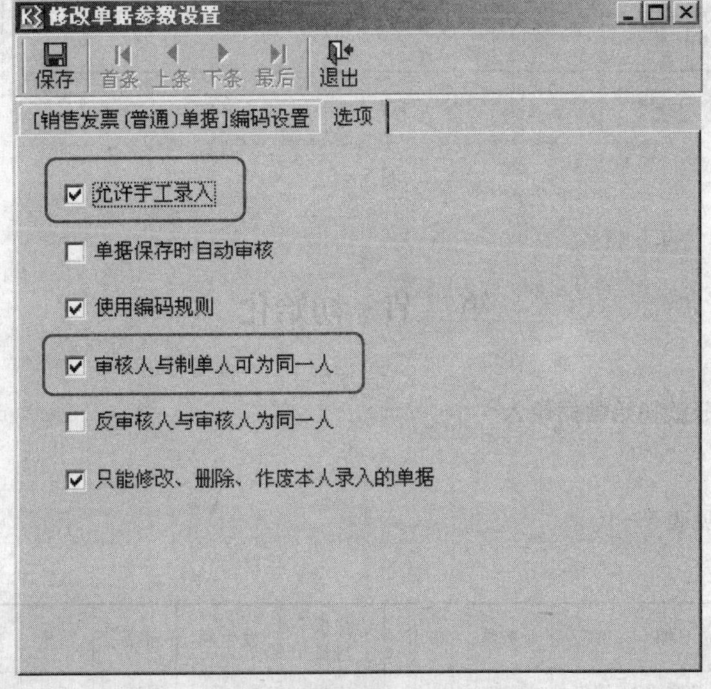

图 5－4

十、应付系统参数设置

与应收系统参数相比，应付系统没有“坏账计提方法”一项，但其他设置相同。

案例：

应付系统各单据科目设置为：2121 应付账款、2171.01 增值税；核算项目类别为供应商。

步骤：

在 K/3 主控台中，点击【系统设置】→【系统设置】→【应付款管理】→【系统参数】，依次设置各参数即可（如图 5－5 所示）。

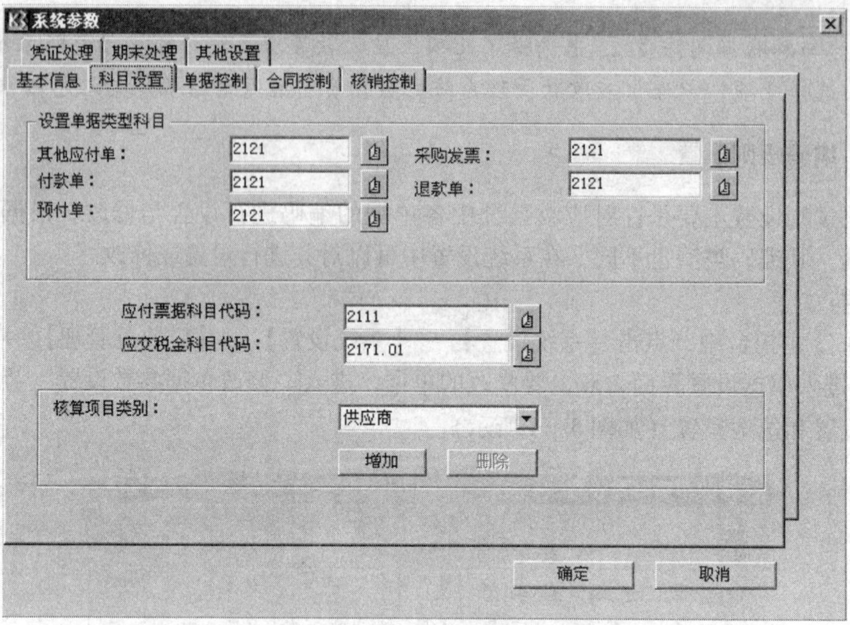

图 5-5

第二节　初始化

一、应收账款初始数据录入

案例：

相关资料见表 5-1。

表 5-1

客户职员	单据类型	日期	部门	业务员	事由	往来科目	发生额	商品	数量	单价	应收日期
白云公司	销售发票	2008.10.12	销售一部	吉祥	销售	应收账款	88 000	甲产品 乙产品	50 80	800 600	2010.10.12
大海公司	销售专用发票 销售发票	2008.9.30 2008.9.30	销售二部 销售二部	如意 如意	销售 销售	应收账款	58 500 11 500	甲产品 乙产品	100 23	500 500	2010.1.15 到期 2010.3.30
肖萧	其他应收单	2009.11.8	票号001		职员借款	其他应收款	5 000				2010.1.8
长江公司	期初坏账	2005.7.2	销售二部	如意	逾期未还		5 000				

步骤：

（1）在 K/3 主控台中，点击【系统设置】→【初始化】→【应收款管理】→

【初始销售普通发票——新增】，选中左上角“录入产品明细”，并输入案例中相关内容（如图 5 -6 所示）。

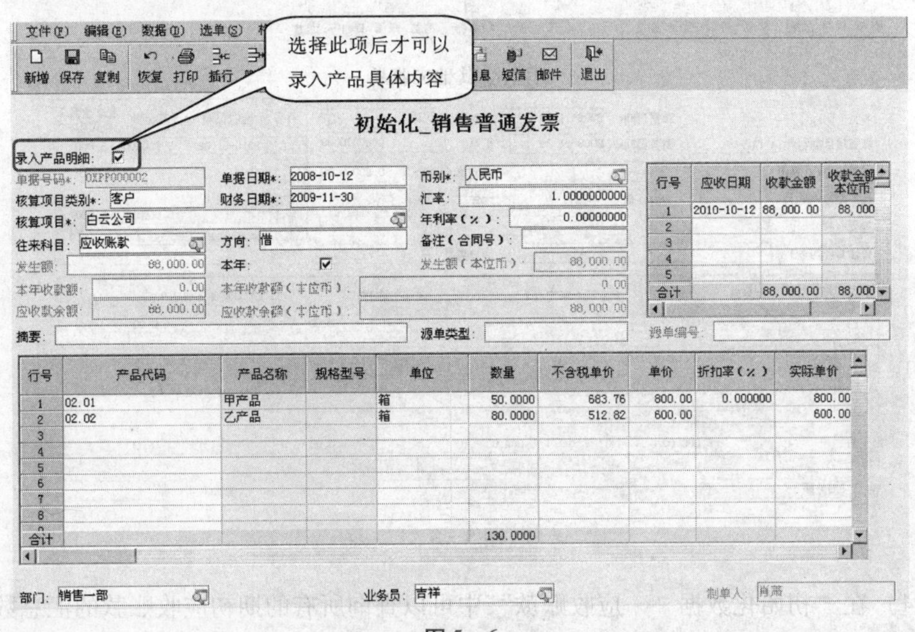

图 5 -6

（2）录入初始销售增值税发票。单击【系统设置】→【初始化】→【应收款管理】→【初始销售增值税发票——新增】，录入相关内容（如图 5 -7 所示）。

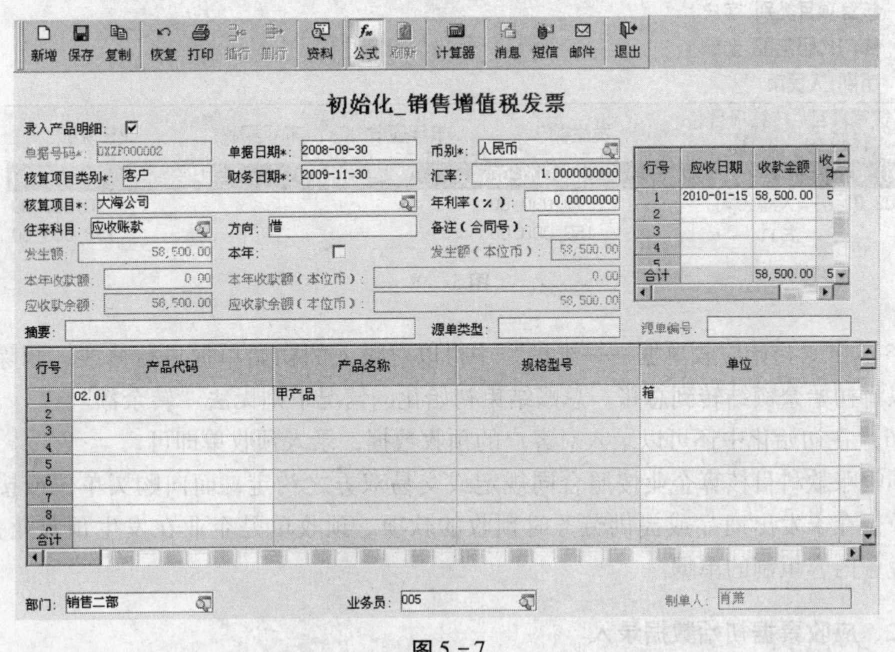

图 5 -7

（3）初始应收单录入。点击【系统设置】→【初始化】→【应收款管理】→【初始其他应收单——新增】（如图 5－8 所示）。

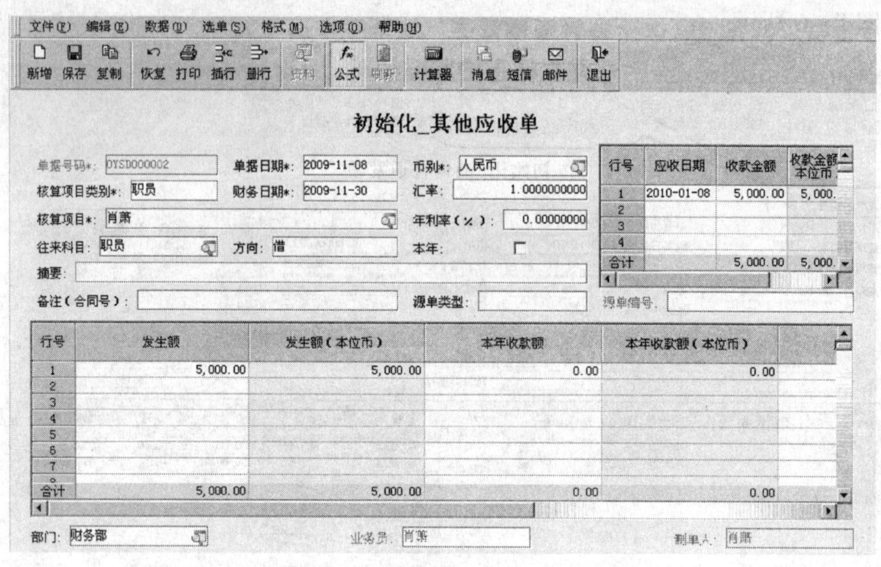

图 5－8

（4）在“初始化数据——应收账款”中可以查询所有的期初应收账款的汇总数据，可以点击【明细】按钮展开明细（如图 5－9 所示）。

初始化数据_应收账款

核算项目类别:客户

部门代码范围:全部

币别:人民币

核算项目代码	核算项目名称	发生额	本年应收	本年实收	期初余额
01.01	白云公司	88,000.00			88,000.00
02.01	大海公司	70,000.00			70,000.00
	合计	158,000.00			158,000.00

图 5－9

（5）在“初始应收单据——维护”中可以对录入的初始单据进行修改、删除，并且可以将初始余额结转到总账。总账结束初始化的情况下则无法“转余额”。

（6）在初始化中还可以录入对客户的预收数据，录入预收单即可。

预收账款科目核算企业按照合同规定或交易双方之约定，而向购买单位或接受劳务的单位在未发出商品或提供劳务时预收的款项。预收单是企业在发生预收业务时，根据业务内容填制的单据。

二、应收票据初始数据录入

应收票据作为一种债权凭证，是指企业因销售商品及产品、提供劳务等而收到的，还没有到期的，尚未兑现的商业汇票，包括商业承兑汇票和银行承兑汇票。根据我国现行法律的规定，商业汇票的期限不得超过6个月，因而我国的商业汇票是一种流动资产。根据是否带息，应收票据分为带息应收票据和不带息应收票据两种。

步骤：

在K/3主控台中，单击【系统设置】→【初始化】→【应收款管理】→【初始应收票据——新增】。

三、期初坏账

步骤：

（1）在K/3主控台中，单击【系统设置】→【初始化】→【应收款管理】→【初始数据录入——期初坏账】。

（2）系统弹出“过滤条件”窗口，在该窗口中输入核算项目类别、核算项目代码、部门代码、业务员代码和币别后，点击【确定】（如图5－10所示）。

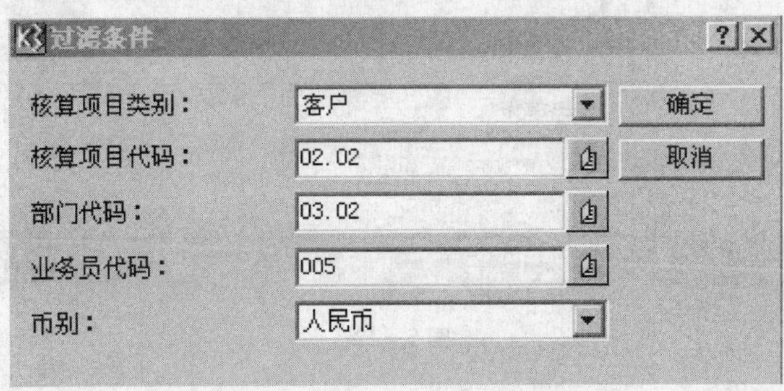

图5－10

（3）进入“坏账备查簿”界面，点击工具栏的【新增】，弹出“期初坏账录入”窗口，录入期初坏账相关内容，点击【存盘】（如图5－11所示）。

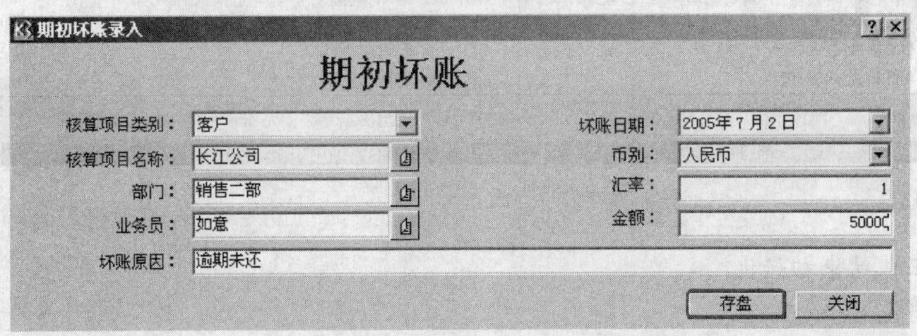

图5－11

四、应收系统结束初始化

（一）初始化检查

点击【财务会计】→【应收款管理】→【初始化】→【初始化检查】，系统提示“初始化检查已经通过”。

（二）初始化对账

步骤：

选择【财务会计】→【应收账款】→【初始化】→【初始化对账】，进入“初始化对账”界面，录入启用年份、启用期间、核算项目类别、币别等信息，并可选择科目，进行对账检查（如图 5－12 所示）。

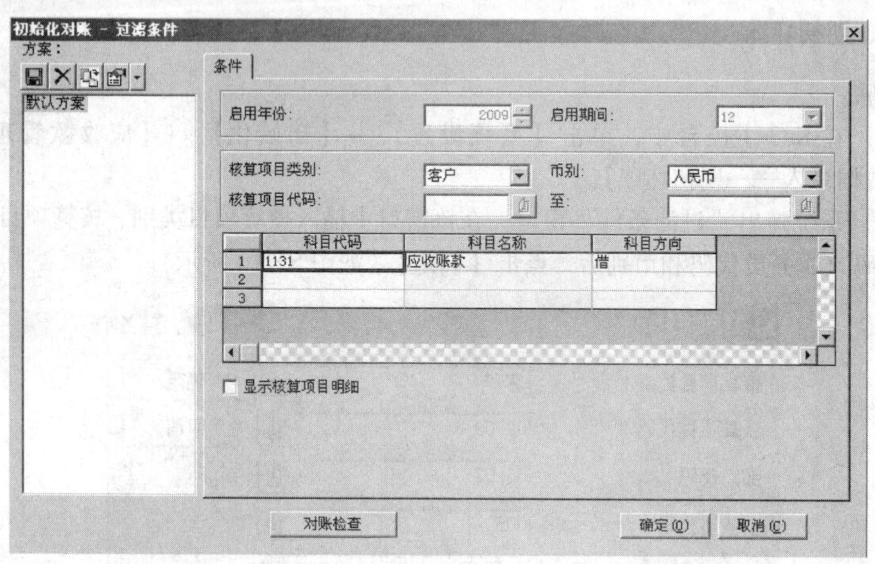

图 5－12

点击【确定】后，系统显示对账结果（如图 5－13 所示）。

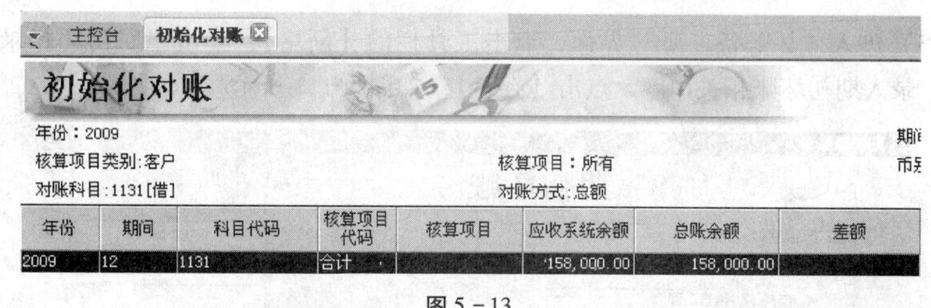

图 5－13

（三）结束初始化

步骤：

在 K/3 主控台中，选择【财务会计】→【应收账款】→【初始化】→【结束初始化】，初始化工作即告完成。

初始化结束后，系统会提示“应收款管理系统成功启用”。

五、应付系统初始数据录入

案例：

相关资料见表5－2。

表5－2

供应商	单据类型	日期	部门	业务员	事由	往来科目	发生额	原材料	数量	单价	应付日期
东方公司	采购普通发票	2008.12.21	生产部	张洋	采购原材料	应付账款	300 000	主料	3 000	100	2010.01.21
电强公司	采购普通发票	2009.06.03	生产部	张洋	采购原材料	应付账款	450 000	主料	4 500	100	2009.12.30

步骤：

在K/3主控台上，点击【系统设置】→【初始化】→【应付款管理】→【初始采购普通发票——新增】，选中左上角“录入产品明细”，并输入案例中相关内容（如图5－14所示）。

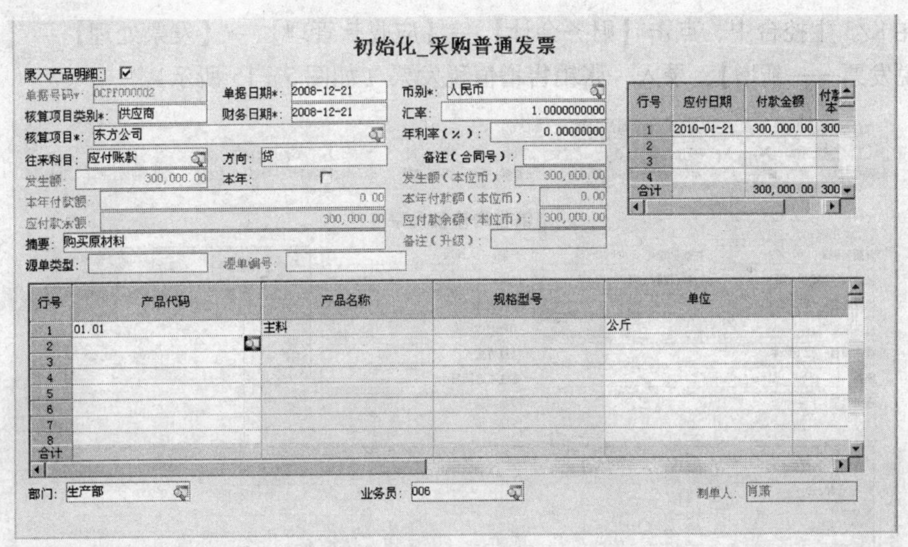

图5－14

用同样方法录入第二张初始应付单据。

六、应付系统结束初始化

步骤：

在K/3主控台中，选择【财务会计】→【应付款管理】→【初始化】→【结束初始化】，初始化工作即告完成。具体操作与应收款系统结束初始化操作方法相似。

第三节　日常业务处理

往来系统的基本功能是往来账务的核算，此外它还具有强大的分析管理功能，很贴近企业对应收、应付账款实际管理的需要。往来系统的日常业务处理主要是通过一系列的单据处理来对往来业务和其他应收业务进行登记、核算和管理。

一、单据业务处理

（一）发票业务处理

案例：

12 月 5 日，销售一部吉祥赊销一批甲产品给齐风公司，数量 100 件，不含税单价 800 元/件，增值税率 17%，发票号 663192，预计收款日期为本月 25 日。

12 月 8 日，销售二部如意赊销一批产品给大海公司，其中甲产品数量 50 件，不含税单价 750 元/件，乙产品数量 100 件，不含税单价 500 元/件，增值税率 17%，发票号 765783，计划下一年 1 月 20 日收回货款。

步骤：

在 K/3 主控台中，点击【财务会计】→【应收款管理】→【发票处理】→【销售增值税发票——新增】，录入一张销售增值税发票（如图 5－15 所示）。

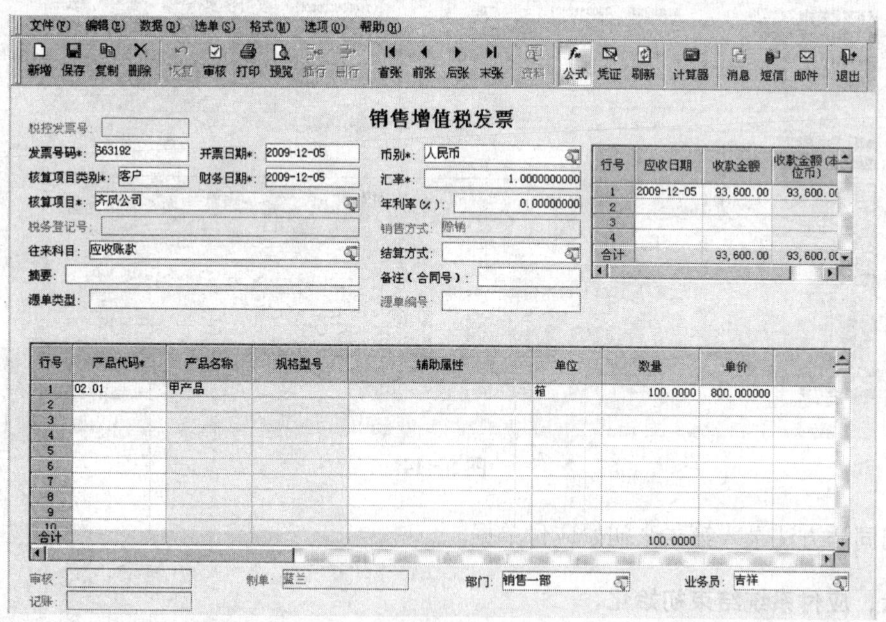

图 5－15

完成录入保存后，点击工具栏上的【审核】按钮，进行审核工作（如图 5－16 所示）。

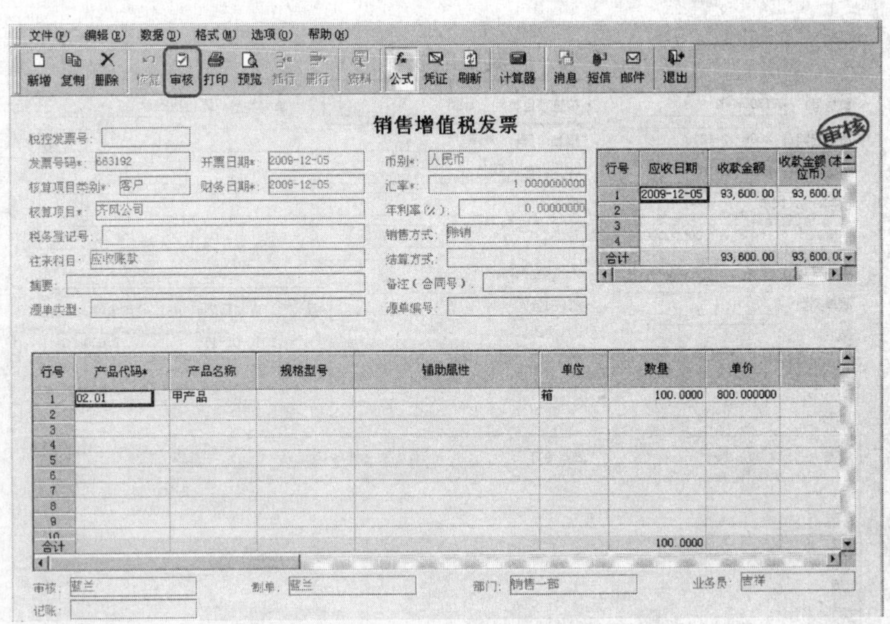

图 5－16

（二）其他应收单录入

其他应收款是企业应收款项的一个重要组成部分。其他应收款科目核算企业除买入返售金融资产、应收票据、应收账款、预付账款、应收股利、应收利息、应收代位追偿款、应收分保账款、应收分保合同准备金、长期应收款等以外的其他各种应收及暂付款项。其他应收款通常包括暂付款，是指企业在商品交易业务以外发生的各种应收、暂付款项。其他应收单是登记其他应收款业务的单据。

案例：

12 月 10 日，职员张洋因私向公司借款 2 000 元，预计下一年 2 月 15 日归还。

步骤：

在 K/3 主控台中，点击【财务会计】→【应收款管理】→【其他应收单】→【其他应收单——新增】，录入相关内容（如图 5－17 所示）。

点击【财务会计】→【应收款管理】→【其他应收单】→【其他应收单——维护】，进入单据序时簿，用户可以对每一张应收单进行新增、删除、审核、生成凭证等操作（如图 5－18 所示）。

其他应收单

单据号*: QTYS000002　核算项目类别: 职员　单据类型: 其他应收单

单据日期*: 2009-12-10　核算项目*: 张洋

财务日期*: 2009-12-10　往来科目: 职员

币别*: 人民币　摘要:

汇率*: 1.0000000000　单据金额: 2,000.00

年利率(%): 0.00000000　单据金额(本位币): 2,000.00

源单类型:　备注(合同号):

源单编号:

行号	应收日期*	收款金额
1	2010-02-15	2,000.00
2		
合计		2,000.00

行号	源单类型	源单单号	合同号	金额	金
1				2,000.00	
2				0.00	
3					
4					
5					
6					
7					
8					
9					
10					
合计				2,000.00	

图 5－17

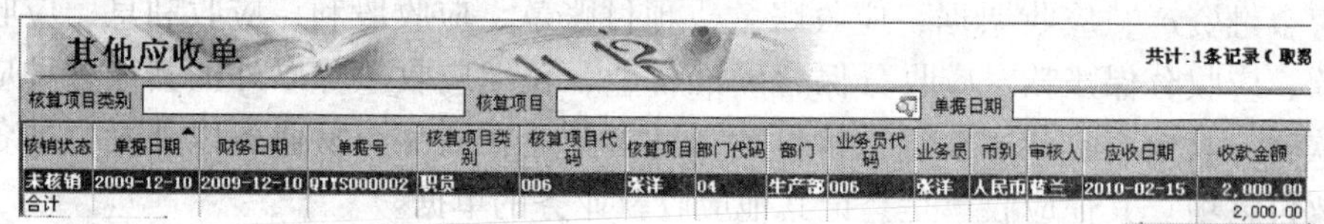

其他应收单　共计:1条记录(

核算项目类别　核算项目　单据日期

核销状态	单据日期	财务日期	单据号	核算项目类别	核算项目代码	核算项目	部门代码	部门	业务员代码	业务员	币别	审核人	应收日期	收款金额
未核销	2009-12-10	2009-12-10	QTYS000002	职员	006	张洋	04	生产部	006	张洋	人民币	蓝兰	2010-02-15	2,000.00
合计														2,000.00

图 5－18

（三）应收票据

案例：

12 月 13 日，收到白云公司签发的带息商业承兑汇票一张抵消应收账款，到期日为下一年 3 月 23 日，票面金额 88 000 元，票据编号 001。

12 月 15 日，收到大海公司签发的商业承兑汇票偿还部分欠款（8 日业务），金额为 35 000 元，期限为 90 天，票据编号 002。

12 月 18 日，将 15 日收到的大海公司签发的商业承兑汇票背书给电强公司。

12 月 20 日，将 13 日白云公司签发并承兑的商业汇票拿去建行贴现，贴现率 3%，手续费 10 元。

步骤：

（1）新增。在 K/3 主控台中，点击【财务会计】→【应收款管理】→【票据处理】→【应收票据——新增】（如图 5－19 所示）。

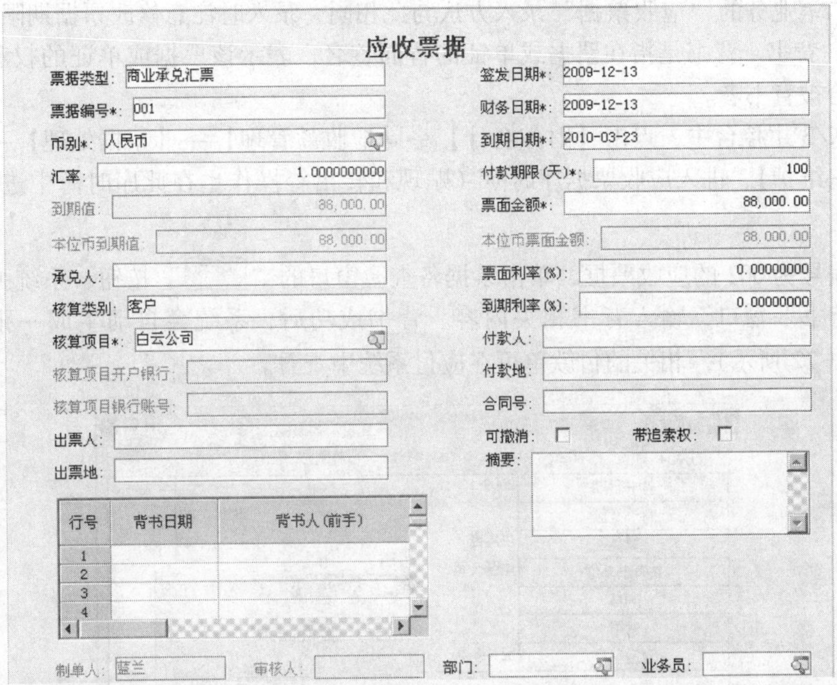
应收票据
票据类型: 商业承兑汇票
签发日期*: 2009-12-13
票据编号*: 001
财务日期*: 2009-12-13
币别*: 人民币
到期日期*: 2010-03-23
汇率: 1.0000000000
付款期限(天)*: 100
到期值: 88,000.00
票面金额*: 88,000.00
本位币到期值: 88,000.00
本位币票面金额: 88,000.00
承兑人:
票面利率(%): 0.00000000
核算类别: 客户
到期利率(%): 0.00000000
核算项目*: 白云公司
付款人:
核算项目开户银行:
付款地:
核算项目银行账号:
合同号:
出票人:
可撤消:
带追索权:
出票地:
摘要:
行号
背书日期
背书人(前手)
1
2
3
4
制单人: 蓝兰
审核人:
部门:
业务员:

图 5－19

将新增的“应收票据”保存后，点击【审核】按钮，系统弹出对话框，选择生成收款单还是预收单（如图 5－20 所示）。

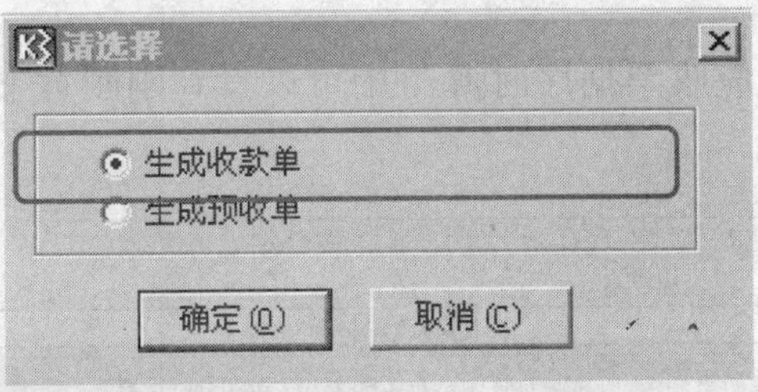
请选择
生成收款单
生成预收单
确定(O)
取消(C)

图 5－20

根据本案例内容，选择“生成收款单”，点击【确定】，系统提示生成收款单（如图 5－21 所示）。

金蝶提示
生成收款单:XSKD000002
确定

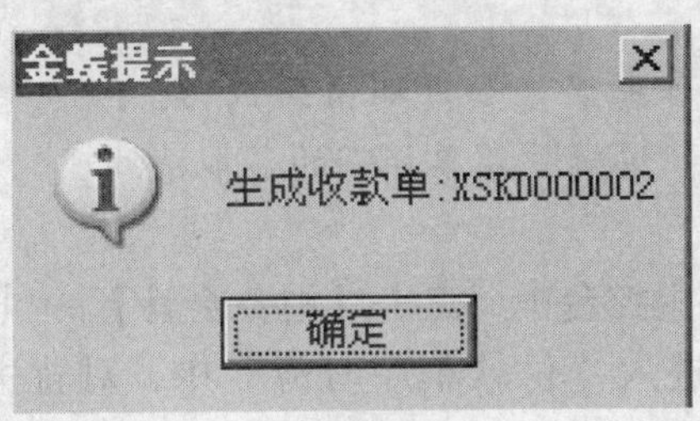

图 5－21

第二笔业务的“应收票据”录入方法与此相同，录入时注意修改票据期限。

（2）背书。背书是指在票据或单证的背面签名，表示该票据或单证的权利由背书者转让给被背书者。

在K/3主控台中，点击【财务会计】→【应收款管理】→【票据处理】→【应收票据——维护】，进入应收票据序时簿（贴现和转出等操作也在此序时簿中进行）。选择票据编号为002的应收票据，单击票据备查簿窗口的“背书”按钮，系统弹出“应收票据背书”窗口，输入背书相关内容。背书成功后，系统会自动生成一张付款单（如图5－22所示）。相关的付款单可在应付系统中查看。

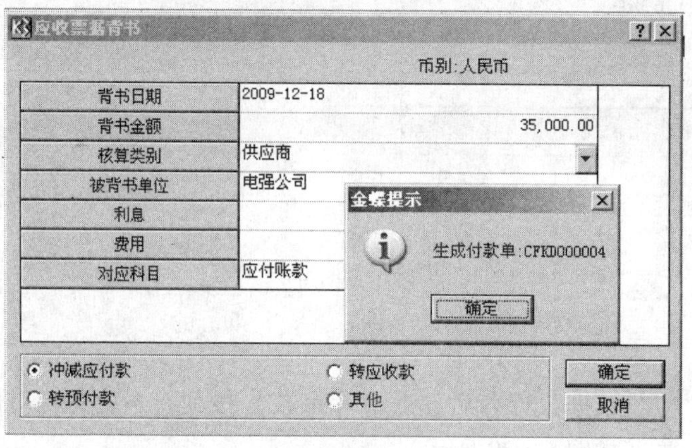

图5－22

背书成功后，在“应收票据序时簿”中可以看到刚刚背书的票据状态为“背书”（如图5－23所示）。

应收票据

核算类别　核算项目　签发日期

状态	票据类型	票据编号	币别	签发日期	财务日期	到期日期	票面金额	核算类别	核算项目代码	核算项目
审核	商业承兑汇票	001	人民币	2009-12-13	2009-12-13	2010-03-23	88,000.00	客户	01.01	白云公司
背书	商业承兑汇票	002	人民币	2009-12-15	2009-12-15	2010-03-15	35,000.00	客户	02.01	大海公司
合计							123,000.00			

图5－23

提示：

若背书过程中出现操作失误（如日期错误），则可在“应收票据序时簿”中，选中操作失误的票据，点击“编辑”菜单栏下的“取消处理”，即可取消操作。

背书成功后，在K/3主控台中，点击【财务会计】→【应付款管理】→【付款】→【付款单——维护】，进入“付款单序时簿”中，对背书生成的付款单进行审核（如图5－24所示）。

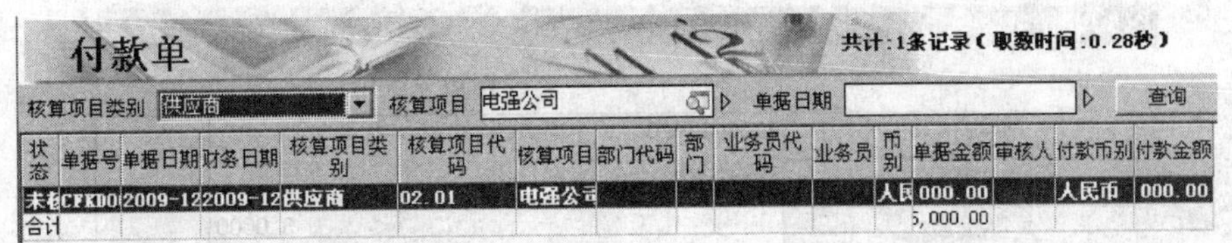

图 5－24

（3）转出。应收票据到期，不能收到钱，此时可以在应收票据模块进行转出处理，即再重新增加应收账款。单击票据备查簿窗口的转出按钮（如图 5－25 所示）。

应收票据转出

币别:人民币

转出日期	2009-12-23
核算类别	客户
转出单位	
转出金额	88,000.00
利息	
费用	

确定 取消

图 5－25

转出也就是将应收票据变回到原来的应收款，会计处理为：

借：应收账款

　贷：应收票据

（4）贴现。贴现是指银行承兑汇票的持票人在汇票到期日前，为了取得资金，贴付一定利息将票据权利转让给银行的票据行为，是银行向持票人融通资金的一种方式。贴现是银行的一项资产业务，汇票的支付人对银行负债，银行实际上与付款人有一种间接贷款关系。

单击票据备查簿窗口的“贴现”按钮，系统弹出“应收票据贴现”窗口（如图 5－26所示）。

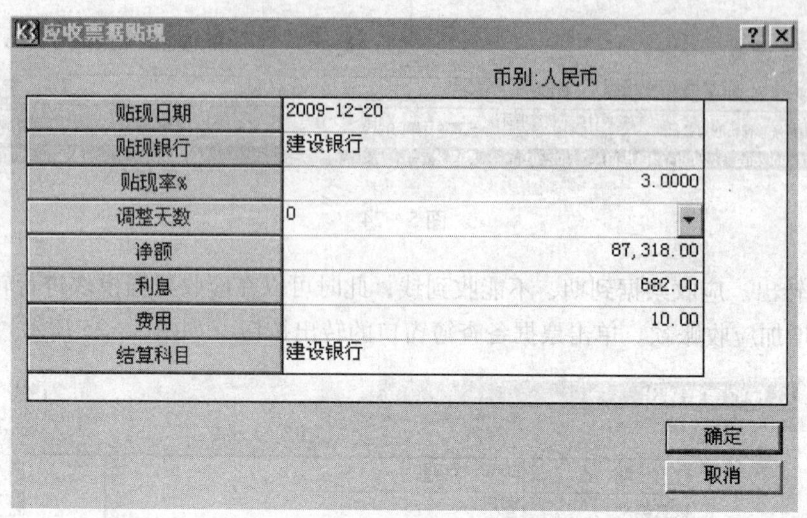

图 5 - 26

在此窗口录入贴现的相关项目，点击【确定】后贴现成功，返回“应收票据序时簿”界面，刚刚贴现成功的票据状态为“贴现”（如图 5 - 27 所示）。

状态	票据类型	票据编号	币别	签发日期	财务日期	到期日期	票面金额	核算类别	核算项目代码	核算项目
贴现	商业承兑汇票	001	人民币	2009-12-13	2009-12-13	2010-03-23	88,000.00	客户	01.01	白云公司
背书	商业承兑汇票	002	人民币	2009-12-15	2009-12-15	2010-03-15	35,000.00	客户	02.01	大海公司
合计							123,000.00			

图 5 - 27

（5）收款。票据到期，收到钱款时，可以在应收票据窗口进行收款处理。单击票据备查簿窗口的收款按钮。

（6）退票。在“应收票据序时簿”界面单击【退票】，可以对应收票据进行退票操作。

（四）收款单、预收单

收款单是指企业收到钱时应该填制的单据。

案例：

12 月 25 日，收到大海公司归还本月 8 日所欠剩余货款 67 375 元，结算方式为支票，部门为销售二部。

12 月 27 日，职员肖萧还来上月个人借款 5 000 元。

步骤：

普通收款单的操作：

（1）在 K/3 主控台中，点击【财务会计】→【应收款管理】→【收款】→【收款单——新增】，进入收款单处理界面，在该界面录入收款的相关内容（如图 5 - 28 所示）。

收款单

多币别换算：□

单据号*：XSKD000004　核算项目类别：客户　核算项目*：大海公司

单据日期*：2009-12-25　结算方式：支票　核算项目开户银行：

财务日期*：2009-12-25　结算号：　核算项目银行账号：

现金类科目：　摘要：

收款银行：　币别*：人民币　单据金额：67,375

账号：　汇率*：1.0000000000　单据金额(本位币)：67,375

收款类型：销售回款　源单类型：　源单编号：　备注(合同号)：

行号	结算数量	结算实收金额	结算实收金额(本位币)	结算折扣金额	结算折扣(本位币)	往来科目
1		67,375.00	67,375.00	0.00	0.00	应收账款
2						
3						
4						
5						
6						
7						
8						
9						
10						
合计	0.0000000000	67,375.00	67,375.00	0.00	0.00	

审核人：　制单人：蓝兰　部门：销售二部　业务员：005

图 5－28

录入完成后点击【保存】和【审核】，退出。

（2）点击【财务会计】→【应收款管理】→【收款】→【收款单——维护】，可以对收款单进行修改、删除等操作。

（3）及时完成单据审核。审核后系统将自动完成核销工作。

（4）可以在单据上点击【凭证】按钮，及时对该笔业务生成凭证。

收到其他应收款的操作与收到应收账款的操作相同，都是填制一张收款单，只是核销处理时有所不同。

二、凭证处理

（一）在单据上生成凭证

在每张审核后的单据界面，系统可以根据单据上对业务的具体描述，自动生成记账凭证，在凭证生成的界面可以修改科目等内容，保存即可。

案例：

将25日收到大海公司还来货款的业务生成凭证。

步骤：

在各单据新增界面或各种单据序时簿中查看单据时，点击工具栏上的【凭证】按钮，进入“收款单序时簿”，选择本月25日的业务，双击进入查询状态（或单击工具栏上的【查询】按钮），进入收款单查询状态后，再点击工具栏上的【凭证】按钮（如图5－29所示）。

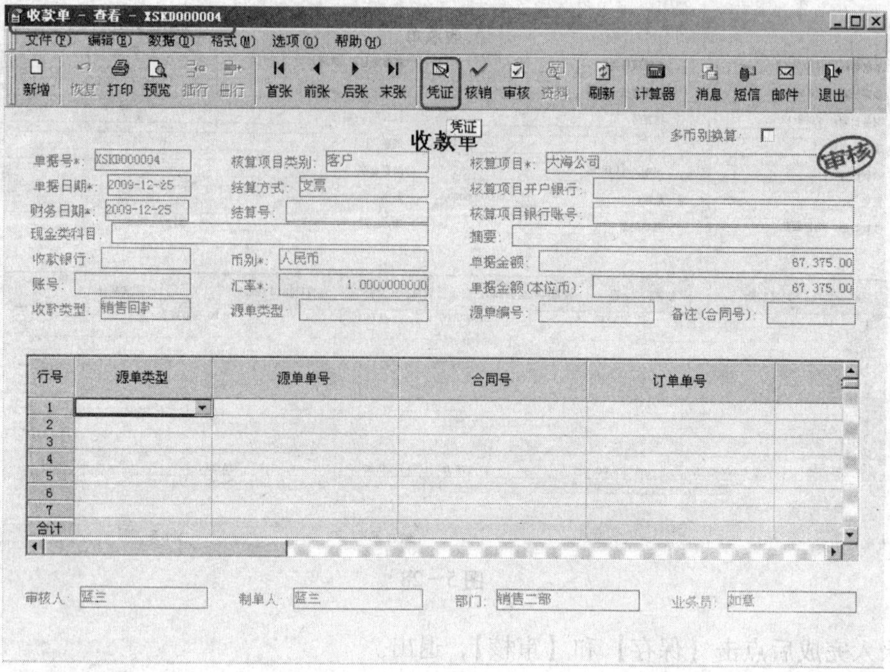

图 5－29

系统自动生成一张凭证，如图 5－30 所示：

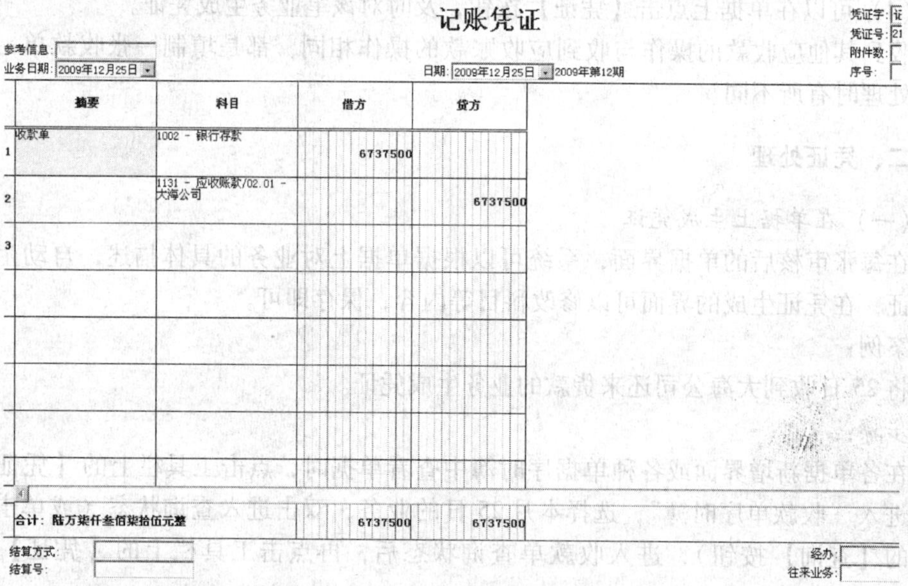

图 5－30

（二）在序时簿中生成凭证

在“发票序时簿”界面，单击【凭证】，可立即进行生成凭证的操作。如果在系统参数中选择了“使用凭证模板”的参数，则在发票序时簿上就可以调用模板生成凭证；否则不调用凭证模板直接生成凭证。

步骤：

在各种单据序时簿中选择待生成凭证的单据，在工具栏选择“凭证”按钮。

（三）在“凭证处理”中生成凭证

“凭证处理”功能包括两个方面：凭证生成和凭证维护。与其他单据处理相类似，“凭证生成”功能主要是用来对各种单据生成凭证，而“凭证维护”主要是对已经生成的凭证进行修改或者删除等操作。

步骤：

（1）在K/3主控台中，单击【财务会计】→【应收款管理】→【凭证处理】→【凭证生成】，进入过滤条件窗口，选定过滤条件，进入“凭证处理”界面（如图5－31所示）。

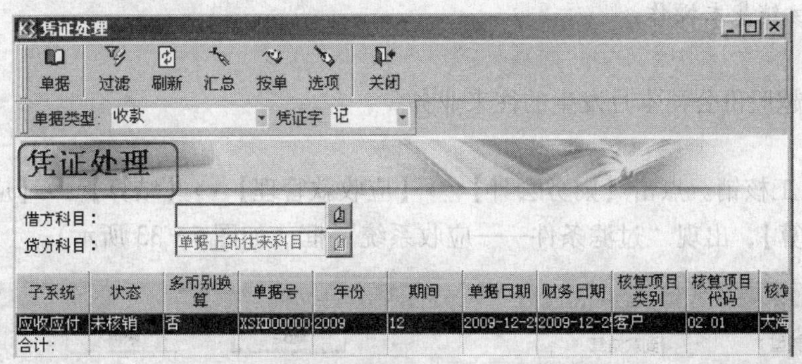

图5－31

（2）在“单据类型”中选择相应的日常业务单据的类型，并选择借、贷方会计科目（如图5－32所示）。

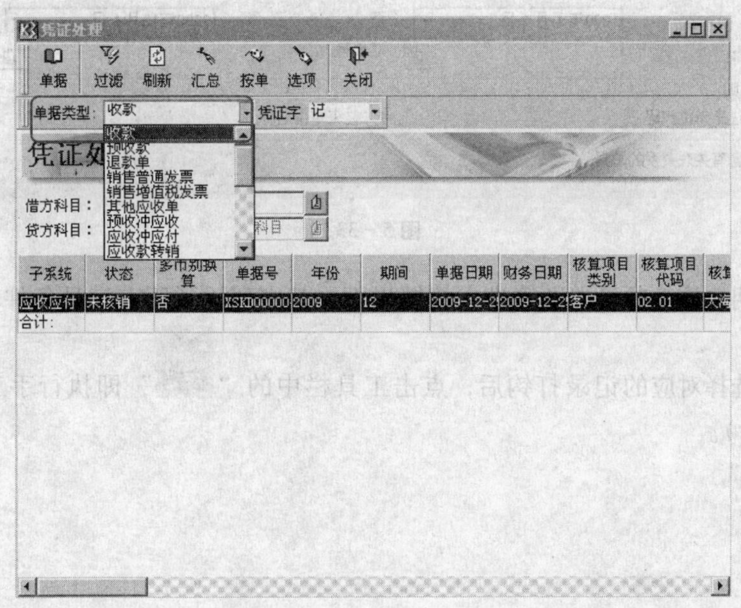

图5－32

在工具栏点击【选项】按钮，可以设计生成的凭证的形式。其中，“凭证模式”标签主要针对多借多贷的凭证样式进行设置，“科目合并选项”标签主要针对凭证中的科目汇总进行设置。

（3）在工具栏点击【按单】即可对单据生成凭证，也可以使用 Shift 键或 Ctrl 键，选择多张单据“按单”或者“汇总”生成凭证。

三、核销管理

核销是指将相互对应的各种单据进行勾对，核销类型主要包括到款结算、预收冲应收、应收冲应付、应收款转销业务、付款结算、预付冲应付、应收冲应付、应付款转销等。

（一）核销基本操作

案例：

核销卓越股份公司本月发生的往来业务。

步骤：

（1）手工核销。点击【财务会计】→【应收款管理】→【结算】→【应收款核销——到款结算】，出现“过滤条件——应收系统”框（如图 5－33 所示）。

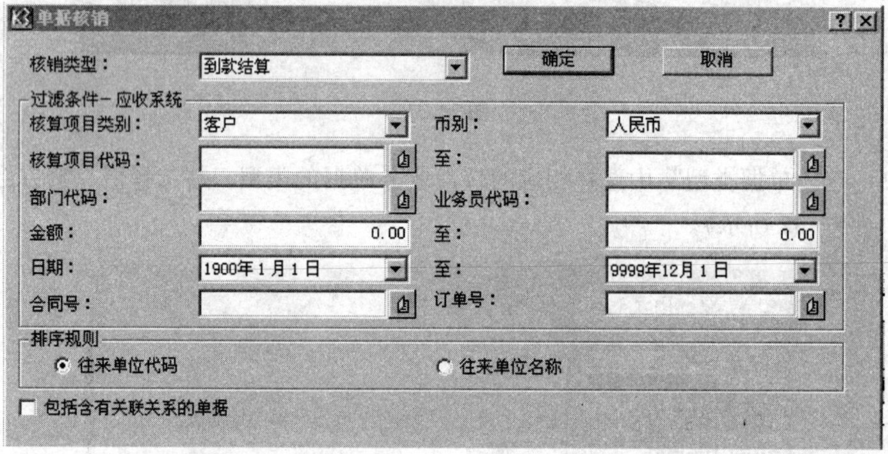

单据核销
核销类型：到款结算　确定　取消
过滤条件－应收系统
核算项目类别：客户　币别：人民币
核算项目代码：　至：
部门代码：　业务员代码：
金额：0.00　至：0.00
日期：1900年1月1日　至：9999年12月1日
合同号：　订单号：
排序规则
往来单位代码　往来单位名称
包括含有关联关系的单据

图 5－33

录入日期、核算项目类别等进入核销界面，其中列示了所有满足条件的待核销记录。在此处选择对应的记录打钩后，点击工具栏中的“核销”即执行手工核销（如图 5－34所示）。

核销方式：单据　核销日期：2009-12-31

到款结算-应收款

	选择	核算项目代码	核算项目名称	单据号	合同号	单据日期	财务日期	单据类型
1	√	01.01	白云公司	OXPP000002		2008-10-12	2009-11-30	销售发票
2		01.02	齐风公司	663192		2009-12-5	2009-12-5	销售发票
3		02.01	大海公司	OXPP000003		2008-9-30	2009-11-30	销售发票
4		02.01	大海公司	OXZP000002		2008-9-30	2009-11-30	销售发票
5		02.01	大海公司	765783		2009-12-8	2009-12-8	销售发票

到款结算-收款

	选择	核算项目代码	核算项目名称	单据号	合同号	单据日期	财务日期	单据类型	备注(合同号)	
1	√	01.01	白云公司	XSKD000002		2009-12-13	2009-12-13	收款单		收到应收票
2		02.01	大海公司	XSKD000003		2009-12-15	2009-12-15	收款单		收到应收票
3		02.01	大海公司	XSKD000004		2009-12-25	2009-12-25	收款单		

图 5-34

核销成功后，在“应收款管理系统——核销（应收）”界面，已经核销的单据不再显示。

（2）自动核销。点击【财务会计】→【应收款管理】→【结算】→【应收款核销——到款结算】，出现“过滤条件”框，录入日期、核算项目类别等进入核销界面，其中列示了所有满足条件的待核销记录，点击工具栏中的“自动”即执行自动核销（如图 5-35 所示）。

核销方式：单据　核销日期：2009-12-31

到款结算-应收款

	选择	核算项目代码	核算项目名称	单据号	合同号	单据日期	财务日期	单据类型
1		01.02	齐风公司	663192		2009-12-5	2009-12-5	销售发票
2		02.01	大海公司	OXPP000003		2008-9-30	2009-11-30	销售发票
3		02.01	大海公司	OXZP000002		2008-9-30	2009-11-30	销售发票
4		02.01	大海公司	765783		2009-12-8	2009-12-8	销售发票

到款结算-收款

	选择	核算项目代码	核算项目名称	单据号	合同号	单据日期	财务日期	单据类型
1		02.01	大海公司	XSKD000003		2009-12-15	2009-12-15	收款单
2		02.01	大海公司	XSKD000004		2009-12-25	2009-12-25	收款单

图 5-35

（3）反核销已核销单据。在 K/3 主控台中，双击【财务会计】→【应收款管理】→【结算】→【核销日志——维护】，出现“过滤条件”框，在框中输入条件确定后，出现核销日志主界面，其中列出了所有满足条件的核销记录（如图 5-36 所示）。

核销日志

选择	核销序号	核销日期	核销类型	核销方式	客户代码	客户名称	部门代码	部门名称	业务员代码	业务员名称	单据号	单据日期	财务
	1	2009-12-31	到款结算	单据	01.01	白云公司	03.01	销售一部	004	吉祥	销售发票-OXI	2008-10-12	2009-1
	1	2009-12-31	到款结算	单据	01.01	白云公司	*	*	*	*	收款单-XSKD(	2009-12-13	2009-1
	2	2009-12-31	到款结算	单据	02.01	大海公司	03.02	销售二部	005	如意	销售发票-76!	2009-12-08	2009-1
	2	2009-12-31	到款结算	单据	02.01	大海公司	*	*	*	*	收款单-XSKD(	2009-12-15	2009-1
	2	2009-12-31	到款结算	单据	02.01	大海公司	03.02	销售二部	005	如意	收款单-XSKD(	2009-12-25	2009-1
						合计							

图 5-36

如要进行反核销，首先双击核销日志左边的“选择”框，在需要反核销的单据前面的选择框打上钩后，点击工具栏中的“反核销”（如图5－37所示）。

核销日志

选择	核销序号	核销日期	核销类型	核销方式	客户代码	客户名称	部门代码	部门名称	业务员代码	业务员名称	单据号	单据日期
√	1	2009-12-31	到款结算	单据	01.01	白云公司	03.01	销售一部	004	吉祥	销售发票-0X	2008-10-12
√	1	2009-12-31	到款结算	单据	01.01	白云公司	*	*	*	*	收款单-XSKD	2009-12-13
	2	2009-12-31	到款结算	单据	02.01	大海公司	03.02	销售二部	005	如意	销售发票-76	2009-12-08
	2	2009-12-31	到款结算	单据	02.01	大海公司	*	*	*	*	收款单-XSKD	2009-12-15
	2	2009-12-31	到款结算	单据	02.01	大海公司	03.02	销售二部	005	如意	收款单-XSKD	2009-12-25
						合计						

图5－37

反核销成功后，已经反核销的单据在“核销日志”界面消失。

（二）核销的类型

1. 到款结算

到款结算用于收到款项后勾销应收业务。应收单据指发票、其他应收单，收款单据指收款单、退款单，不包括预收单。收款单中既有手工录入的收款单，也包括审核后的应收票据产生的收款单。此类单据的核销不用生成凭证。

步骤：

在K/3主控台中，双击【财务会计】→【应收款管理】→【结算】→【应收款核销——到款结算】，出现过滤框，录入日期、核算项目类别等进入核销界面，其中列示了所有满足条件的待核销记录。在此处选择对应的记录打钩后，点击工具栏中的【核销】即执行手工核销（详见“核销基本操作”）。

2. 预收款冲应收款

预收款冲应收款是将预收单和应收单据进行的核销。为处理预收以后直接退款的情况，此处还显示了未核销的退款单，不包括收款单。

步骤：

在K/3主控台中，双击【财务会计】→【应收款管理】→【结算】→【应收款核销——预收款冲应收款】，出现过滤框，录入日期、核算项目类别等进入核销界面，其中列示了所有满足条件的待核销记录。在此处选择对应的记录打钩后，点击工具栏中的【核销】即执行手工核销。如果预收款需要部分核销，则应手工录入“本次核销金额”。操作方法与“到款结算”的核销方法相似。

四、坏账处理

坏账是指企业无法收回或收回的可能性极小的应收款项。因发生坏账而产生的损失，称为坏账损失。

（一）发生坏账

案例：

12月30日，将大海公司逾期未还且明显无法收回的前欠货款11 500元列为坏账。

步骤：

（1）在K/3主控台中，点击【财务会计】→【应收款管理】→【坏账处理】→【坏账损失】，进入过滤条件窗口，在此处选择“核算项目类别”、“核算项目代码”、

“单据类型”等内容，点击【确定】后进入“坏账损失处理”界面（如图 5－38 所示）。

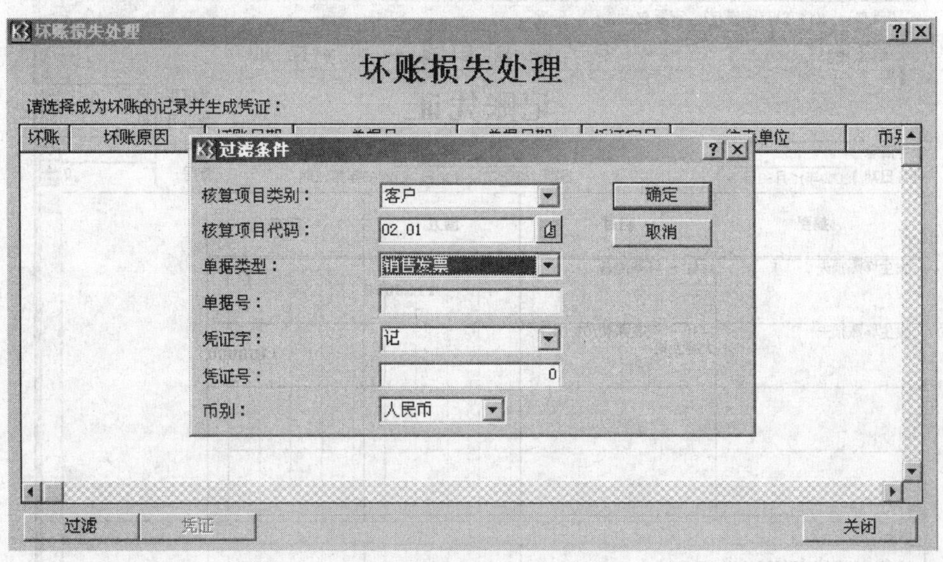

图 5－38

（2）选择坏账记录，录入坏账原因、修改坏账金额（如图 5－39 所示）。

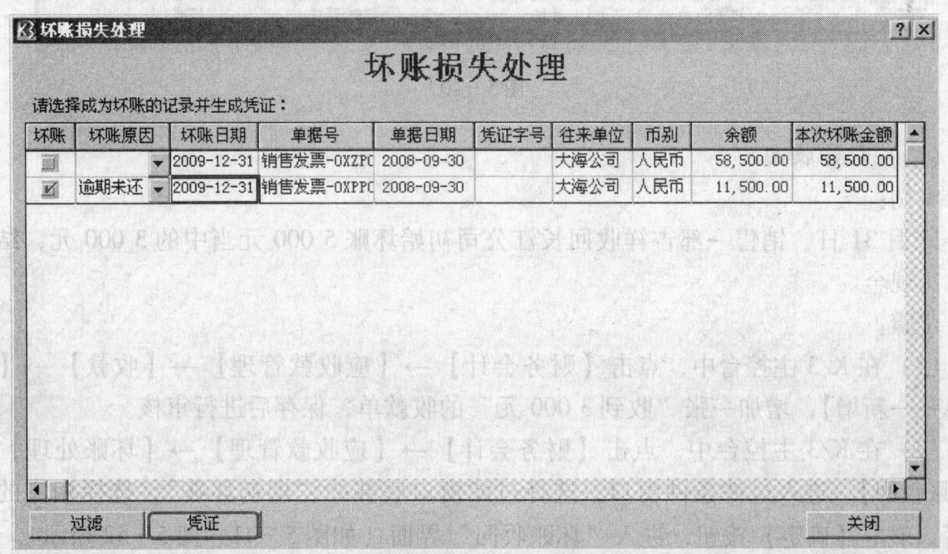

坏账	坏账原因	坏账日期	单据号	单据日期	凭证字号	往来单位	币别	余额	本次坏账金额
		2009-12-31	销售发票-0XZPO	2008-09-30		大海公司	人民币	58,500.00	58,500.00
☑	逾期未还	2009-12-31	销售发票-0XPPO	2008-09-30		大海公司	人民币	11,500.00	11,500.00

图 5－39

(3) 点击【凭证】按钮，系统自动生成记账凭证（如图5-40所示）。

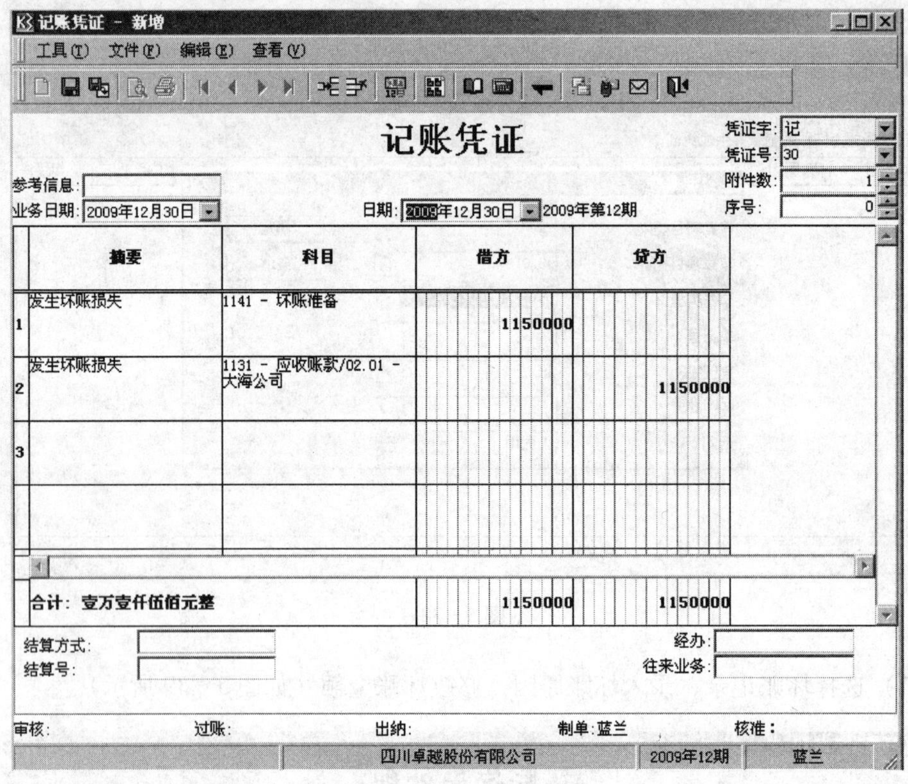

图5-40

（二）坏账收回

案例：

12月31日，销售一部吉祥收回长江公司初始坏账5 000元当中的3 000元，结算方式为现金。

步骤：

(1) 在K/3主控台中，点击【财务会计】→【应收款管理】→【收款】→【收款单——新增】，增加一张“收到3 000元”的收款单，保存后进行审核。

(2) 在K/3主控台中，点击【财务会计】→【应收款管理】→【坏账处理】→【坏账收回】，进入过滤条件窗口，选择过滤窗口底部的“期初坏账”，选择相应的条件后，单击【确定】按钮，进入“坏账收回”界面（如图5-41、图5-42所示）。

图 5－41

（3）系统在“坏账收回”中显示了满足条件的坏账损失，用户需要在“收款单号”一项中选择收款记录，同时录入“收回金额”为 3 000 元（如图 5－42 所示）。

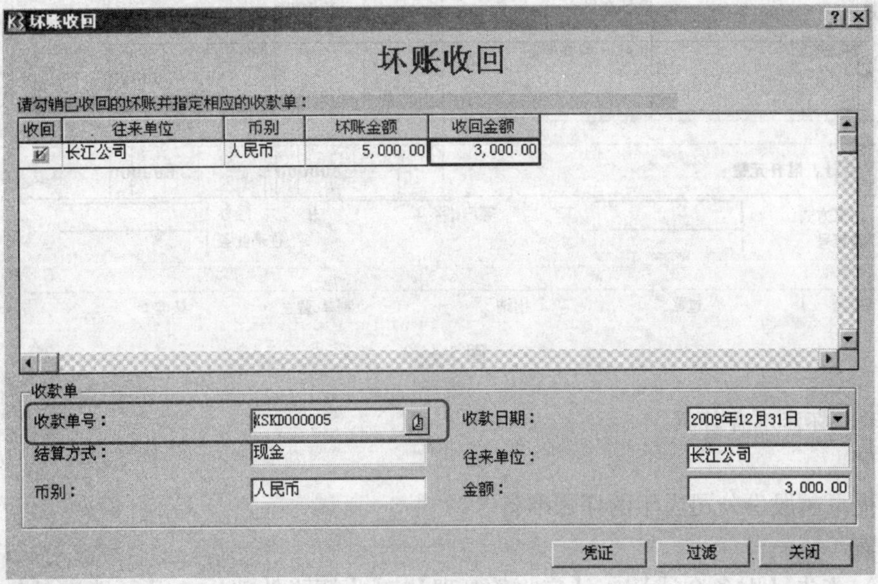

图 5－42

（4）点击【凭证】按钮，系统会自动生成记账凭证。对系统生成的凭证补充信息，并执行保存即可（如图 5－43 所示）。

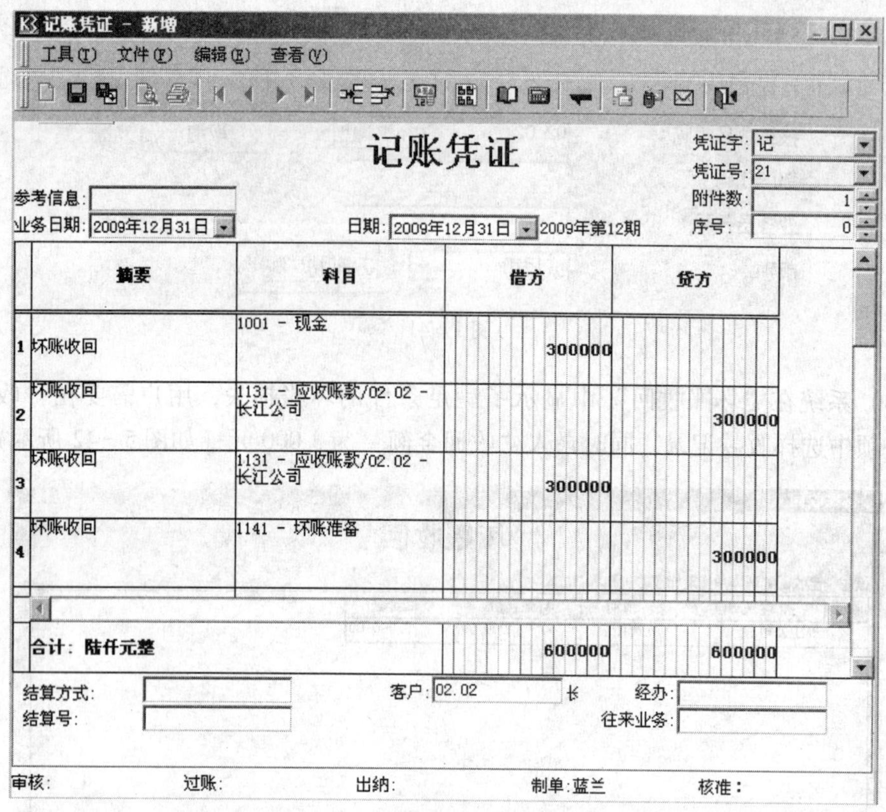

图 5－43

（三）坏账准备计提

案例：

计提卓越股份公司当年的坏账准备。

步骤：

（1）点击【财务会计】→【应收款管理】→【坏账处理】→【坏账准备】，系统弹出“计提坏账准备”窗口。在该窗口，系统自动计算出应计提坏账准备金额等项目（如图 5－44 所示）。

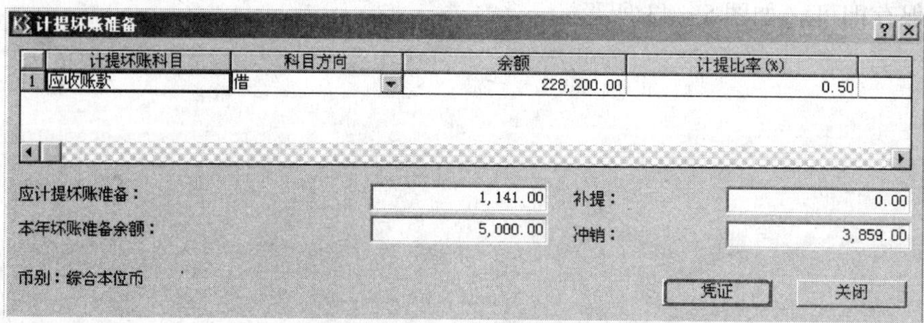

图 5－44

（2）在此处点击【凭证】按钮，系统会自动生成处理坏账准备的凭证，保存即可。

凭证上的科目信息取自系统设置中的会计科目，余额为该会计科目的余额（如图 5－45 所示）。

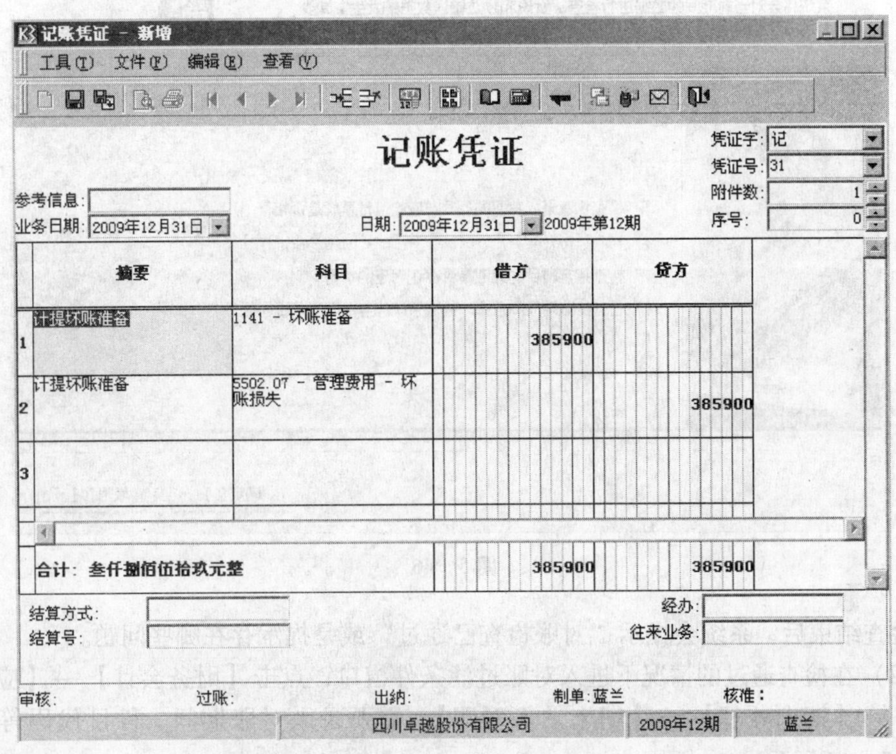

图 5－45

第四节　期末处理

往来系统的期末处理主要指应收、应付系统在期末时与总账系统的对账，以及应收、应付系统进行结账的操作。下面以应收系统为例进行讲解，应付系统的期末处理与此相同。

一、对账

对账，是指应收系统与总账系统的相关科目进行对账，以达到“账账相符”。该操作主要是通过应收账款、坏账准备、其他应收款等科目的对账完成的。通过对账，可以找出应收系统与总账系统的差异金额，进而具体找出问题所在，以保证企业的业务真实、可靠。

步骤：

（1）对账检查。在主界面选择【财务会计】→【应收款管理】→【期末处理】→【期末对账检查】后，点击【确定】，系统首先对当期的单据、凭证，以及核销、票据操作进行对账检查（如图 5－46 所示）。

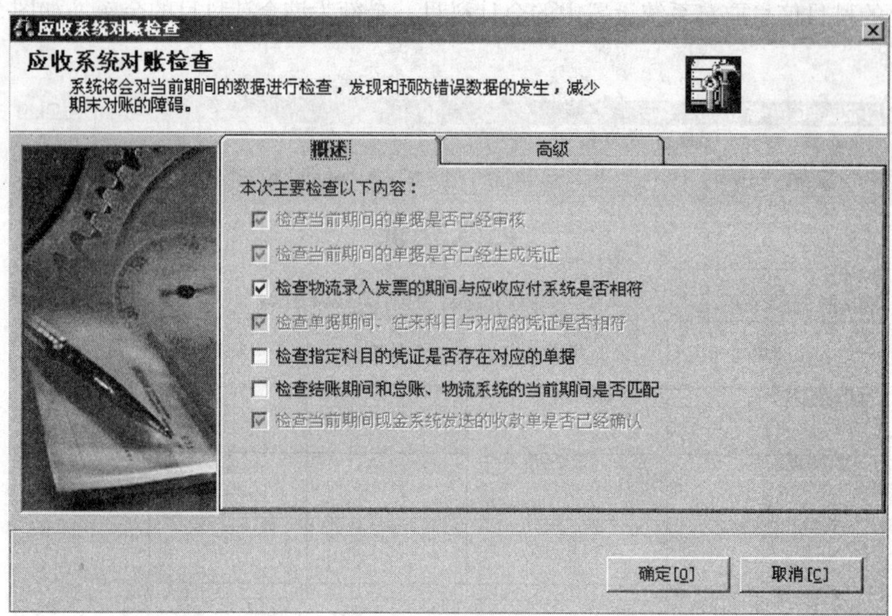

图 5-46

检查结束后，系统会提示“对账检查已通过”或是提示存在哪些问题。

（2）在检查通过的情况下进入对账过滤条件窗口，点击【财务会计】→【应收款管理】→【期末处理】→【期末总额对账】，需要录入对账期间、科目代码等内容（如图 5-47 所示）。

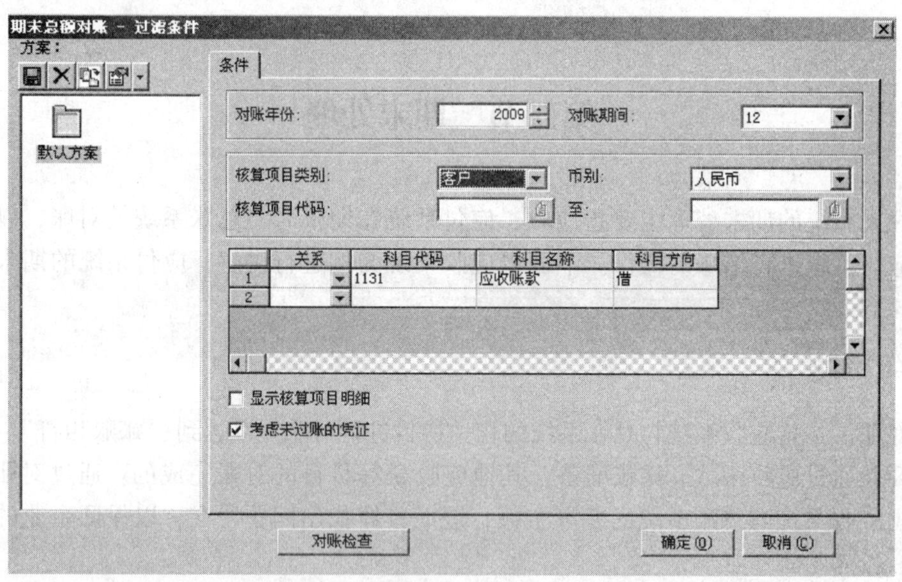

图 5-47

（3）确定过滤条件后进入“期末总额对账”界面，可以对应收系统和总账系统的数据进行核对，查询差额数据，并及时更正（如图 5-48 所示）。

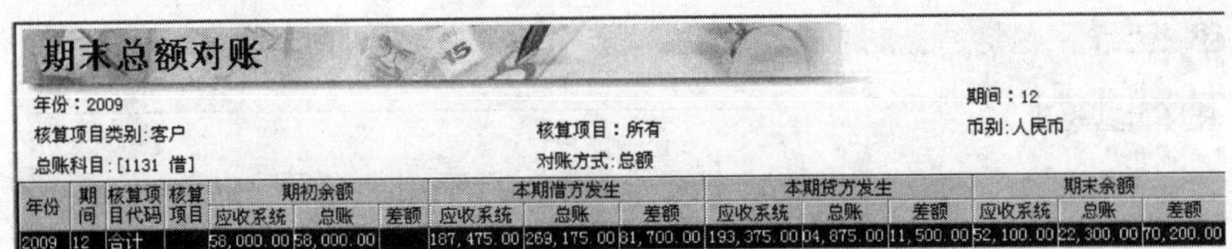

期末总额对账

年份：2009　　　　期间：12

核算项目类别:客户　　核算项目：所有　　币别:人民币

总账科目:[1131 借]　　对账方式:总额

年份	期间	核算项目代码	核算项目	期初余额			本期借方发生			本期贷方发生			期末余额		
				应收系统	总账	差额	应收系统	总账	差额	应收系统	总账	差额	应收系统	总账	差额
2009	12	合计		58,000.00	58,000.00		187,475.00	269,175.00	81,700.00	193,375.00	04,875.00	11,500.00	52,100.00	22,300.00	70,200.00

图 5－48

二、结账

当本期所有操作完成之后（所有单据都进行了审核、核销处理，相关单据已生成了凭证，同时与总账等系统的数据资料已核对完毕），在 K/3 主控台中，选择【财务会计】→【应收款管理】→【期末处理】→【结账】，系统将进行期末结账工作。期末结账处理完毕，系统进入下一个会计期间，同时还可以进行反结账。

三、往来系统与总账系统的关系

总账系统是金蝶 K/3 财务管理软件的核心系统。应收、应付系统可以和总账系统联合使用，也可以单独用于企业应收、应付款的管理。若不使用应收、应付款系统，则应收、应付款的相关操作亦可以在总账系统中进行，但不能进行票据管理、账龄分析等操作。

往来账款系统的数据可以传递至总账，尤其是在应收、应付账款系统中生成的凭证可以自动传递至总账。修改或删除凭证只能在往来系统中进行，不能在总账系统中操作。

执行应收、应付账款与总账的对账，一方面可以检查往来系统的操作是否正确、可靠，另一方面也可以加强对应收、应付账款的管理，强化企业的内部控制。

第五节　报表处理

往来系统中可以查看各种账表和进行账龄分析，以便更好地对企业的应收、应付款进行管理。下面以应收系统为例进行讲解，应付系统的操作与此相同。

一、账表管理

步骤：

（1）点击【财务会计】→【应收款管理】→【账表】→【应收款明细表】，在过滤条件中选择各项信息，确认即可。在过滤条件中可以选择按期间或单据日期或财务日期进行查询（如图 5－49 所示）。期间是指单据归属的财务期间，单据日期是指单据上的单据日期，财务日期是指单据上的财务日期。核算项目可以选择非明细级次。

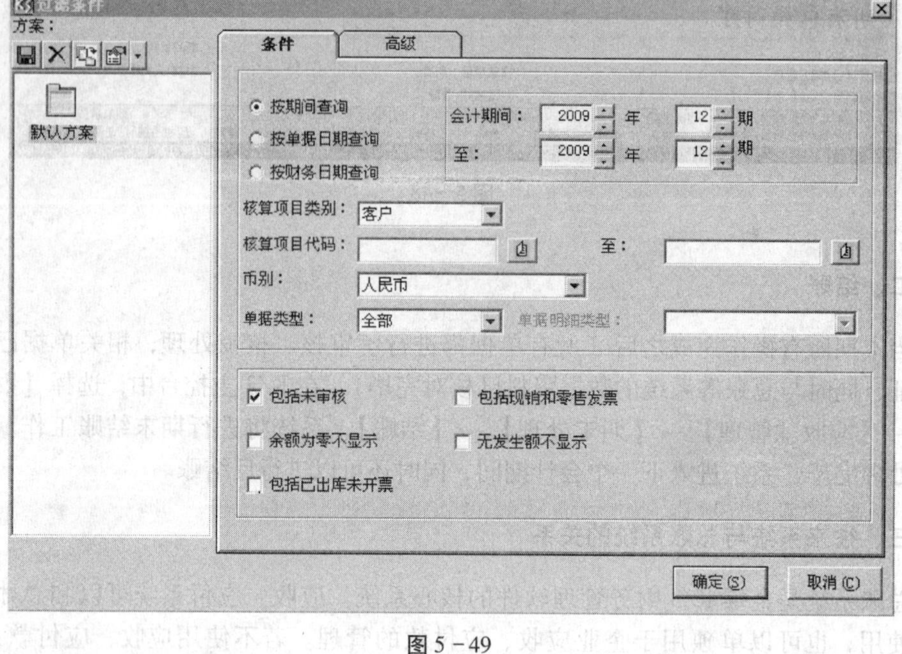

图5－49

（2）进入应收款明细表，查询各项信息。在应收款明细表中，“本期应收”栏列示的是销售发票、其他应收单和坏账损失的金额，“本期实收”栏列示的是收款单、预收单、退款单和应收冲应付的金额（如图5－50所示）。

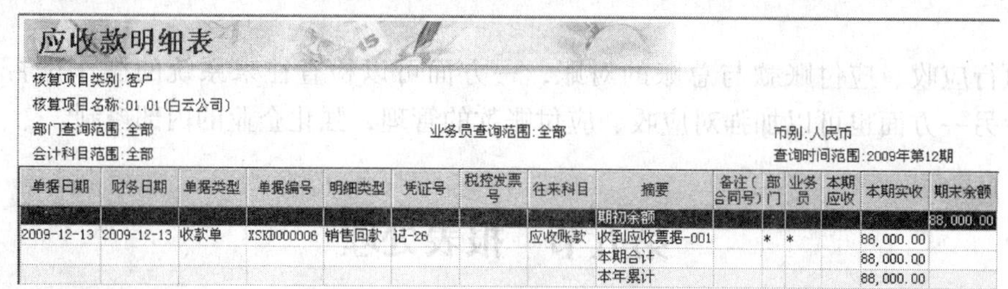
应收款明细表

核算项目类别:客户
核算项目名称:01.01(白云公司)
部门查询范围:全部　　业务员查询范围:全部　　币别:人民币
会计科目范围:全部　　查询时间范围:2009年第12期

单据日期	财务日期	单据类型	单据编号	明细类型	凭证号	税控发票号	往来科目	摘要	备注(合同号)	部门	业务员	本期应收	本期实收	期末余额
								期初余额						88,000.00
2009-12-13	2009-12-13	收款单	XSKD000006	销售回款	记-26		应收账款	收到应收票据-001		*	*		88,000.00	
								本期合计					88,000.00	
								本年累计					88,000.00	

图5－50

二、账龄分析

应收账款账龄是指从销售实现、产生应收账款之日起，至资产负债表日止经历的时间间隔。简言之，就是应收账款的账面上未收回的时间。账龄分析表就是将企业所有的应收账款按账龄时间的不同进行分类汇总管理的表文件。

步骤：

在K/3主控台中，点击【财务会计】→【应收款管理】→【分析】→【账龄分析】，进入过滤条件，在过滤条件中可以选择日期范围、单据类型、账龄计算等内容（如图5－51所示）。

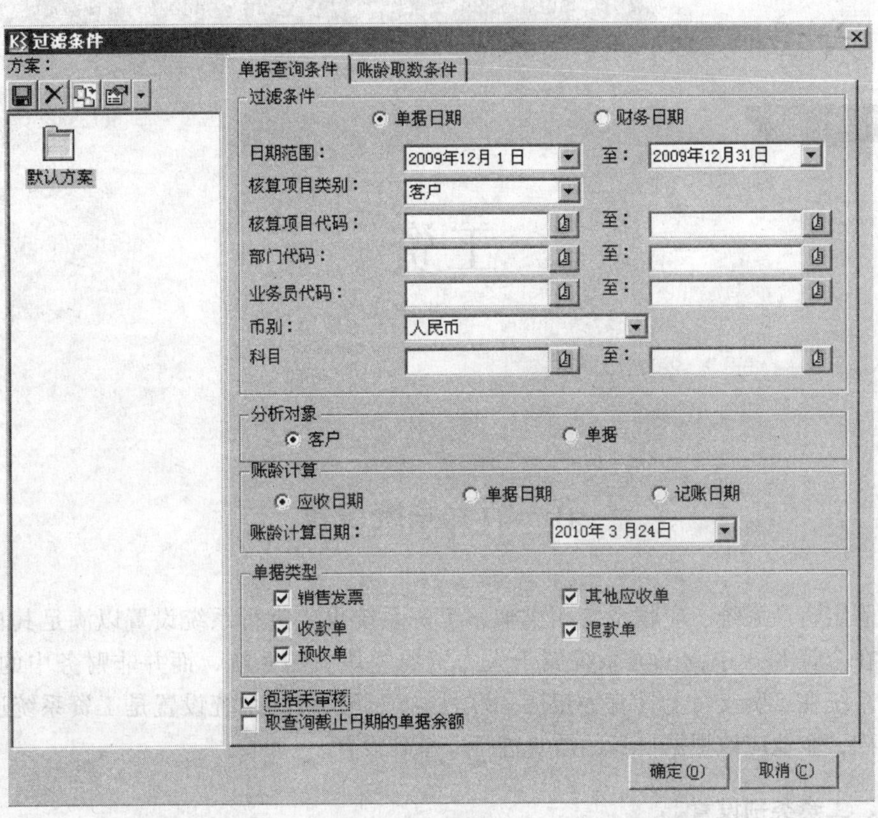

图 5－51

（1）过滤条件的选择会直接影响账龄分析结果，请在理解各选项意义后进行正确选择。确定过滤条件后，进入账龄分析表，报表按照过滤条件中的分组分别列示出各组未到期与已到期余额（如图 5－52 所示）。

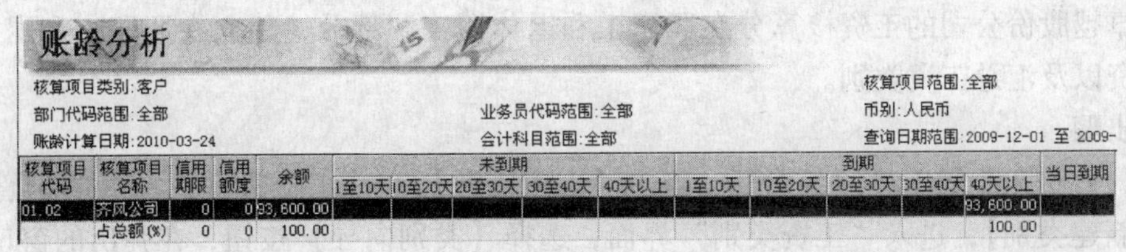

账龄分析

核算项目类别:客户　　核算项目范围:全部
部门代码范围:全部　　业务员代码范围:全部　　币别:人民币
账龄计算日期:2010-03-24　　会计科目范围:全部　　查询日期范围:2009-12-01 至 2009-

核算项目代码	核算项目名称	信用期限	信用额度	余额	未到期					到期					当日到期
					1至10天	10至20天	20至30天	30至40天	40天以上	1至10天	10至20天	20至30天	30至40天	40天以上	
01.02	齐风公司	0	0	93,600.00										93,600.00	
	占总额(%)	0	0	100.00										100.00	

图 5－52

第六章

工资

第一节 系统设置

与固定资产系统、应收系统相类似，工资系统也要进行系统设置以满足其自身的需要。在金蝶 K/3 中，工资系统属于人力资源模块下的系统，而并非财务中的系统，但两个系统在工资支付上具有一定的关联性。工资系统的系统设置是工资系统进行操作的基础，企业应该根据自身的需要进行一系列设置。

一、工资类别设置

企业在核算薪资时，会按部门、人员等进行分类，设置不同的核算方案进行工资发放。例如，企业退休职工和在职职工的工资核算方案是不同的，可以分别设置退休职工和在职职工两个工资类别进行核算。

案例：

卓越股份公司的工资核算分在职职工和退休职工两部分，建立在职职工和退休职工工资以及汇总工资类别。

步骤：

（1）进入金蝶 K/3 主控台后，点击【人力资源】→【工资管理】→【类别管理】→【新建类别】，进入“工资类别”界面，选择【类别向导】按钮，在弹出的窗口中，录入类别名称，如“在职职工”。

（2）点击【下一步】，进入当前新建工资类别的详细参数设置窗口（如图 6－1 所示）。

点击【下一步】便可完成工资类别的新建操作。用同样方法增加类别名称为“退休职工”和“汇总工资”的工资方案。

（2）如果用户要更改工资类别的设置，可以到“类别管理”中操作，在此可进行类别的阅览、修改、新增、删除及类别属性的自定义。工资系统的类别新建以后，如果要删除数据，可以在类别管理中删除。建议在金蝶 K/3 主控台的【人力资源】→【工资管理】→【设置】→【初始数据删除】中进行删除操作（如图 6－2 所示）。

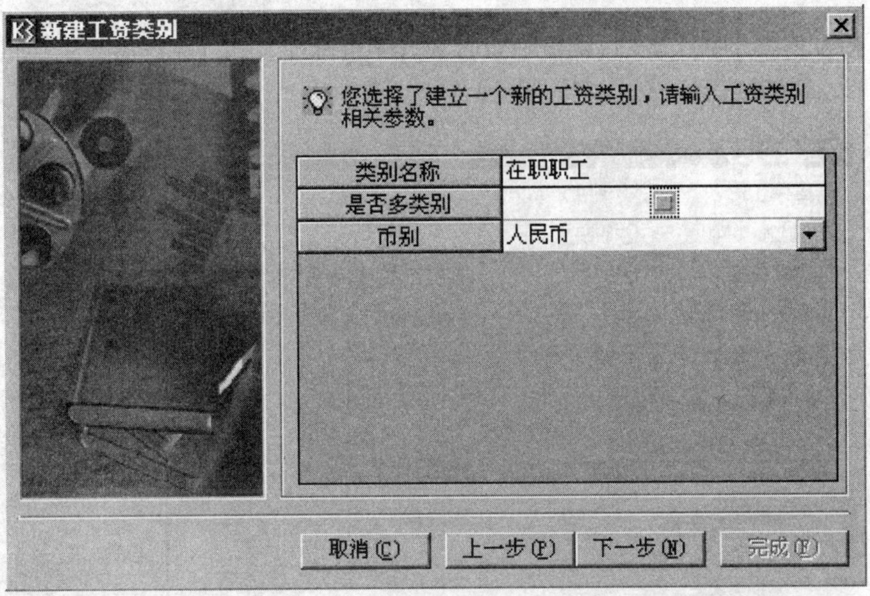

图 6－1

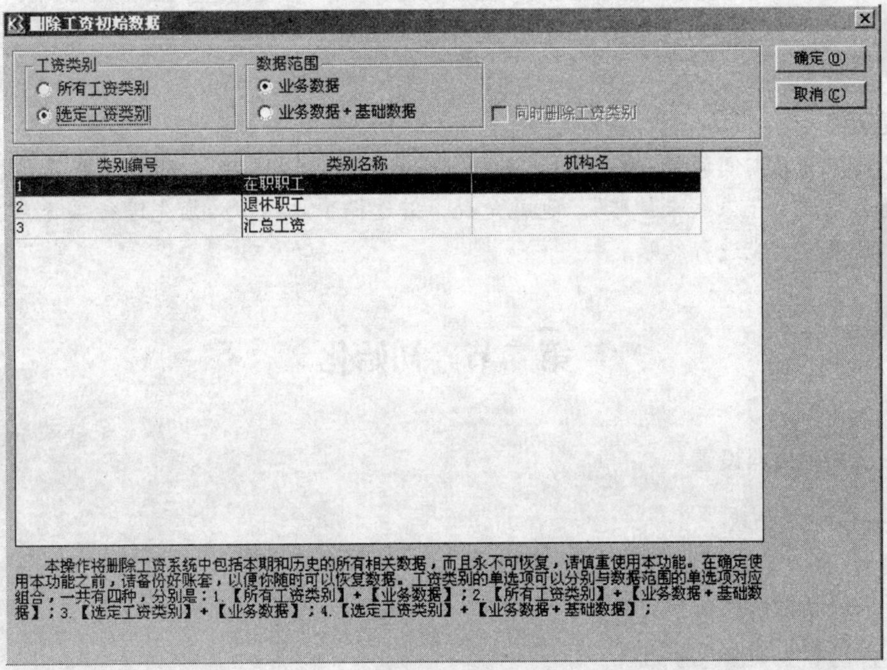

图 6－2

二、系统参数设置

案例：

要求结账与总账期间同步。

步骤：

在K/3主控台中，点击【系统设置】→【工资管理】→【系统参数】（如图6-3所示），设置相关信息。

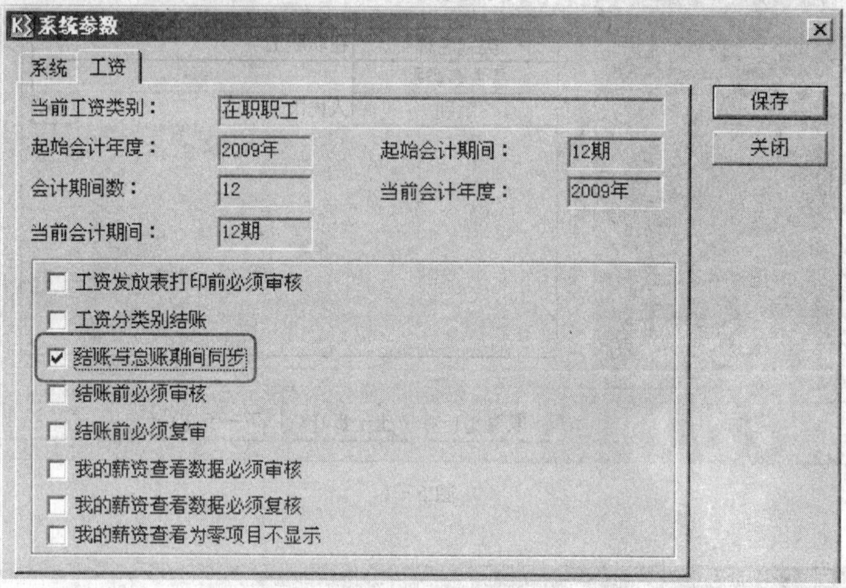

图6-3

提示：

结账与总账期间同步。结账时，如果工资系统未进行结账，那么总账系统在结账时会提示“还有子系统未结账”。也就是说，若选择了此项，必须先进行工资系统的结账，总账系统才能进行结账。

第二节　初始化

一、基础资料设置

（一）部门管理

案例：

导入或新增部门资料。

相关资料见表6-1。

表6-1

代码	名称
01	财务部
02	行政部
03	销售部（上级组）

表6-1(续)

代码	名称
03.01	销售一部
03.02	销售二部
04	生产部

步骤：

(1) 在K/3主控台中，点击【人力资源】→【工资管理】→【设置】→【部门管理】，选择“在职职工”工资方案，进入部门管理界面。

在部门管理界面可以自行增加部门相关内容，也可以通过“导入”功能将总账中的部门信息导入到工资管理系统中。

(2) 导入部门。点击【导入】按钮，选择“导入数据源”中的【总账数据】，选择全部需要导入的数据，然后点击【导入(T)】按钮，系统自动进行导入部门的操作(如图6-4所示)。

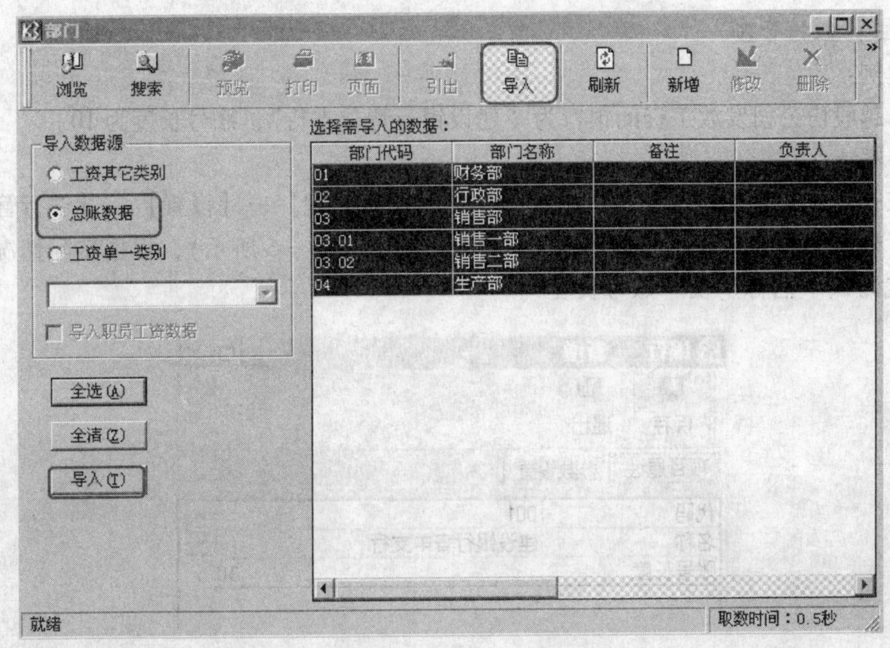

图6-4

(3) 在“选择需导入的数据”列表中，可以使用键盘的Ctrl或Shift键进行多选，选择需要导入的数据，再点击【导入(T)】按钮，则选择的部门将导入到工资系统中，在导入后同时可以点击【浏览】按钮查看所导入的数据。

(二) 币别管理

步骤：

在K/3主控台中，选择【人力资源】→【工资管理】→【设置】→【币别】。如果在公共资料中已增加相关币别，在工资管理系统的币别中可以同步显示，同时也可以在工资管理系统的币别中增加新的币别（如图 6－5 所示）。

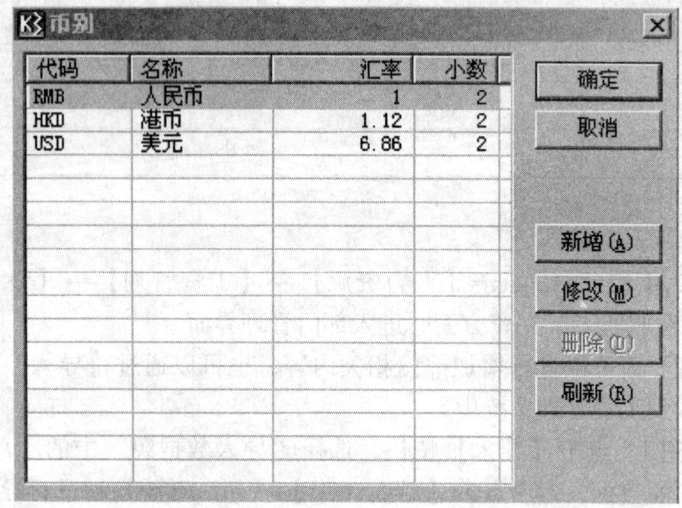

图 6－5

（三）银行管理

案例：

卓越股份公司发放工资的银行为“建设银行青羊支行”，账号长度为 10。

步骤：

在 K/3 主控台中，选择【人力资源】→【工资管理】→【设置】→【银行管理】，点击【新增】按钮，弹出银行新增的具体窗口（如图 6－6 所示），根据实际情况，录入“代码”、“名称”及“账号长度”。

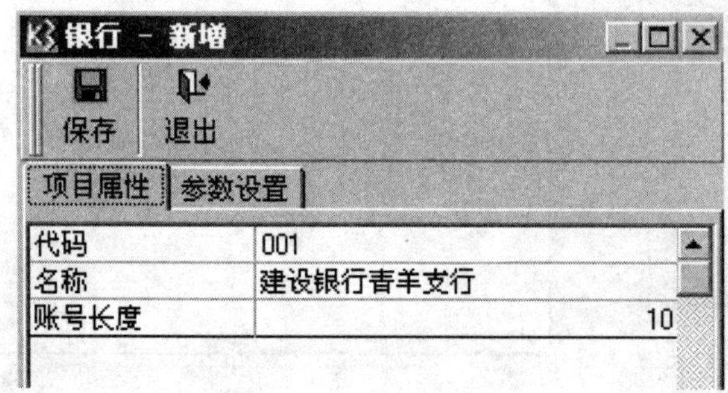

图 6－6

（四）职员管理

案例：

导入并修改或新增职员资料。

相关资料见表 6－2。

表 6－2

代码	名称	职员类别	部门	个人账号
001	肖萧	管理人员	财务部	2712356487
002	蓝兰	管理人员	财务部	2712568435
003	胡风	管理人员	行政部	2713258741
004	吉祥	销售人员	销售一部	2713856984
005	如意	销售人员	销售二部	2714521436
006	张洋	生产人员	生产部	2713632541

1. 导入职员资料步骤

在 K/3 主控台中，点击【人力资源】→【工资管理】→【设置】→【职员管理】，进入职员管理界面。点击【导入】按钮，选择“导入数据源”中的“总账数据”，选中全部需要导入的数据，然后点击【导入（T）】按钮，系统自动进行导入职员的操作（如图 6－7 所示）。

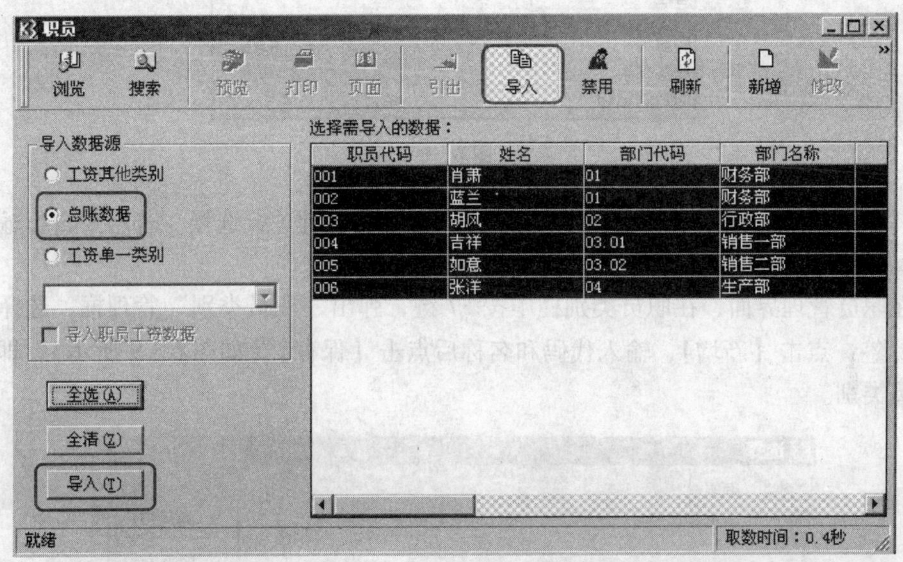

图 6－7

在“选择需导入的数据”列表中，可以使用键盘的 Ctrl 或 Shift 键进行多选，选择需要导入的数据，再点击【导入（T）】按钮，则选择的部门将导入到工资系统中，在导入后同时可以点击【浏览】按钮查看所导入的数据。

将总账系统中的职员内容导入工资管理系统后，还需要对每个职员的属性进行相应的修改，为每个职员设置其相应的职员类别和个人账号。

2. 修改职员属性步骤

在“职员管理”界面，点击【浏览】，然后选中要修改的职员记录，点击工具栏上的【修改】，进入职员属性修改界面，在此界面设置每个职员的“职员类别”和

"个人账号"（如图6-8所示）。

职员 - 修改

复制 保存 第一条 上一条 下一条 最后 退出

肖萧的属性 | 参数设置

代码	001
名称	肖萧
性别...	男
出生日期	
电子邮件	
地址	
电话	
证件号码	
职务...	
文化程度...	
入职日期	
离职日期	
职员类别...	管理人员
部门...	财务部
银行名称...	建设银行青羊支行
个人账号	2712356487
备注	
职位名称	
职等	0.00
职务体系	
职员助记码	

图6-8

其中"职员类别"需要用户先行设置好后，按F7键进行选择。若用户自行输入其类别，操作是无效的。设置职员类别的步骤为：

在职员管理界面，在职员类别栏中按F7键，弹出"职员类别"管理框，选择"编辑"标签，点击【新增】，输入代码和名称后点击【保存】（如图6-9所示），即可设置职员类别。

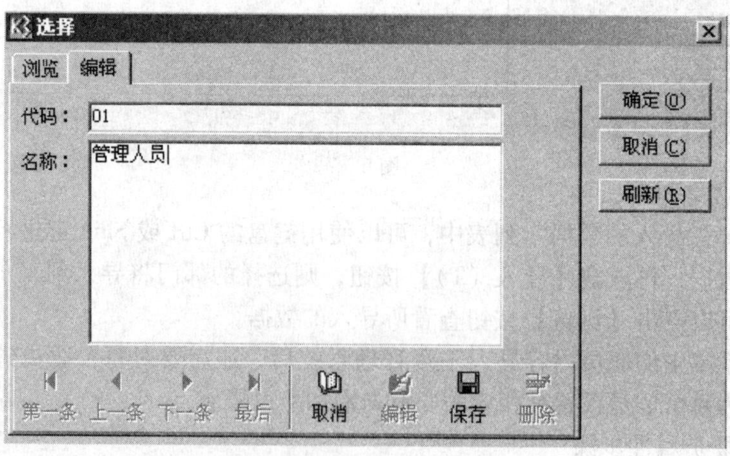

图6-9

将所有的职员类别增加后，点击“浏览”标签可查看全部职员类别（如图6－10所示）。将所有的职员属性修改后，在职员管理界面可以显示刚刚修改过的内容。

图6－10

二、项目设置

项目是指在核算工资时，组成职员工资总额的各个具体项目。设置工资项目时，可以根据系统提供的项目模板和企业的具体情况，进行增加、修改等设置。

案例：

工资项目设置，系统模板中已有的，根据案例资料查看是否需修改；系统模板中没有的，请添加设置。

相关资料见表6－3。

表6－3

项目名称	类型	小数位数	属性
职员代码	文本		其他
职员姓名	文本		其他
部门	文本		其他
基本工资	货币	2	可变项目
浮动工资	货币	2	可变项目
津贴	货币	2	可变项目
加班	货币	2	可变项目
独补	货币	2	可变项目
病假	货币	2	可变项目
事假	货币	2	可变项目

表6－3(续)

项目名称	类型	小数位数	属性
应发合计	货币	2	可变项目
房租水电	货币	2	可变项目
代扣所得税	货币	2	可变项目
医疗保险	货币	2	可变项目
养老保险	货币	2	可变项目
工会	货币	2	可变项目
扣款合计	货币	2	可变项目
实发合计	货币	2	可变项目
个人账号	文本		其他

步骤：

(1) 在K/3主控台中，点击【人力资源】→【工资管理】→【设置】→【项目设置】，进入“工资核算项目设置”界面，系统给出了一些常用的工资核算项目（如图6－11所示）。

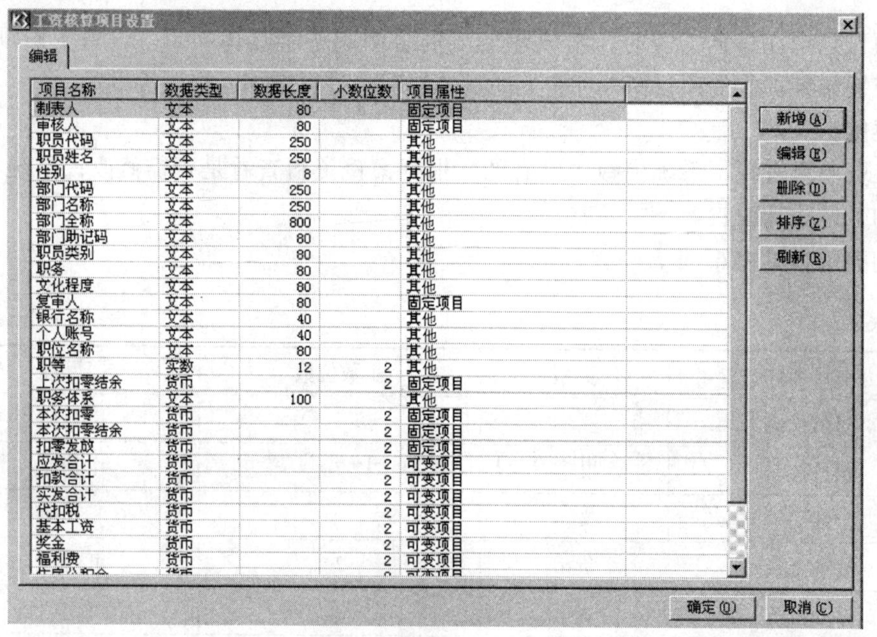

项目名称	数据类型	数据长度	小数位数	项目属性
制表人	文本	80		固定项目
审核人	文本	80		固定项目
职员代码	文本	250		其他
职员姓名	文本	250		其他
性别	文本	8		其他
部门代码	文本	250		其他
部门名称	文本	250		其他
部门全称	文本	800		其他
部门助记码	文本	80		其他
职员类别	文本	80		其他
职务	文本	80		其他
文化程度	文本	80		其他
复审人	文本	80		固定项目
银行名称	文本	40		其他
个人账号	文本	40		其他
职位名称	文本	80		其他
职等	实数	12	2	其他
上次扣零结余	货币		2	固定项目
职务体系	文本	100		其他
本次扣零	货币		2	固定项目
本次扣零结余	货币		2	固定项目
扣零发放	货币		2	固定项目
应发合计	货币		2	可变项目
扣款合计	货币		2	可变项目
实发合计	货币		2	可变项目
代扣税	货币		2	可变项目
基本工资	货币		2	可变项目
奖金	货币		2	可变项目
福利费	货币		2	可变项目

图6－11

(2) 点击图中的【新增（A）】按钮，在弹出的窗口中录入案例给出但系统未给出的工资项目，如“加班”，同时确定数据类型的值为“货币”，另外还可以设置相应的小数点长度等信息（如图6－12所示），再点击图中的【新增（A）】进行保存。

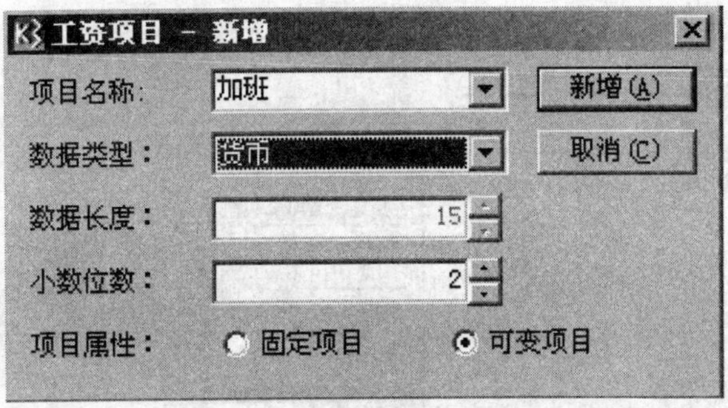

工资项目 - 新增
项目名称: 加班
数据类型: 货币
数据长度: 15
小数位数: 2
项目属性: 固定项目 可变项目
新增(A)
取消(C)

图 6-12

三、公式设置

公式设置是指对职员的工资计算公式进行设置。每个工资类别都需要设置一个计算职员工资的公式、将公式设置好后，只要输入各工资项目的金额，系统会自动计算出每个职员的工资总额。

案例：

公式名称：在职职工

应发合计 = 基本工资 + 浮动工资 + 津贴 + 加班 + 独补

扣款合计 = 病假 + 事假 + 房租水电 + 代扣所得税 + 医疗保险 + 养老保险 + 工会

实发合计 = 应发合计 - 扣款合计

公式名称：退休职工

应发合计 = 基本工资 + 浮动工资

扣款合计 = 代扣所得税

实发合计 = 应发合计 - 扣款合计

步骤：

在 K/3 主控台中，点击【人力资源】→【工资管理】→【设置】→【公式设置】，在弹出的窗口中点击【新增】按钮才能激活计算公式的编辑窗口。激活计算公式编辑窗口后，输入“公式名称”，在“计算方法”栏中，可以手动输入或者通过右侧的项目或条件等设置相应的内容（如图 6-13、图 6-14 所示）。

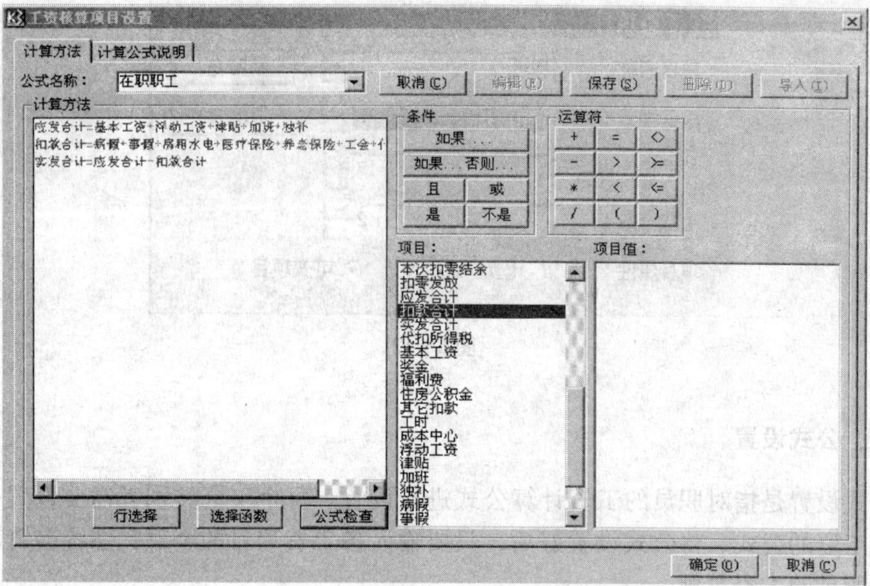

图 6－13

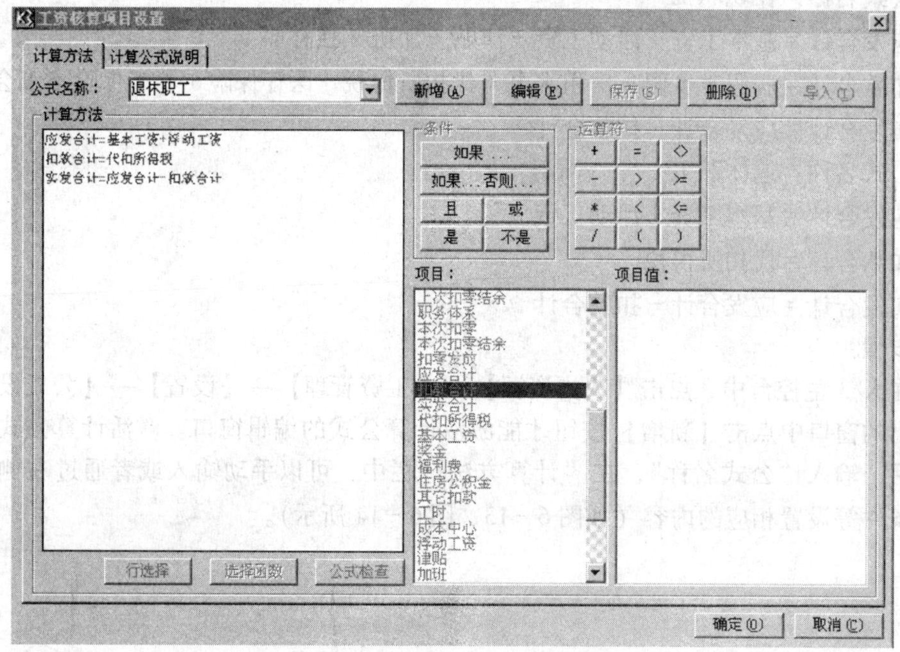

图 6－14

第三节　日常业务处理

工资系统的日常业务处理主要包括工资录入、工资计算、个人所得税的计算、费用分配，以及职员变动等操作。

一、工资录入

案例：

录入工资数据。

相关资料见表 6－4。

表 6－4

职员姓名	基本工资	浮动工资	津贴	加班	独补	病假	事假	房租水电	医疗保险	养老保险	工会
肖萧	2 200	2 000	600	400				800	36	90	9
蓝兰	2 000	1 500	380	320	15			331	28	67. 5	7
胡风	2 100	1 800	360	410		90		500	24	62. 5	6
吉祥	1 800	1 700	240	320			380	228	18	36	4
如意	1 800	1 000	250	480	15			250	30	75	7
张洋	1 500	1 600	400		15			327	27	72. 5	5

步骤：

（1）在 K/3 主控台中，点击【人力资源】→【工资管理】→【工资业务】→【工资录入】。当第一次进行工资录入时，系统要求必须首先建立一个过滤方案。

（2）可以通过点击【新增（A）】，在弹出的窗口中过滤方案的具体参数（如图 6－15 所示）；也可以通过【导入（T）】按钮，从其他工资类别中导入已定义好的过滤方案。

图 6－15

（3）如果已经定义好过滤方案，则可以直接选择对应的方案，再点击【确定】按钮进入工资录入窗口，录入职员的工资数据。再点击工具条上的【保存】按钮，进行数据保存，点击【关闭】按钮退出工资录入窗口。

二、工资计算

案例：

利用工资计算功能计算工资。

步骤：

在K/3主控台中，点击【人力资源】→【工资管理】→【工资业务】→【工资计算】（如图6-16所示）。

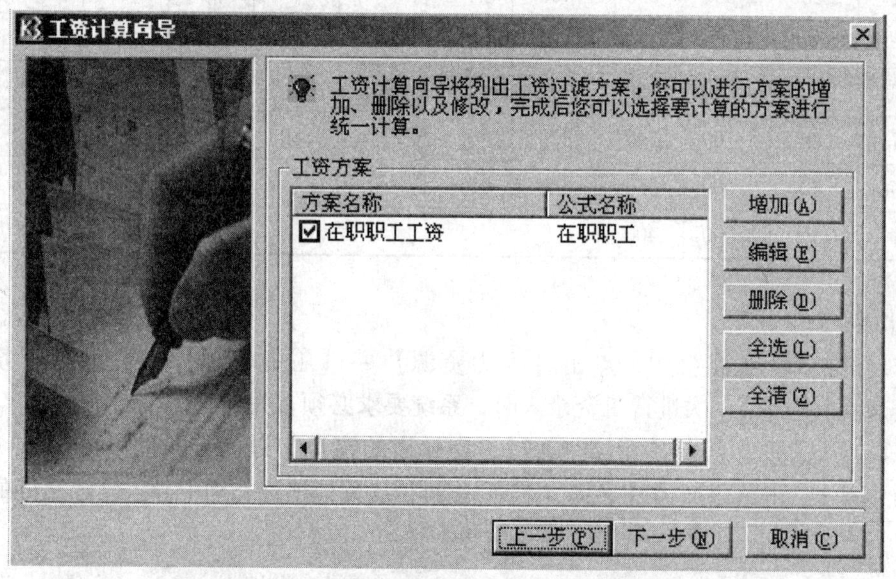

图6-16

选择工资方案名称，点击【下一步】后再点击【计算】，便可以完成公式的计算。

三、所得税核算

所得税又称所得课税、收益税，是国家对法人、自然人和其他经济组织在一定时期内的各种所得征收的一类税收。本书所讲的所得税均指个人所得税。企业职工的个人所得税均由企业代扣，因此企业需要进行个人所得税的核算。

（一）所得税设置

案例：

进行个人所得税初始化设置。

相关资料见表6-5。

表6－5

名称	个人所得税计算
税率类别	含税级距税率
税率项目	应税所得＝应发合计－独补－医疗保险－养老保险
所得计算	应税所得＝应发合计－独补－医疗保险－养老保险
所得期间	2009－12
外币币别	人民币
基本扣除	2 000

步骤：

（1）在K/3主控台中，点击【人力资源】→【工资管理】→【设置】→【所得税设置】，进入“个人所得税初始设置”窗口，点击“编辑”标签页，再点击【新增】，输入名称“个人所得税计算”。

（2）点击“税率类别”栏，系统弹出“个人所得税税率设置”窗口，同样在“编辑”标签页点击【新增】，系统提示“是否使用含级税率”，选择【是】。选择“是”后，在“个人所得税税率设置”窗口出现默认的各级税率明细，并输入名称“含税级距税率”，点击【保存】、【确定】，返回“个人所得税初始设置”界面（如图6－17所示）。

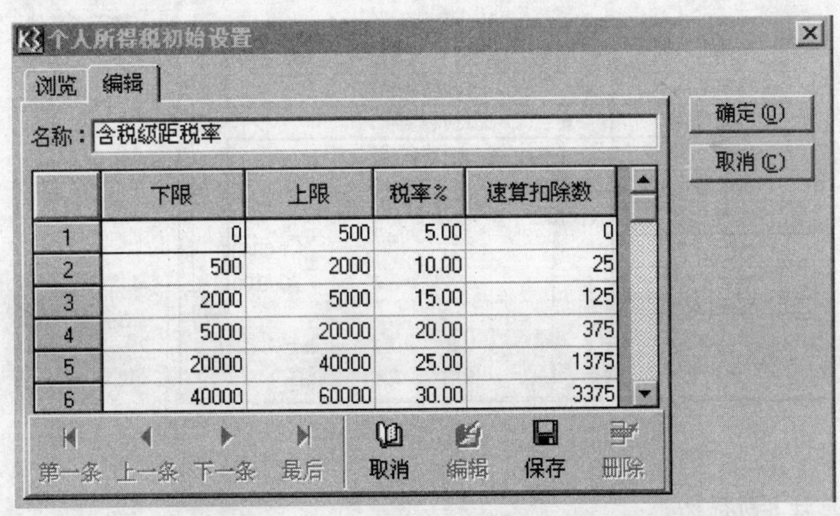

图6－17

（3）点击“税率项目”栏，进入“所得项目计算”窗口，在“编辑”标签页点击【新增】，输入名称“应税所得”，并进行所得项目的设置（如图6－18所示）。

（4）设置完成后点击【保存】、【确定】，返回“个人所得税初始设置”界面，在“税率项目”后出现“应税所得”。同样点击“所得计算”栏，在“所得项目计算”窗口中有刚才设置好的“应税所得”方案，选中，点击【确定】，再次返回“个人所得

所得项目计算

浏览 编辑

名称：应税所得

	所得项目	属性
1	应发合计	增项
2	独补	减项
3	医疗保险	减项
4	养老保险	减项

确定(O) 取消(C)

第一条 上一条 下一条 最后 取消 编辑 保存 删除

图 6-18

税初始设置”界面。

依次输入所得期间、外币币别和基本扣除，点击【保存】、【确定】，完成个人所得税的初始设置（如图 6-19 所示）。

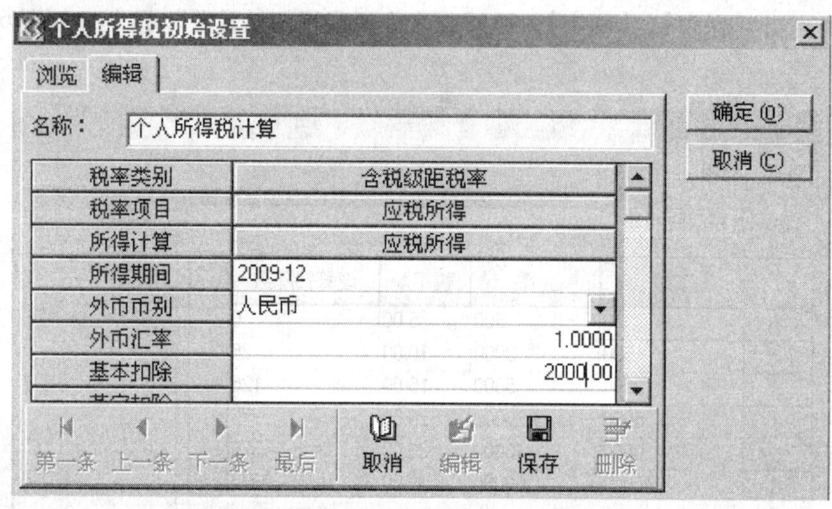

图 6-19

（二）计算所得税

案例：

完成所得税的计算。

步骤：

（1）在 K/3 主控台中，点击【人力资源】→【工资管理】→【工资业务】→【所得税计算】，系统弹出过滤方案对话框，选择“标准格式”点击【确定】，进入“个人所得税数据录入”界面。

（2）点击工具栏上的【方法】，系统弹出计算所得税的方法供选择，选择“按工资发放期间计算”，并点击【确定】。

（3）再点击工具栏上的【设置】，系统弹出“个人所得税初始设置”方案，选择初始设置方案后点击【确定】，系统提示“用选定的初始设置重新计算工资数据吗”，点击【确定】后系统提示“重新计算税率及纳税额吗”，继续点击【确定】，系统自动计算出所得税相关项目的金额，同时用户保存数据（如图6－20所示）。

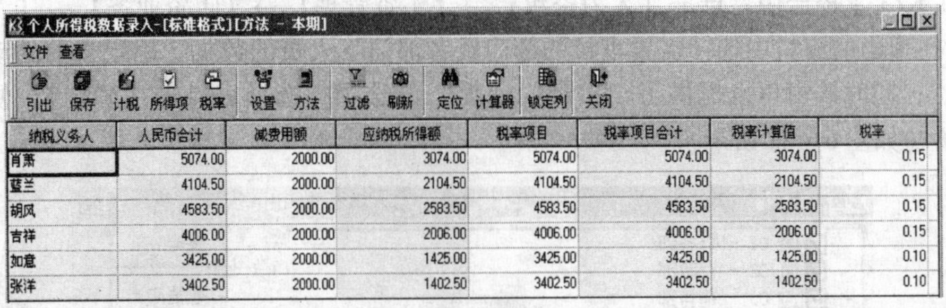
个人所得税数据录入-[标准格式][方法 - 本期]
文件 查看
引出 保存 计税 所得项 税率 设置 方法 过滤 刷新 定位 计算器 锁定列 关闭
纳税义务人 人民币合计 减费用额 应纳税所得额 税率项目 税率项目合计 税率计算值 税率
肖萧 5074.00 2000.00 3074.00 5074.00 5074.00 3074.00 0.15
蓝兰 4104.50 2000.00 2104.50 4104.50 4104.50 2104.50 0.15
胡风 4583.50 2000.00 2583.50 4583.50 4583.50 2583.50 0.15
吉祥 4006.00 2000.00 2006.00 4006.00 4006.00 2006.00 0.15
如意 3425.00 2000.00 1425.00 3425.00 3425.00 1425.00 0.10
张洋 3402.50 2000.00 1402.50 3402.50 3402.50 1402.50 0.10

图6－20

（三）引入所得税

所得税计算完毕、保存后，再进入“工资业务——工资录入”中引入数据。先用鼠标选定等待引入的工资项目，如“代扣所得税”这一列，再选择“编辑”菜单中的“引入所得税”或者工具条上的“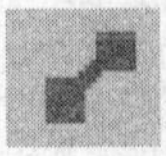引入”按钮，将前面计算的所得税额引入该列，引入之后进行保存。

点击“编辑”菜单中的“引入所得税”，系统提示“确定要在当前项目导入个人所得税数据吗”，点击【确定】后，系统弹出“引入方式”选择窗口，选择“引入本期所得税”，点击【确定】，系统自动完成引入所得税数据的工作（如图6－21所示）。

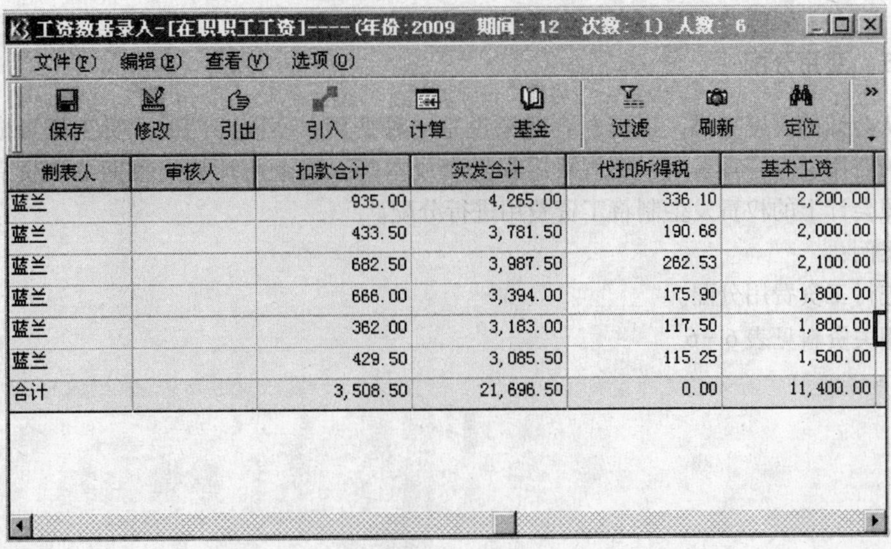
工资数据录入-[在职职工工资]----(年份:2009 期间: 12 次数: 1) 人数: 6
文件(F) 编辑(E) 查看(V) 选项(O)
保存 修改 引出 引入 计算 基金 过滤 刷新 定位
制表人 审核人 扣款合计 实发合计 代扣所得税 基本工资
蓝兰 935.00 4,265.00 336.10 2,200.00
蓝兰 433.50 3,781.50 190.68 2,000.00
蓝兰 682.50 3,987.50 262.53 2,100.00
蓝兰 666.00 3,394.00 175.90 1,800.00
蓝兰 362.00 3,183.00 117.50 1,800.00
蓝兰 429.50 3,085.50 115.25 1,500.00
合计 3,508.50 21,696.50 0.00 11,400.00

图6－21

四、工资审核

工资录入窗口提供了工资审核及复审的功能，同时在K/3主控台中，选择【人力资源】→【工资管理】→【工资业务】，这里也提供了单独的“工资审核”功能。

步骤：

在K/3主控台中，点击【人力资源】→【工资管理】→【工资业务】→【工资审核】，在弹出的窗口中选择需要审核的部门或者部门下人员的数据，确定当前的动作为“审核”；同时该窗口也提供了“按部门处理”的选项，选择后点击【确定】，便可完成审核（如图6－22所示）。

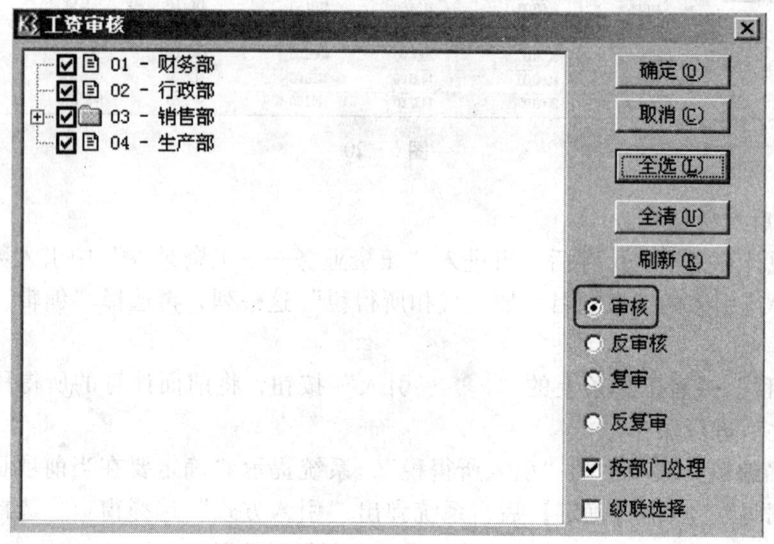

图6－22

五、费用分配

从会计的角度来讲，工资对企业来说是一种费用。不同部门的职员工资形成不同种类的费用，有管理费用、销售费用和生产成本等。当企业计算出每期的工资后，应当按照会计上的权责发生制将工资费用进行分配。

案例：

进行工资费用分配。

相关资料见表6－6。

表6-6

分配名称	工资分配			
凭证字	记			
摘要内容	分配工资费用		分配比例	100%
部门	职员类别	工资项目	费用科目	工资科目
行政部	管理人员	应发合计	管理费用——工资及福利费	应付工资
财务部	管理人员	应发合计	管理费用——工资及福利费	应付工资
销售一部	销售人员	应发合计	产品销售费用——工资及福利费	应付工资
销售二部	销售人员	应发合计	产品销售费用——工资及福利费	应付工资
生产部	生产人员	应发合计	生产成本——工资及福利费	应付工资

步骤：

(1) 在K/3主控台中，点击【人力资源】→【工资管理】→【工资业务】→【费用分配】，在弹出的窗口中选择"编辑"页签，点击【新增】按钮后，激活费用分配的编辑窗口，确定相应的凭证字、分配比例、部门、类别及科目等内容，点击【保存】完成分配方案的设置（如图6-23所示）。

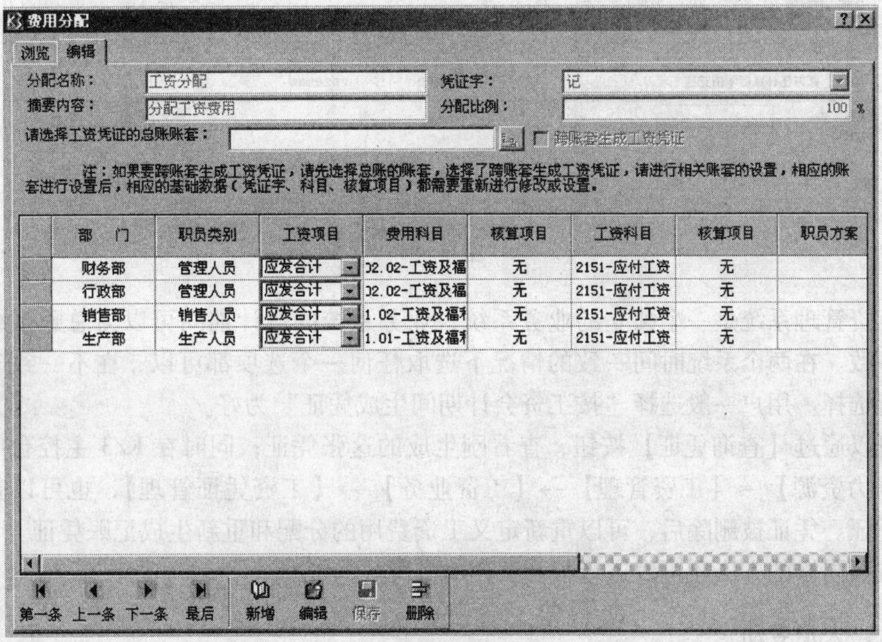

图6-23

当第一次使用工资系统进行费用分配或者费用分配的方案有变化时，需要建立分配方案或者编辑已有的方案。在费用分配编辑窗口中需要确定分配的比例及相应的部门，还有费用科目、工资科目，以及以前是针对哪一个工资项目进行分配的，如本案例中的"应发合计"。

在进行费用分配时，设置费用科目和工资科目，所选取的科目和核算项目均是从总账中取出的。如果是工资管理系统中已增加的部门，在总账中没有，系统将无法将费用分配到总账的科目中去。所以，如果工资管理系统是和总账系统一起联用的，部门信息最好直接从总账引入，这样可以保持两个系统的一致，分配时就不会出错。

（2）有了费用分配方案后，接下来便要生成凭证了。点击“费用分配”界面的“浏览”页签，可以看到刚新增的工资费用分配方案。在窗口中选择对应的费用分配名称，点击【生成凭证】，则系统将自动生成相应的凭证。点击【查询凭证】，进入“凭证处理”界面，双击要查看的凭证，可以查看凭证的具体内容（如图6－24所示）。

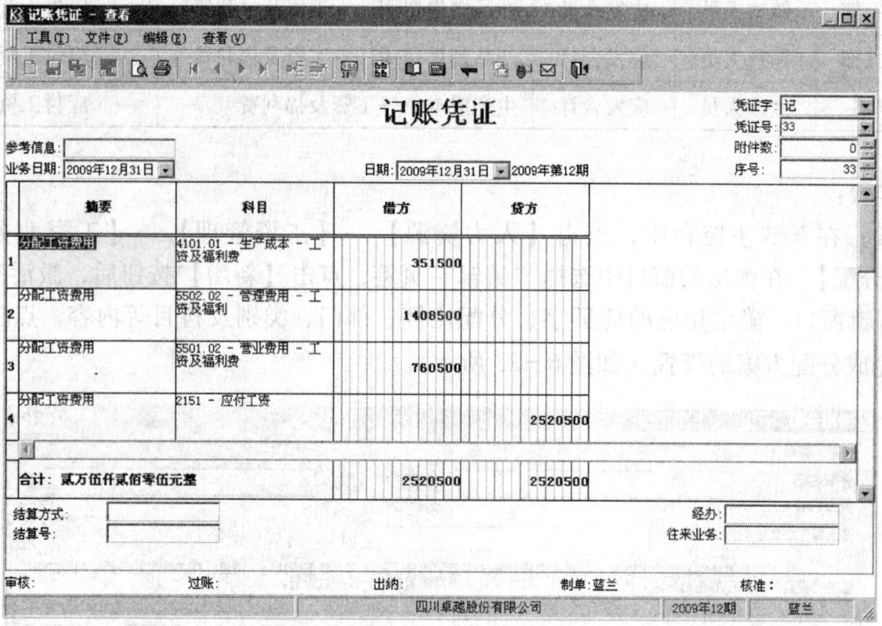

记账凭证 － 查看

工具(T) 文件(F) 编辑(E) 查看(V)

记账凭证

凭证字：记
凭证号：33
参考信息：
附件数：0
业务日期：2009年12月31日
日期：2009年12月31日 2009年第12期
序号：33

	摘要	科目	借方	贷方
1	分配工资费用	4101.01 － 生产成本 － 工资及福利费	351500	
2	分配工资费用	5502.02 － 管理费用 － 工资及福利	1408500	
3	分配工资费用	5501.02 － 营业费用 － 工资及福利费	760500	
4	分配工资费用	2151 － 应付工资		2520500
	合计：贰万伍仟贰佰零伍元整		2520500	2520500

结算方式：
结算号：
经办：
往来业务：

审核： 过账： 出纳： 制单：蓝兰 核准：

四川卓越股份有限公司 2009年12期 蓝兰

图6－24

工资管理系统是一个独立的业务系统，业务系统的会计期间可以与总账系统的期间不一致。在两个系统时间一致的情况下选取任何一个选项都可以，在不一致时则需要进行选择。用户一般选择“按工资会计期间生成凭证”为好。

可以通过【查询凭证】按钮，查看刚生成的这张凭证；同时在K/3主控台中，选择【人力资源】→【工资管理】→【工资业务】→【工资凭证管理】，也可以查看或删除凭证。凭证被删除后，可以重新定义工资费用的分配和重新生成记账凭证。

按照同样的方法还可以进行福利费用的分配。

六、人员变动

企业人员在部门间的流动、职称的变动、职位异动等，都会导致工资需要重新区分和计算。因此，在企业发生人员变动时应该及时进行相关处理。金蝶K/3系统就提供了此功能，它可以对人员与工资相关的项目发生变动后的工资进行自动计算处理，方便财务人员根据人员变动情况制定工资计算标准。

案例：

职员张洋所属部门于 2009 年 12 月 19 日发生变化，由“生产部”调到“销售一部”。

步骤：

在 K/3 主控台中，点击【人力资源】→【工资管理】→【人员变动】→【人员变动处理】，弹出“职员变动向导”，点击【新增】选择需要变动的职员。

点击【下一步】，选择对应的变动属性项目“部门”及变动参数，即变动后的部门（如图 6 - 25 所示），点击【完成】。

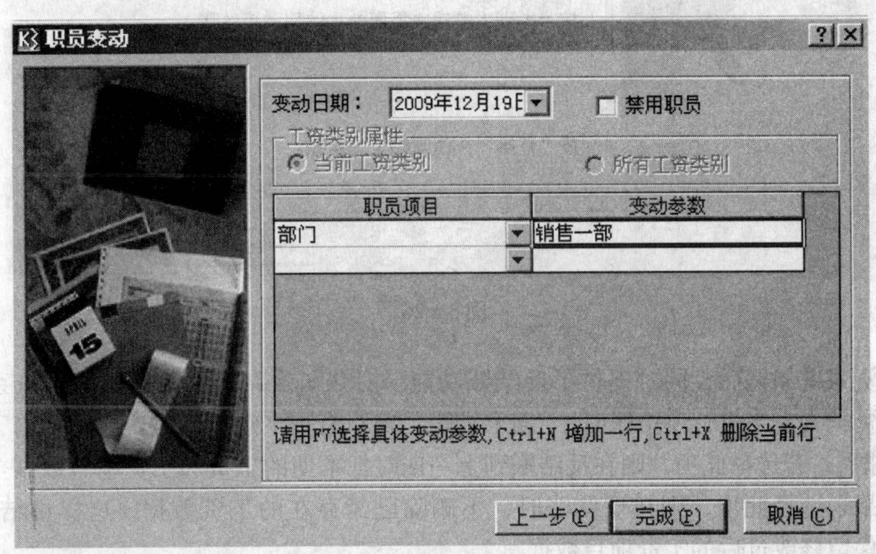

图 6 - 25

第四节　期末处理

工资系统的期末处理主要是指在期末的时候对工资系统进行结账。

一、期末结账

案例：

进行期末结账处理。

步骤：

在 K/3 主控台中，点击【人力资源】→【工资管理】→【工资业务】→【期末结账】，进入期末结账界面，选择“本期”，点击【开始】（如图 6 - 26 所示）。

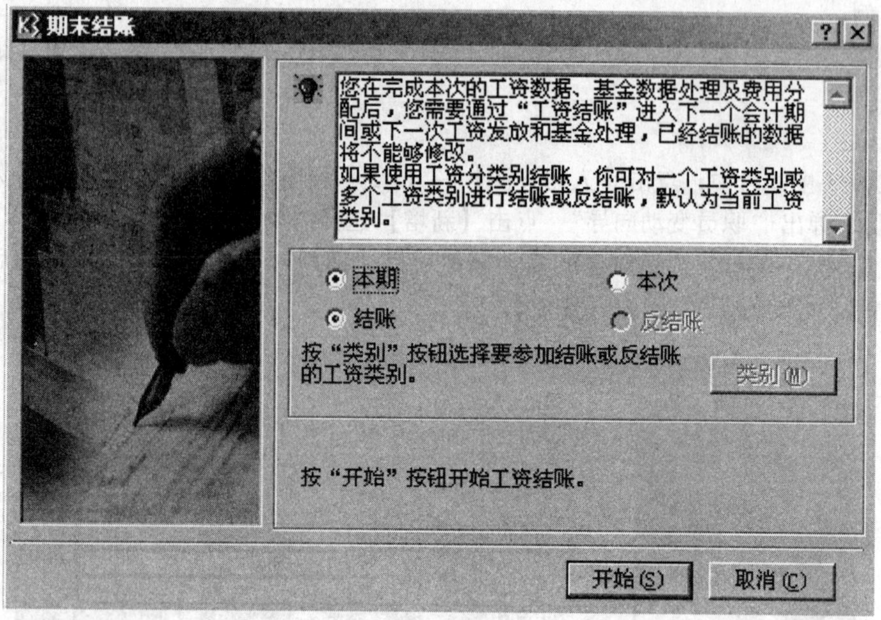

图 6－26

工资系统结账后，同时提供了反结账功能。对账与反结账功能都针对工资系统的所有工资类别。当进行反结账时，“期末结账”窗口有一个选项“是否删除当前工资和基金数据”，若选择此项，则在反结账到上一期时把本期的工资和工资基金数据全部删除。如果未选择此项，则在反结账时，不删除已经存在的工资数据，这样再结账时，系统会保留修改过后的工资项目数据。

二、工资管理系统与总账系统的关系

在金蝶 K/3 系统中，工资管理属于人力资源部分。对于企业日常发生的工资业务，企业可以在总账系统中利用凭证处理等功能进行处理，但对工资发放表、工资条等报表处理就无法进行。

通过对工资系统的操作可以看出，工资系统与总账系统可以数据共享。很多资料可以直接从总账系统引入，同时工资系统生成的凭证也可以传递至总账系统。

第五节　报表处理

工资系统的报表处理主要是进行工资发放表、工资汇总表等的查看，同时可以设置并打印工资条，以方便企业对工资进行管理。

一、工资发放表

案例：

查看卓越股份有限公司 12 月的工资发放表。

步骤：

(1) 在K/3主控台中，点击【人力资源】→【工资管理】→【工资报表】→【工资发放表】，首先弹出工资报表查询的过滤方案，可以点击【增加】弹出过滤方案的窗口进行编辑（如图6-27所示）。

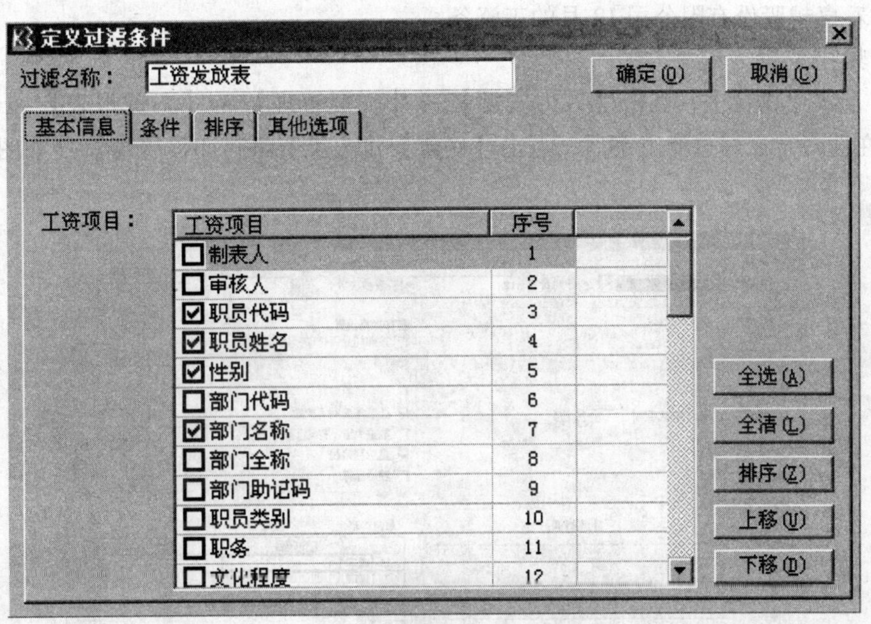

图6-27

(2) 确定相应的信息后，点击【确定】按钮返回到工资发放表的过滤窗口（如图6-28所示）。

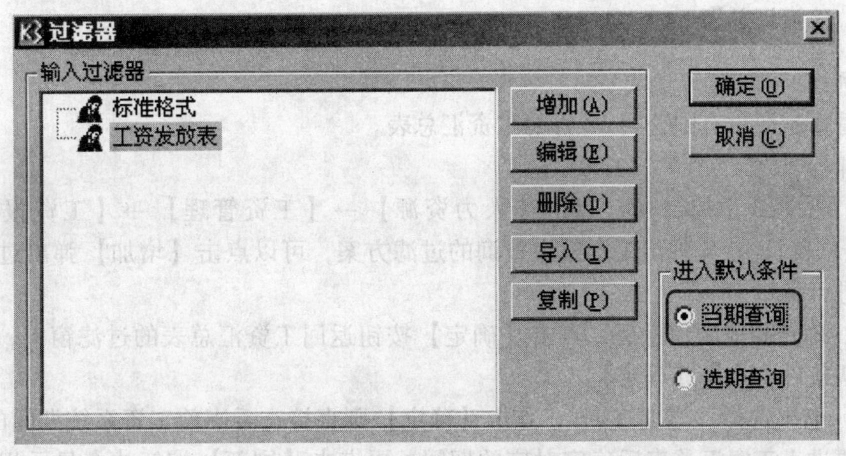

图6-28

选择进入的默认条件，点击【确定】。

(3) 如果选择"当期查询"，点击【确定】则直接查看当前工资系统期间的数据；否则需要进入工资发放表后确定对应的期间，再点击【刷新】按钮才会显示相应期间的数据。

二、工资条

案例：

查看卓越股份有限公司 12 月的工资条。

步骤：

在 K/3 主控台中，点击【人力资源】→【工资管理】→【工资报表】→【工资条】，在选择定义好过滤方案后，点击【确定】进入工资条打印设置窗口（如图 6－29 所示）。

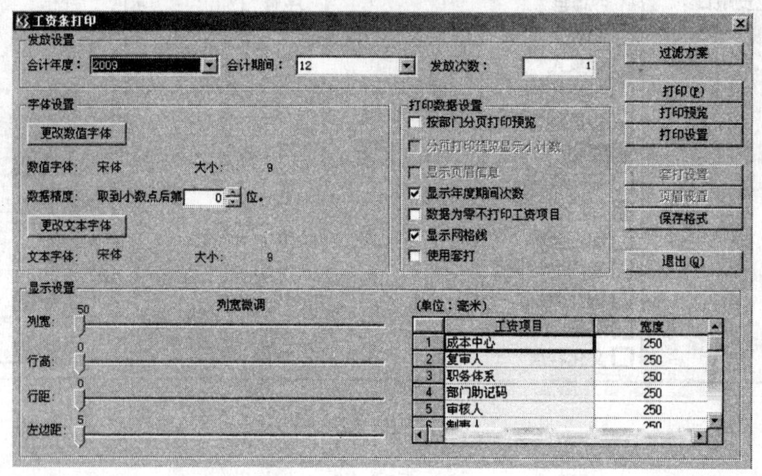

图 6－29

三、工资汇总表

案例：

查看卓越股份有限公司 12 月的工资汇总表。

步骤：

（1）在 K/3 主控台中，点击【人力资源】→【工资管理】→【工资报表】→【工资汇总表】，首先弹出工资报表查询的过滤方案，可以点击【增加】弹出过滤方案的窗口进行编辑。

（2）确定相应的信息后，点击【确定】按钮返回工资汇总表的过滤窗口，选择进入的默认条件，点击【确定】。

（3）如果选择“当期查询”，点击【确定】则直接查看当前工资系统期间的数据；否则需要进入工资汇总表后确定对应的期间，再点击【刷新】按钮才会显示相应期间的数据。

应用篇

企业经营模拟
（金蝶 K/3 与用友 U8 财务软件应用）

本篇用金蝶“经营之道”（电子沙盘）系统运营连续两个会计期间的财务数据作为模拟案例，讲述财务管理软件是如何对其进行账务处理的。给出了用 K3 软件处理案例账务的路径，具体操作流程图可参考讲解篇中的内容；同时，着重讲解如何使用用友 U8（8.72 版本）软件对案例进行业务处理。读者可以通过一个案例，比较和掌握 K3 与 U8 这两种国内先进财务软件的账务处理与操作应用。

第七章

企业经营模拟实务操作

第一节　建账

一、K/3 路径

1. 新建公司机构及账套

登录“账套管理”，选择“组织机构”菜单，点击【添加机构】；在“K/3 账套管理”中，点击【新建】，建立相关账套。具体操作请参考第二章第一节。

（1）公司名称：西南财经大学

（2）账套号：001

（3）账套名称：ERP 沙盘俱乐部

（4）企业类型：工业企业

（5）行业性质：股份制

2. 设置账套参数

在“K/3 账套管理”中，选择账套列表中的新建账套记录，点击【设置】。具体操作请参考第二章第一节。

（1）公司名称：西南财经大学

（2）地址：四川成都温江柳台大道 555 号

（3）电话：028－87091111

（4）记账本位币代码：RMB；名称：人民币

（5）凭证过账前必须审核（是）

（6）会计期间：2009 年 1 月

3. 添加用户

在“K/3 账套管理”中，点击【用户】→【新建用户】。具体操作请参考第二章第一节。

添加的用户见表 7－1。

表 7 - 1

用户姓名	认证方式	权限属性	用户组
CEO	密码认证（传统认证方式，密码为空）	不需授权	Administrators
CFO	密码认证（传统认证方式，密码为空）	不需授权	Administrators

二、用友 U8 操作路径

1. 建立用户

点击【开始】→【所有程序】→【用友 ERP - U8】→【系统服务】→【系统管理】，点击【系统】→【注册】，以系统管理员（admin）的身份登录用友 ERP - U8 系统（如图 7 - 1 所示）。

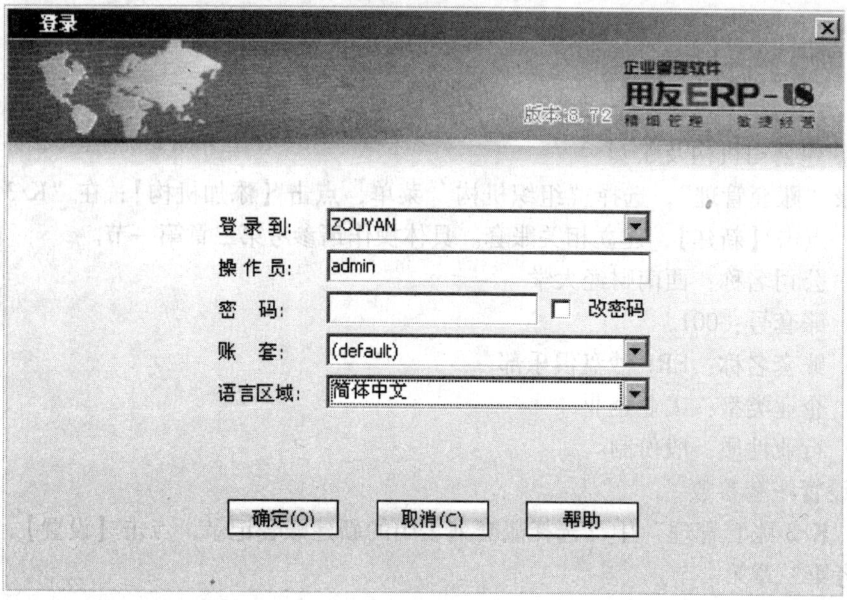

图 7 - 1

选择数据服务器为本地电脑，账套号为默认（即 default），密码为空。

点击【权限】→【用户】，增加操作员。系统只有 demo、System、UFsoft 三个默认的操作员，但一般操作中三者均不使用，需要新增（如图 7 - 2 ~ 图 7 - 4 所示）。

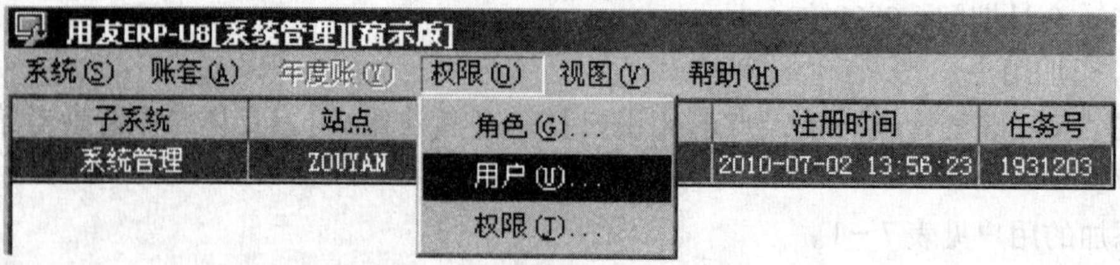

图 7 - 2

操作员详细情况

编号 CEO

姓名 CEO

认证方式 用户+口令(传统)

口令 确认口令

所属部门

Email地址

手机号

默认语言 中文(简体)

所属角色

角色编码	角色名称
☐ Cus-CRM01	客户管理专员
☑ DATA-MANAGER	账套主管
☐ DECISION-FI1	财务总监(CFO)
☐ DECISION-LO1	物流总监
☐ MANAGER	经理
☐ MANAGER-EX01	出口业务部经理
☐ MANAGER-FI01	财务主管
☐ MANAGER-HR01	HR经理
☐ MANAGER-HR02	员工关系经理
☐ MANAGER-HR04	招聘经理
☐ MANAGER-HR05	考勤主管

定位 增加 取消 帮助(H)

图 7-3

操作员详细情况

编号 CFO

姓名 CFO

认证方式 用户+口令(传统)

口令 确认口令

所属部门

Email地址

手机号

默认语言 中文(简体)

所属角色

角色编码	角色名称
☐ Cus-CRM01	客户管理专员
☐ DATA-MANAGER	账套主管
☑ DECISION-FI1	财务总监(CFO)
☐ DECISION-LO1	物流总监
☐ MANAGER	经理
☐ MANAGER-EX01	出口业务部经理
☐ MANAGER-FI01	财务主管
☐ MANAGER-HR01	HR经理
☐ MANAGER-HR02	员工关系经理
☐ MANAGER-HR04	招聘经理
☐ MANAGER-HR05	考勤主管

定位 增加 取消 帮助(H)

图 7-4

2. 建立账套

步骤：

以系统管理员 admin 的身份登录用友 ERP－U8 系统，选择【账套】→【建立】，弹出建立账套界面，依次输入相关内容后点击【下一步】（如图 7－5～图 7－9 所示）。

创建账套

账套信息

已存账套

账套号(A) 001

账套名称(N) ERP沙盘俱乐部

账套语言 ☑简体中文 ☐繁體中文 ☐English

账套路径(P) C:\U8SOFT\Admin

启用会计期(Y) 2009 1 月 会计期间设置

☐是否集团账套

☐建立专家财务评估数据库 数据库名称

上一步(<) 下一步(>) 取 消 帮助(H)

图 7－5

期间	起始日期	结束日期
01	2009-01-01	2009-01-31
02	2009-02-01	2009-02-28
03	2009-03-01	2009-03-31
04	2009-04-01	2009-04-30
05	2009-05-01	2009-05-31
06	2009-06-01	2009-06-30
07	2009-07-01	2009-07-31
08	2009-08-01	2009-08-31
09	2009-09-01	2009-09-30
10	2009-10-01	2009-10-31
11	2009-11-01	2009-11-30
12	2009-12-01	2009-12-31

图 7－6

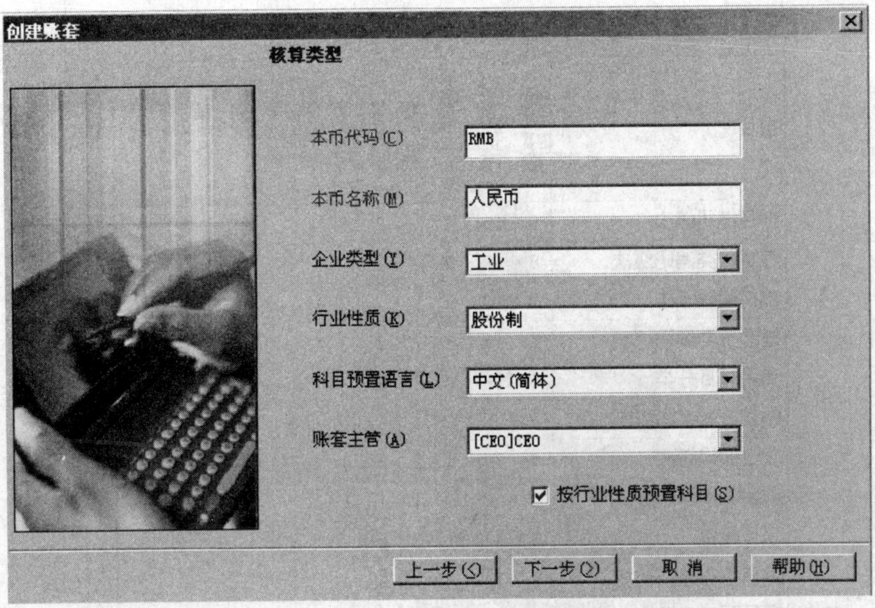

创建账套

核算类型

本币代码(C) RMB

本币名称(M) 人民币

企业类型(Y) 工业

行业性质(K) 股份制

科目预置语言(L) 中文(简体)

账套主管(A) [CEO]CEO

☑ 按行业性质预置科目(S)

上一步(<) 下一步(>) 取消 帮助(H)

图 7-7

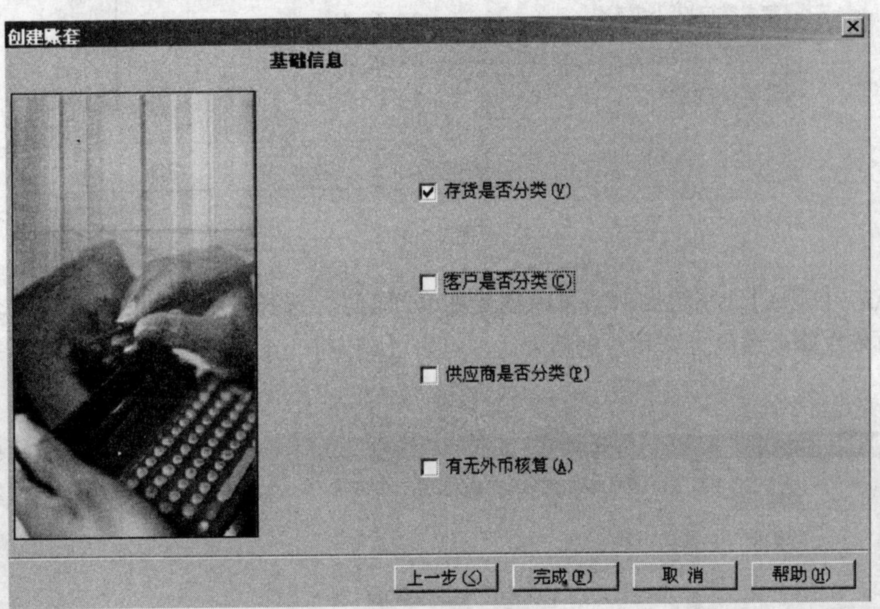

图 7-8

编码方案

项目	最大级数	最大长度	单级最大长度	第1级	第2级	第3级	第4级	第5级	第6级	第7级	第8级	第9级
科目编码级次	9	15	9	4	2	2						
存货分类编码级次	8	12	9	2	2							
部门编码级次	5	12	9	2								
地区分类编码级次	5	12	9	2	2							
费用项目分类	5	12	9	1	2							
结算方式编码级次	2	3	3	1	2							
货位编码级次	8	20	9	2	3	4						
收发类别编码级次	3	5	5	1	1	1						
项目设备	8	30	9	2	2							
责任中心分类档案	5	30	9	2	2							
项目要素分类档案	6	30	9	2	2							
客户权限组级次	5	12	9	2	3	4						
意向客户权限组级次	5	12	9	2	3	4						
供应商权限组级次	5	12	9	2	3	4						
存货权限组级次	8	12	9	2	2	2	2	3				

确定(O) 取消(C) 帮助(F)

图 7－9

点击【完成】，系统提示“可以创建账套了么”，选择【是】，系统进行账套的创建。再依次修改编码方案和数据精度后，点击【确定】，系统继续提示（如图 7－10 所示）。

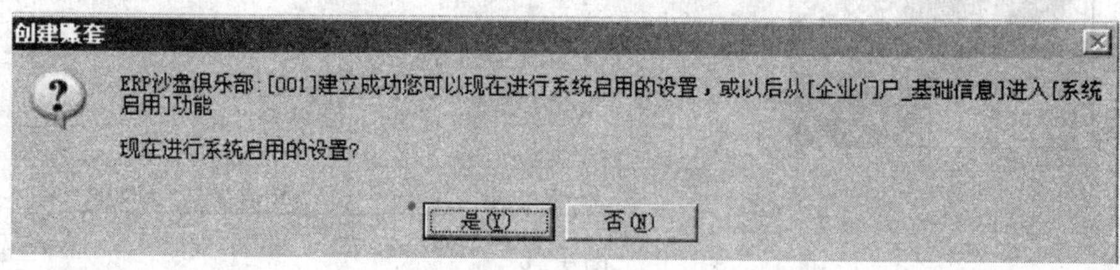

图 7－10

选择【否】，系统提示“请进入企业应用平台进行操作”，点击【确定】完成账套的建立。

3. 设置用户权限

以系统管理员 admin 的身份登录用友 ERP－U8 系统，选择【权限】→【权限】，赋予操作员 CFO 所有权限。

在“操作员权限”界面，选择操作员 CFO 后点击【修改】，在右边的权限栏中，勾选应收款管理、固定资产、总账、资金管理、UFO 报表、销售管理等选项（如图 7－11 所示）。

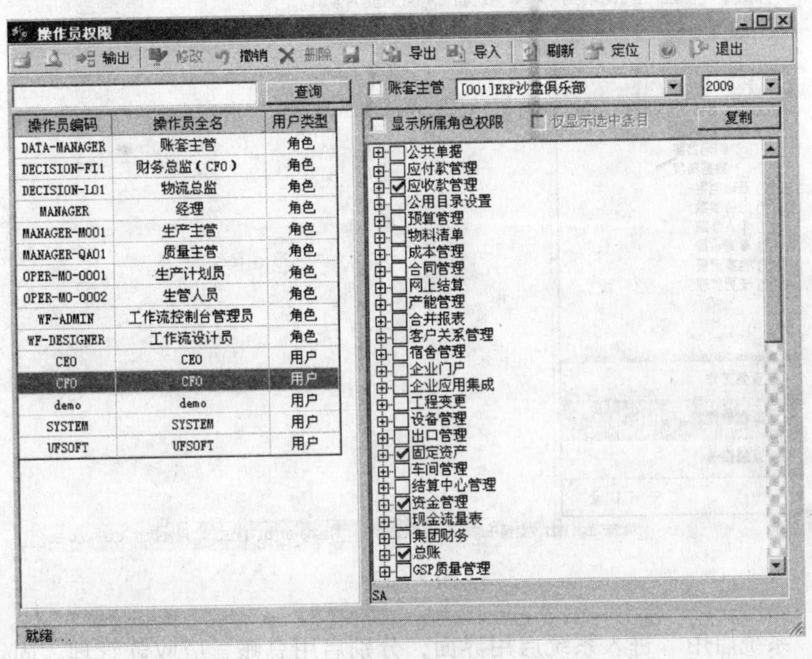

图 7－11

然后点击【保存】按钮，完成对操作员的赋权。

4. 系统启用

步骤：

点击【开始】→【所有程序】→【用友 ERP－U8】→【企业应用平台】，由账套主管 CEO 登录“企业应用平台”（如图 7－12 所示）。

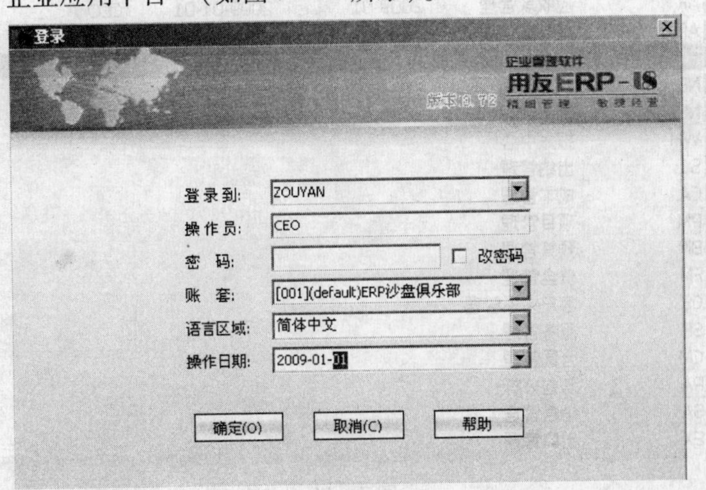

图 7－12

选择【基础设置】→【基本信息】→【系统启用】(如图 7－13 所示)。

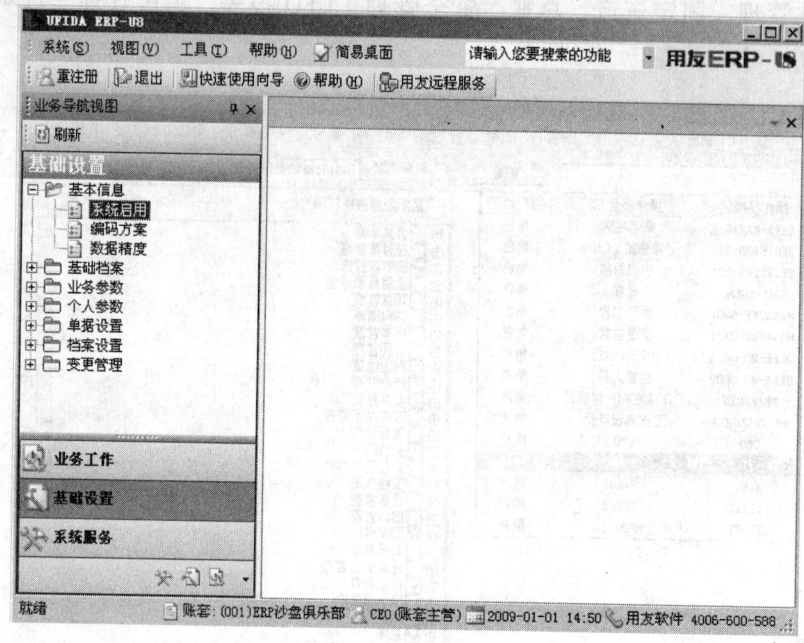

图 7－13

双击“系统启用”进入系统启用界面，分别启用总账、应收款管理、固定资产系统，启用日期为 2009 年 1 月 1 日（如图 7－14 所示）。

系统启用

全启 刷新 退出

[001]ERP沙盘俱乐部账套启用会计期间2009年1月

系统编码	系统名称	启用会计期间	启用自然日期	启用人
☑GL	总账	2009-01	2009-01-01	CEO
☑AR	应收款管理	2009-01	2009-01-01	CEO
☐AP	应付款管理			
☑FA	固定资产	2009-01	2009-01-01	CEO
☐NE	网上报销			
☐NB	网上银行			
☐WH	报账中心			
☐SC	出纳管理			
☐CA	成本管理			
☐PM	项目管理			
☐BM	预算管理			
☐FM	资金管理			
☐CS	客户关系管理			
☐SR	服务管理			
☐CM	合同管理			
☐PA	售前分析			
☐SA	销售管理			
☐EX	出口管理			

图 7－14

第二节　初始化

一、系统资料维护

（一）K/3 路径

1. 增加凭证字为“记”字

在 K/3 主控台中，点击【系统设置】→【基础资料】→【公共资料】→【凭证字】→【新增】。具体操作请参考第三章第二节。

2. 增加计量单位组及相应的计量单位

相关资料见表 7－2、表 7－3。

表 7－2

计量单位组
数量组

表 7－3

代码	名称	换算率	换算方式
X	箱	1	固定换算
Z	幢	1	固定换算
T	条	1	固定换算

在 K/3 主控台中，点击【系统设置】→【基础资料】→【公共资料】→【计量单位】→【新增】。具体操作请参考第三章第二节。

3. 新增相关核算项目资料

（1）新增“客户”资料。

在 K/3 主控台中，点击【系统设置】→【基础资料】→【公共资料】→【客户】→【新增】。具体操作请参考第三章第二节。

客户具体内容见表 7－4。

表 7－4

代码	名称
01	青少年客户
02	中老年客户
03	商务人士客户

（2）新增部门资料。

在 K/3 主控台中，点击【系统设置】→【基础资料】→【公共资料】→【部门】

→【新增】。具体操作请参考第三章第二节。

相关资料见表 7-5。

表 7-5

部门编码	部门名称	部门属性
01	总经理办公室	非车间
02	财务部	非车间
03	销售部	非车间
04	采购部	非车间
05	生产部	车间

(3) 新增职员资料。

在 K/3 主控台中，点击【系统设置】→【基础资料】→【公共资料】→【职员】→【新增】。具体操作请参考第三章第二节。

相关资料见表 7-6。

表 7-6

员工编码	姓名	所属部门	性别
0001	CEO	总经理办公室	男
0002	CFO	财务部	女
0003	CMO	销售部	男
0004	CPO	采购部	女
0005	COO	生产部	男

(4) 新增"供应商"资料。

在 K/3 主控台中，点击【系统设置】→【基础资料】→【公共资料】→【供应商】→【新增】。具体操作请参考第三章第二节。

相关资料见表 7-7。

表 7-7

代码	名称
01	青少年供应商
02	中老年供应商
03	商务人士供应商

(5) 新增"产成品"核算项目。

在 K/3 主控台中，选择【系统设置】→【基础资料】→【公共资料】→【核算项目管理】→【新增】。具体操作请参考第三章第二节。

相关资料见表7-8。

表7-8

属性名称	属性类别	属性长度
标准成本	实数	
出厂价	实数	
零售价	实数	
销售政策	文本	255

(6) 新增"市场"核算项目。

在K/3主控台中，选择【系统设置】→【基础资料】→【公共资料】→【核算项目管理】→【新增】。具体操作请参考第三章第二节。

相关资料见表7-9。

表7-9

属性名称	属性类别	属性长度
代码	实数	
名称	文本	12

(7) 新增"市场"核算项目内容。

选中核算项目管理中的"市场"，点击空白处，再点击【新增】。具体操作请参考第三章第二节。

相关资料见表7-10。

表7-10

代码	名称
01	华东市场
02	东北市场
03	华北市场
04	西北市场
05	西南市场
06	华中市场
07	华南市场

4. 会计科目维护

(1) 增加会计科目。

在K/3主控台中，选择【系统设置】→【基础资料】→【公共资料】→【科目】→【新增】。具体操作请参考第三章第二节。

相关资料见表 7－11。

表 7－11

类型	级次	科目编码	科目名称	辅助账类型
资产	1	1211	原材料	
资产	2	1211.01	青少年原料	数量金额核算
资产	2	1211.02	中老年原料	数量金额核算
资产	2	1211.03	商务人士原料	数量金额核算
成本	1	4101	生产成本	
成本	2	4101.01	基本生产成本	
成本	3	4101.01.01	材料费	
成本	3	4101.01.02	加工费	
损益	1	5101	主营业务收入	核算项目：物料
损益	1	5501	销售费用	
损益	2	5501.01	广告费	核算项目：物料
损益	2	5501.02	市场开拓费	核算项目：市场
损益	2	5501.03	网点开办费	核算项目：市场
损益	2	5501.04	网点维修费	
损益	2	5501.05	运输费	
损益	1	5502	管理费用	
损益	2	5502.01	行政费	
损益	2	5502.02	租金	
损益	2	5502.03	设备维护费	
损益	2	5502.04	折旧费	
损益	2	5502.05	研发费	核算项目：物料
损益	2	5502.06	ISO 认证费	
损益	2	5502.07	转产费用	
损益	2	5502.08	罚款	
损益	2	5502.09	其他	
损益	1	5503	财务费用	
损益	2	5503.01	短贷利息支出	
损益	2	5503.02	高利贷利息支出	
损益	2	5503.03	贴现利息支出	

(2) 修改会计科目。

在 K/3 主控台中，双击【系统设置】→【基础资料】→【公共资料】→【科目】→【＊＊科目】。具体操作请参考第三章第二节。

相关资料见表 7－12。

表 7-12

类型	级次	科目编码	科目名称	辅助账类型
资产	1	1131	应收账款	往来核算、科目授控 核算项目：客户、市场
负债	1	2121	应付账款	往来核算 核算项目：供应商

5. 新增“物料”资料

(1) 上级组内容。在 K/3 主控台中，点击【系统设置】→【基础资料】→【公共资料】→【物料】→【新增】。具体操作请参考第三章第二节。

相关资料见表 7-13。

表 7-13

代码	名称
01	原材料
02	产成品

(2) 物料具体内容。K/3 路径：在 K/3 主控台中，点击【系统设置】→【基础资料】→【公共资料】→【物料】→【新增】。具体操作请参考第三章第二节。

相关资料见表 7-14。

表 7-14

代码	名称	物料属性	计量单位组	计量单位	计价方法	存货科目代码	销售收入科目代码	销售成本科目代码
01.01	青少年原材料	外购	数量组	箱	加权平均法	1211	5102	5405
01.02	中老年原材料	外购	数量组	箱	加权平均法	1211	5102	5405
01.03	商务人士原材料	外购	数量组	箱	加权平均法	1211	5102	5405
02.01	青少年产成品	自制	数量组	箱	加权平均法	1243	5101	5401
02.02	中老年产成品	自制	数量组	箱	加权平均法	1243	5101	5401
02.03	商务人士产成品	自制	数量组	箱	加权平均法	1243	5101	5401

(二) 用友 U8 操作路径

1. 增加部门档案

步骤：

以账套主管身份登录企业应用平台，双击【基础设置】→【基础档案】→【机构人员】→【部门档案】，在部门档案界面点击【增加】，输入相关部门信息（如图7－15所示）。

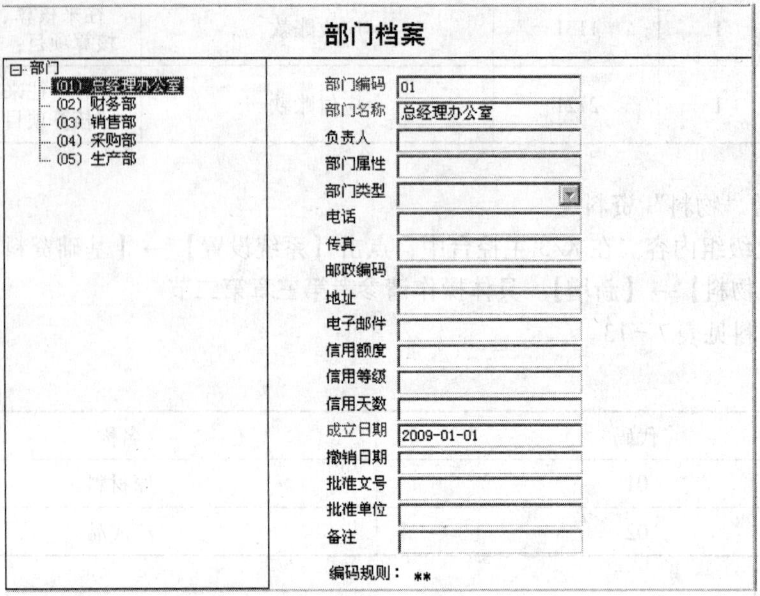

图7－15

2. 增加人员档案

以账套主管身份登录企业应用平台，双击【基础设置】→【基础档案】→【机构人员】→【人员档案】，在人员列表界面点击【增加】，进入人员档案增加界面，输入相关人员信息后点击【保存】（如图7－16、图7－17所示）。

图7－16

人员列表

人员类别 在职人员　　记录总数：5

部门分类：(01)总经理办公室　(02)财务部　(03)销售部　(04)采购部　(05)生产部

选择	人员编码	姓名	行政部门编码	人员类别	性别	出生日期	业务或费用部门编码
	0001	CEO	01	在职人员	男		01
	0002	CFO	02	在职人员	女		02
	0003	CMO	03	在职人员	男		03
	0004	CPO	04	在职人员	女		04
	0005	COO	05	在职人员	男		05

图 7－17

3. 增加客户与供应商

（1）增加客户。双击【基础设置】→【基础档案】→【客商信息】→【客户档案】，点击【增加】，进入增加客户档案界面，依次输入每个客户的相关信息，并保存（如图 7－18、图 7－19 所示）。

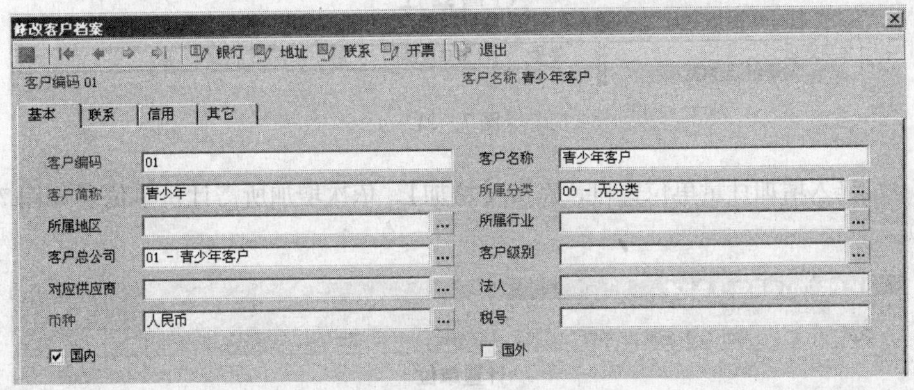

图 7－18

客户档案

序号	客户编码	客户名称	客户简称	地区名称	发展日期
1	01	青少年客户	青少年		2009-1-1
2	02	中老年客户	中老年		2009-1-1
3	03	商务人士客户	商务人士		2009-1-1

图 7－19

（2）增加供应商。双击【基础设置】→【基础档案】→【客商信息】→【供应商档案】，点击【增加】，进入增加供应商档案界面，依次输入每个供应商的相关信息，并保存。操作类似于“客户”的设置。

4. 增加计量单位

（1）双击【基础设置】→【基础档案】→【存货】→【计量单位】，点击【分组】，进入“增加计量单位组”界面，点击【增加】，输入计量单位组内容，并保存（如图 7－20 所示）。

图 7－20

（2）点击工具栏上的【单位】按钮（如图 7－21 所示）。

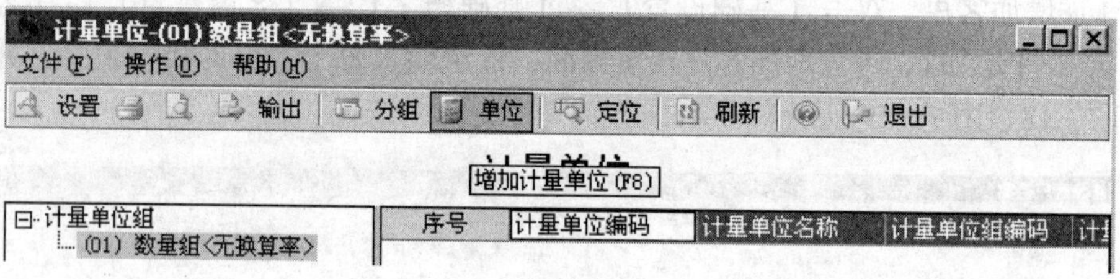

图 7－21

（3）进入增加计量单位窗口，点击【增加】，依次增加所需计量单位（如图 7－22 所示）。

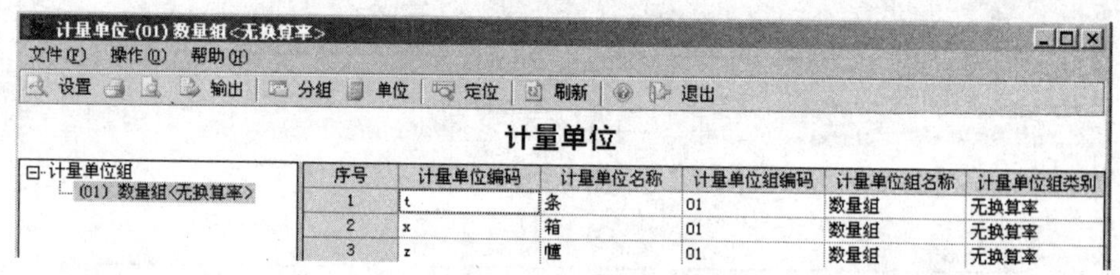

图 7－22

5. 增加存货

（1）增加存货分类。双击【基础设置】→【基础档案】→【存货】→【存货分类】，点击【增加】，增加“原材料”和“产成品”两个存货分类（如图 7－23 所示）。

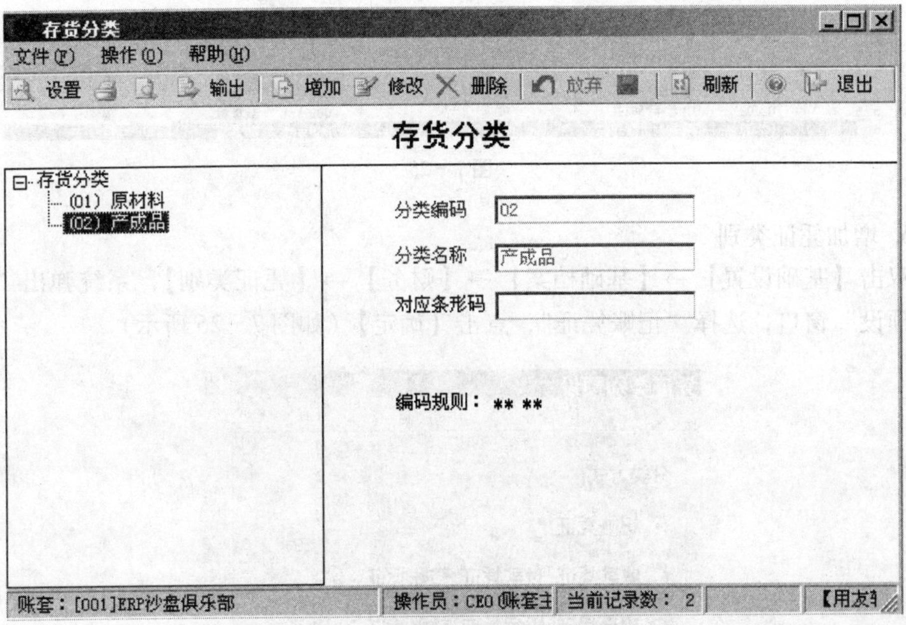

存货分类
文件(F) 操作(O) 帮助(H)
设置 输出 增加 修改 删除 放弃 刷新 退出

存货分类

存货分类
(01) 原材料
(02) 产成品

分类编码 02
分类名称 产成品
对应条形码

编码规则：** **

账套：[001]ERP沙盘俱乐部 操作员：CEO (账套主 当前记录数：2 【用友

图 7-23

(2) 增加存货档案。双击【基础设置】→【基础档案】→【存货】→【存货档案】，点击【增加】，依次输入存货相关内容（如图 7-24、图 7-25 所示）。

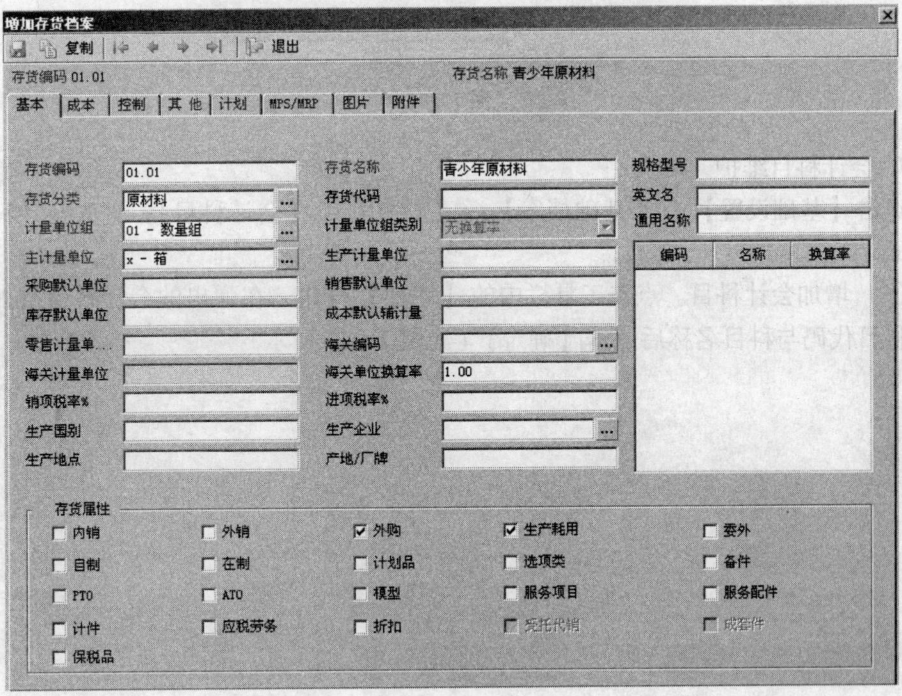

增加存货档案
复制 退出
存货编码 01.01 存货名称 青少年原材料
基本 成本 控制 其他 计划 MPS/MRP 图片 附件

存货编码 01.01 存货名称 青少年原材料 规格型号
存货分类 原材料 存货代码 英文名
计量单位组 01 - 数量组 计量单位组类别 无换算率 通用名称
主计量单位 x - 箱 生产计量单位
采购默认单位 销售默认单位
库存默认单位 成本默认辅计量
零售计量单... 海关编码
海关计量单位 海关单位换算率 1.00
销项税率% 进项税率%
生产国别 生产企业
生产地点 产地/厂牌

编码	名称	换算率

存货属性
☐ 内销 ☐ 外销 ☑ 外购 ☑ 生产耗用 ☐ 委外
☐ 自制 ☐ 在制 ☐ 计划品 ☐ 选项类 ☐ 备件
☐ PTO ☐ ATO ☐ 模型 ☐ 服务项目 ☐ 服务配件
☐ 计件 ☐ 应税劳务 ☐ 折扣 ☐ 受托代销 ☐ 成套件
☐ 保税品

图 7-24

序号	选择	存货编码	存货名称	规格型号	存货代码	ABC分类	启用日期	计量单位组名称	主计量单位名称
1		01.01	青少年原材料				2009-1-1	数量组	箱
2		01.02	中老年原材料				2009-1-1	数量组	箱
3		01.03	商务人士原材料				2009-1-1	数量组	箱
4		02.01	青少年产成品				2009-1-1	数量组	箱
5		02.02	中老年产成品				2009-1-1	数量组	箱
6		02.03	商务人士产成品				2009-1-1	数量组	箱

图 7－25

6. 增加凭证类别

双击【基础设置】→【基础档案】→【财务】→【凭证类别】，系统弹出“凭证类别预设”窗口，选择“记账凭证”，点击【确定】（如图 7－26 所示）。

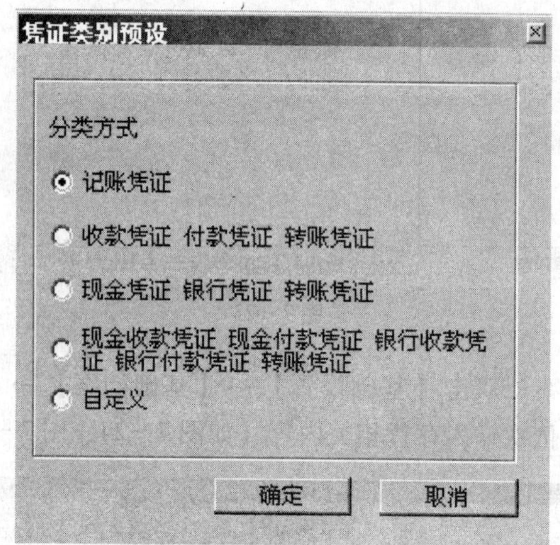

图 7－26

7. 会计科目维护

点击【基础设置】→【基础档案】→【财务】→【会计科目】，进入会计科目维护界面。

（1）增加会计科目。点击工具栏中的【增加】按钮，在弹出的会计科目增加界面输入科目代码与科目名称后点击【确定】（如图 7－27 所示）。

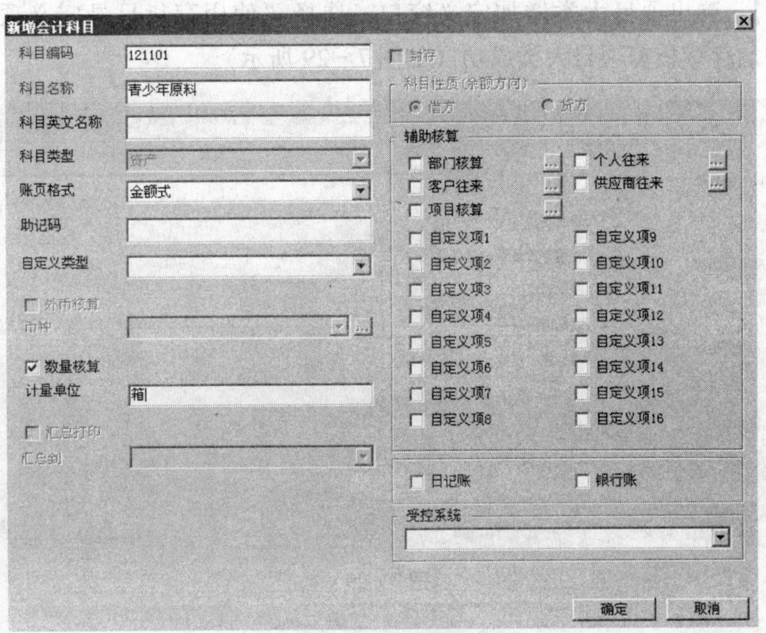

图 7－27

(2) 修改会计科目。选中需要修改的会计科目，双击进入修改会计科目界面，点击【修改】，进行修改后点击【确定】(如图 7－28 所示)。

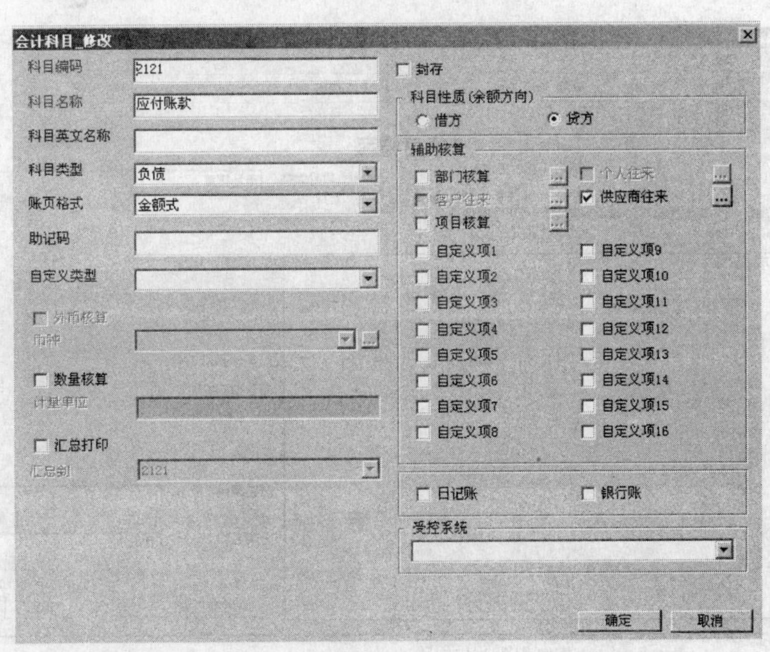

图 7－28

8. 增加项目目录

(1) 点击【基础设置】→【基础档案】→【财务】→【项目目录】，点击工具栏上的【增加】，弹出项目大类增加定义窗口，选择“使用存货目录定义项目”，点击【完成】，增加存货核算项目大类成功（如图7－29所示）。

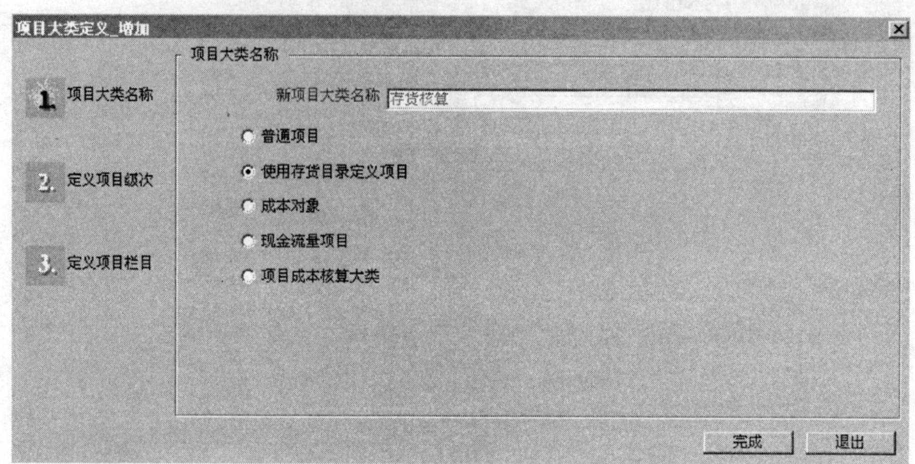

图7－29

（2）再点击【增加】，增加一个名称为“市场核算”的普通项目大类，点击【下一步】直至完成。

（3）返回“项目档案”窗口，在“项目大类”复选框中选择“市场核算”项目，并选择“项目分类定义”标签页（如图7－30所示），增加市场项目分类。

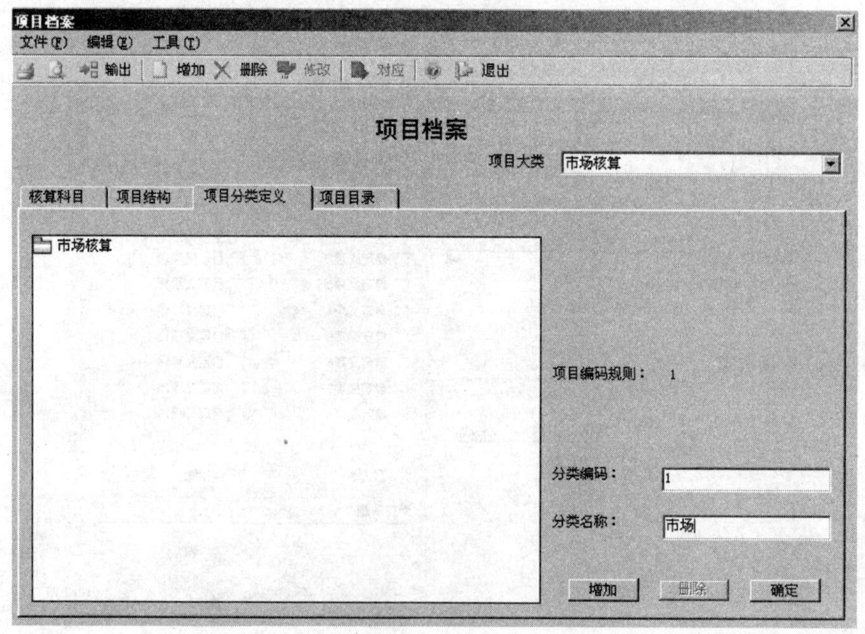

图7－30

（4）再选择“项目目录”标签，点击【维护】，进入项目档案界面，依次输入市场信息（如图7－31所示）。

项目目录维护

设置 输出 增加 删除 查找 排序 过滤 全部

项目档案

项目编号	项目名称	是否结算	所属分类码
101	华东市场		1
102	东北市场		1
103	华北市场		1
104	西北市场		1
105	西南市场		1
106	华中市场		1
107	华南市场		1

图 7－31

（5）点击【退出】，退回到项目目录标签页（如图 7－32 所示）。

项目档案

文件(F) 编辑(E) 工具(T)

输出 增加 删除 修改 对应 退出

项目档案

项目大类 市场

核算科目 | 项目结构 | 项目分类定义 | 项目目录

项目编号	项目名称	是否结算	所属分类码
101	华东市场		1
102	东北市场		1
103	华北市场		1
104	西北市场		1
105	西南市场		1
106	华中市场		1
107	华南市场		1

维护 停止

图 7－32

（6）在“项目大类”复选框中选择“存货核算”项目，并将待选科目栏中的主营业务收入、广告费、研发费等科目选入右边的已选科目栏中，并点击【确定】（如图 7－33所示）。

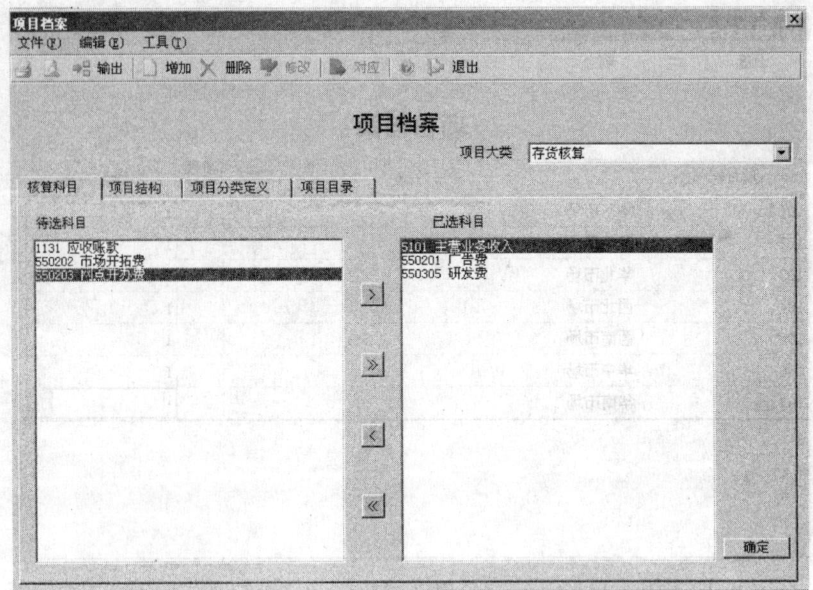

图 7－33

与此类似，选择项目大类为“市场”，并将应收账款（1131）、市场开拓费（550202）、网点开办费（550203）等科目选入已选科目中。

9. 增加结算方式

点击【基础设置】→【基础档案】→【收付结算】→【结算方式】，点击【增加】，新增结算方式“现金”（如图 7－34 所示）。

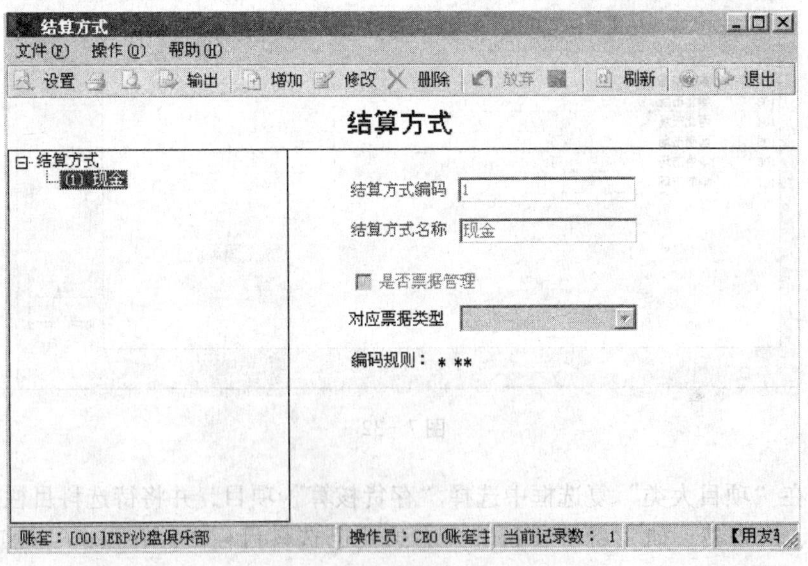

图 7－34

第三节　参数设置及初始余额录入

一、总账系统参数

（一）K/3 路径

1. 从模板中引入会计科目

在 K/3 主控台中，点击【系统设置】→【基础资料】→【公共资料】→【科目】→【文件】菜单→从模板中引入科目。具体操作请参考第三章第一节。

2. 设置总账系统参数

在 K/3 主控台中，点击【系统设置】→【系统设置】→【总账】→【系统参数】。具体操作请参考第三章第一节。

（1）本年利润科目：3131；利润分配科目：3141

（2）勾选以下项目：账簿核算项目名称显示相应代码；账簿余额方向与科目设置的余额方向相同；结账要求损益类科目余额为零；凭证过账前必须审核；不允许修改或删除业务系统凭证。

（二）用友 U8 操作路径

以账套主管身份登录企业应用平台，点击【基础设置】→【业务参数】→【财务会计】→【总账】，选择“权限”标签，点击【编辑】，并勾选“凭证审核控制到操作员”选项，再点【确定】（如图 7－35 所示）。

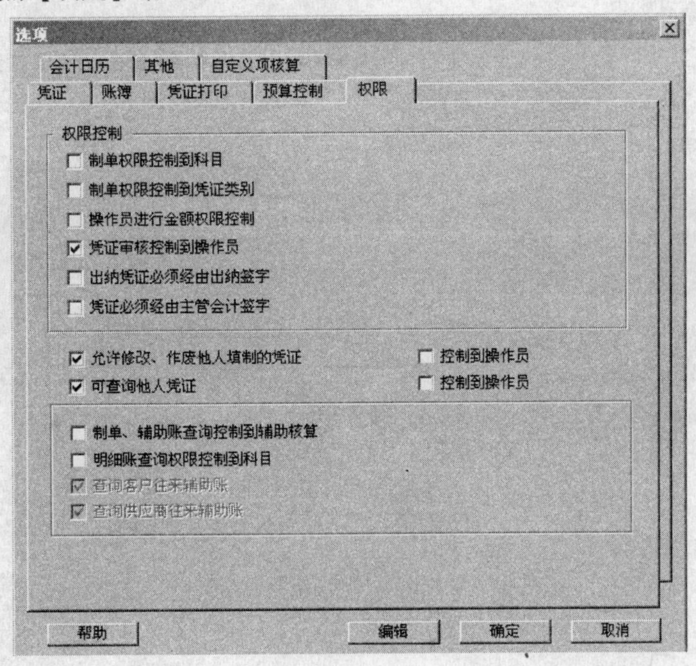

图 7－35

二、固定资产系统参数设置

1. K/3 路径

（一）固定资产参数设置

在 K3 主控台中，点击【系统设置】→【系统设置】→【固定资产管理】→【系统参数】。具体操作请参考第四章第一节。

（1）启用期间为 2009 年 1 月。

（2）与总账系统连接。

（3）允许改变基础资料编码。

（4）期末结账前先进行自动对账。

（5）折旧率小数位数为 4 位。

2. 用友 U8 操作路径

点击【基础设置】→【业务参数】→【财务会计】→【固定资产】，系统弹出“这是第一次打开，是否进行初始化”，选择【是】，进入“初始化账套向导”界面，选中左侧“步骤”1 后点击【下一步】，依次查看启用期间、折旧方法等信息（如图 7－36～图 7－39 所示）。

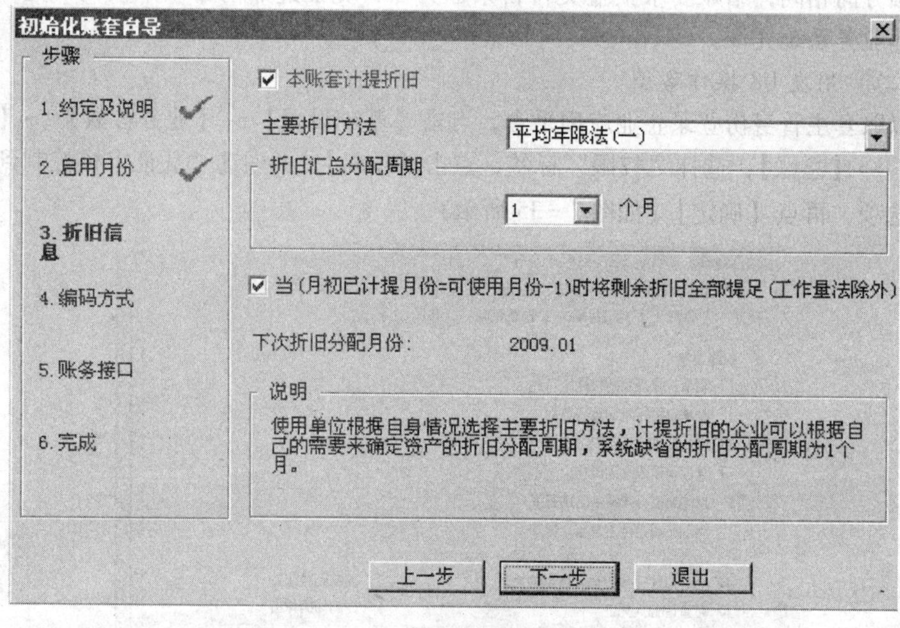

图 7－36

初始化账套向导
步骤
1. 约定及说明
2. 启用月份
3. 折旧信息
4. 编码方式
5. 账务接口
6. 完成
资产类别编码方式
级别 1 2 3 4 5 6 7 8 总长度
编码长度 2 1 1 2 0 0 0 0 6
固定资产编码方式
手工输入
自动编码
序号长度
5
说明
1. 本系统类别编码最长可为8级20位。
2. 系统推荐类别编码使用国家规定的4级6位（2112）方式。
上一步
下一步
退出

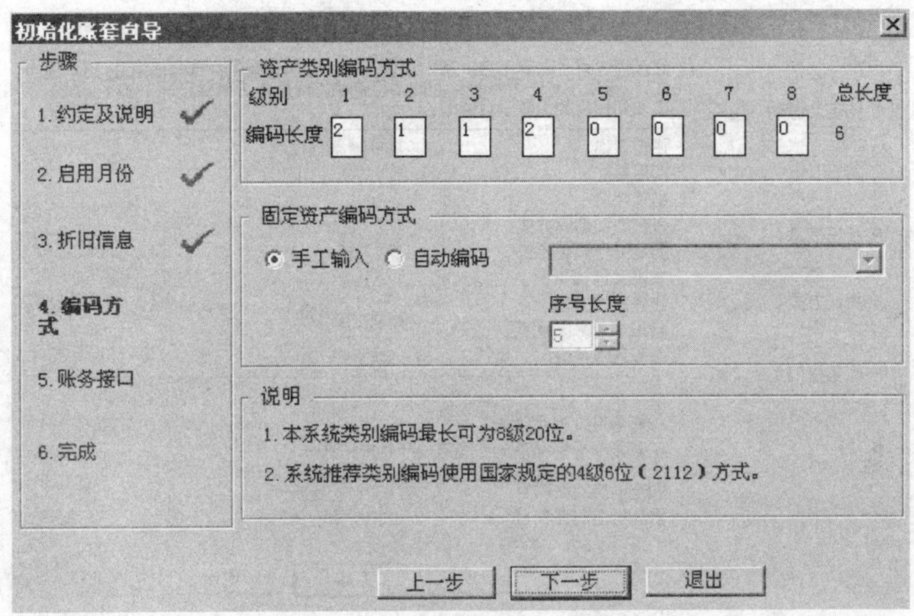

图 7－37

初始化账套向导
步骤
1. 约定及说明
2. 启用月份
3. 折旧信息
4. 编码方式
5. 账务接口
6. 完成
与账务系统进行对账
对账科目
固定资产对账科目
1501，固定资产
累计折旧对账科目
1502，累计折旧
在对账不平情况下允许固定资产月末结账
说明
选择向账务系统传输数据后，本系统将与账务系统接口，这样可进行固定资产核算业务的自动转账工作。
上一步
下一步
退出

图 7－38

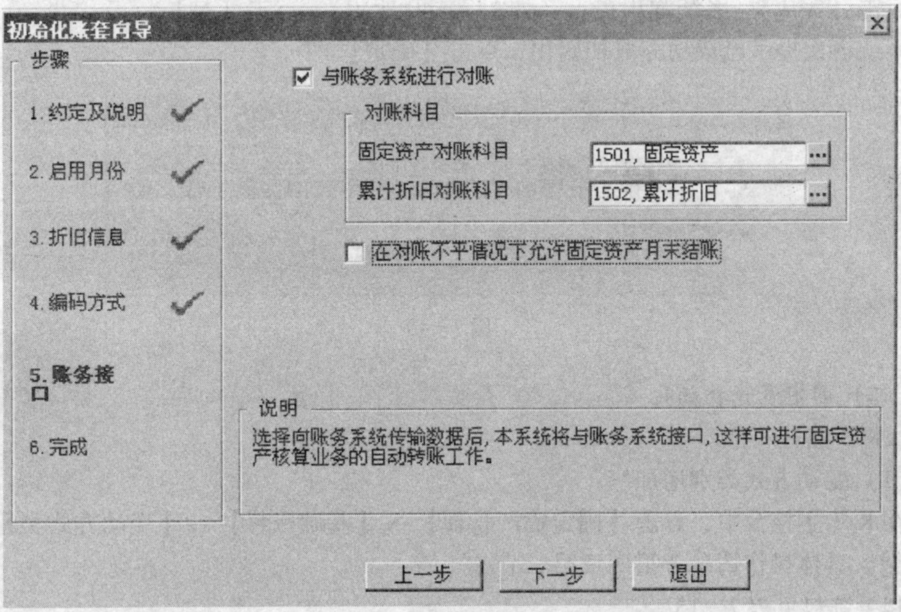

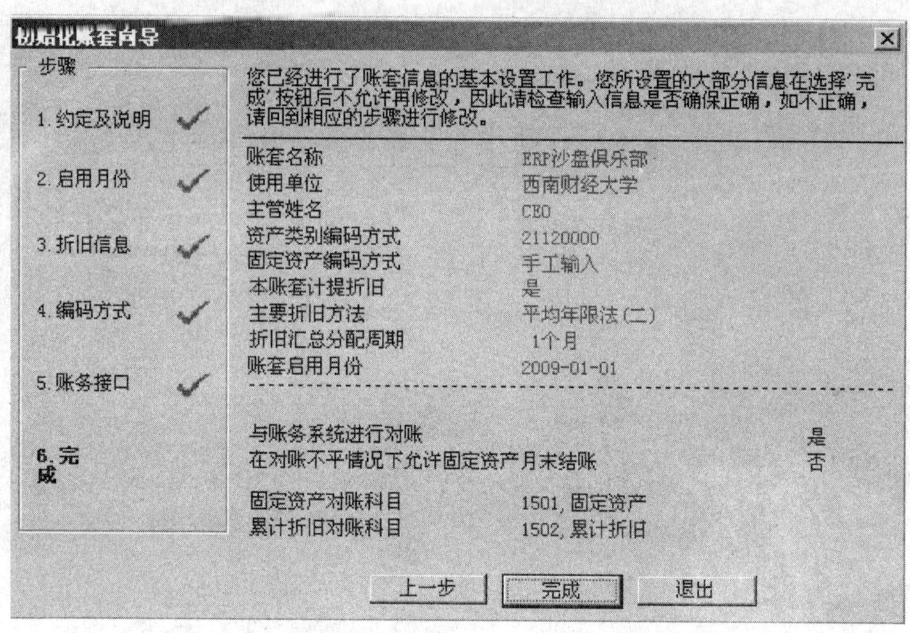

图 7-39

点击【完成】，系统弹出提示（如图 7-40 所示），点击【是】。

系统再次提示已成功完成初始化，点击【确定】即可。

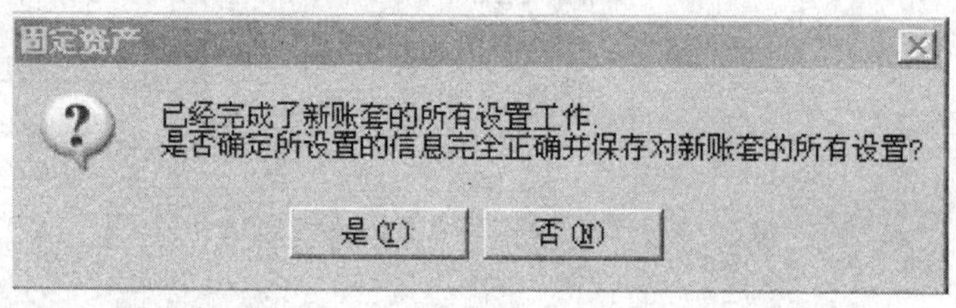

图 7-40

（二）固定资产初始化

1. K/3 路径

（1）变动方式类别增加

在 K/3 主控台中，点击【固定资产管理】→【基础资料】→【变动方式类别】→【新增】。具体操作请参考第四章第二节。

相关资料见表 7-15。

表 7-15

代码	方式名称	凭证字	摘要	对方科目
002.004	报废	记	报废固定资产	固定资产清理

（2）卡片类别管理

在 K/3 主控台中，点击【财务会计】→【固定资产管理】→【基础资料】→【卡片类别设置】→【新增】。具体操作请参考第四章第二节。

相关资料见表 7-16。

表 7-16

代码	名称	使用年限	净残值率	计量单位	预设折旧方法	固定资产科目	累计折旧科目	卡片编码规则	是否计提折旧
001	房屋及建筑物	50	5%	幢	动态平均法	1501	1502	FW-	不管使用状态如何一定提折旧
002	生产设备	10	0	条	双倍余额递减法	1501	1502	SC-	由使用状态决定是否提折旧

（3）增加存放地点

在 K/3 主控台中，点击【财务会计】→【固定资产管理】→【基础资料】→【存放地点维护】→【新增】。具体操作请参考第四章第二节。

相关资料见表 7-17。

表 7-17

代码	名称
01	车间

2. 用友 U8 操作路径

（1）点击【业务工作】→【财务会计】→【固定资产】→【设置】→【部门对应折旧科目】，点击“编辑”菜单栏下的【编辑】按钮，将折旧科目设为 660204 管理费用（折旧费）（如图 7-41 所示）。

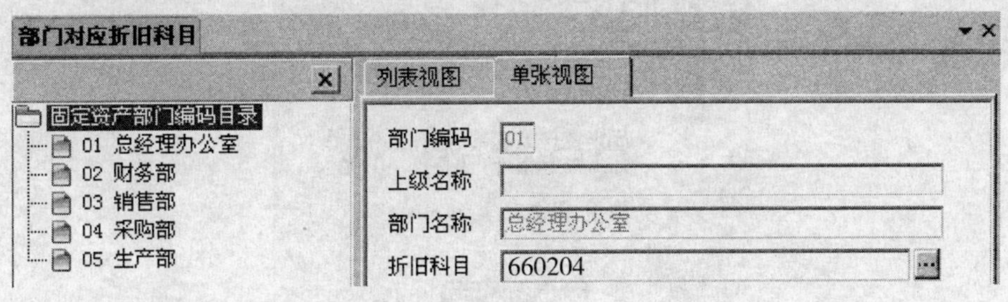

图 7-41

（2）固定资产分类设置（即固定资产卡片类别设置）。点击【业务工作】→【财务会计】→【固定资产】→【设置】→【资产类别】，点击【编辑】→【新增】，在编辑界面增加固定资产类别并保存（如图 7-42 所示）。

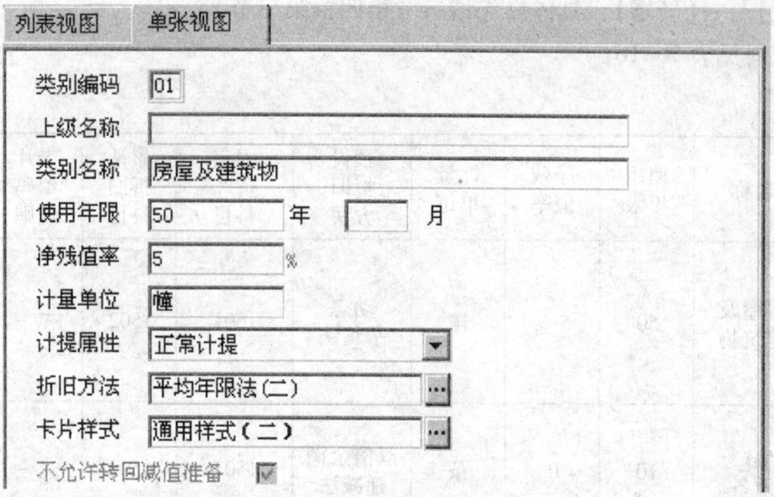

列表视图
单张视图
类别编码 01
上级名称
类别名称 房屋及建筑物
使用年限 50 年 月
净残值率 5 %
计量单位 幢
计提属性 正常计提
折旧方法 平均年限法(二)
卡片样式 通用样式(二)
不允许转回减值准备

图 7-42

（3）固定资产变动方式设置。点击【业务工作】→【财务会计】→【固定资产】→【设置】→【增减方式】，选择减少方式中的“报废”，点击【编辑】→【编辑】，将“对应入账科目”选为固定资产清理科目（如图 7-43 所示）。

增减方式
列表视图
单张视图
增减方式目录表
1 增加方式
2 减少方式
上级名称 减少方式
增减方式名称 报废
对应入账科目 1601，固定资产清理

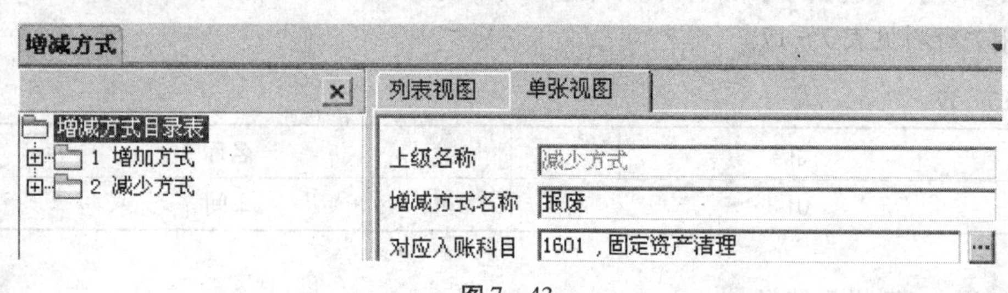

图 7-43

（4）固定资产期初对账。点击【业务工作】→【财务会计】→【固定资产】→【处理】→【对账】，系统显示对账结果（如图 7-44 所示）。

与账务对账结果
固定资产账套原值: 0.00
账务账套原值: 0.00
固定资产账套累计折旧: 0.00
账务账套累计折旧: 0.00
结果:平衡
确定

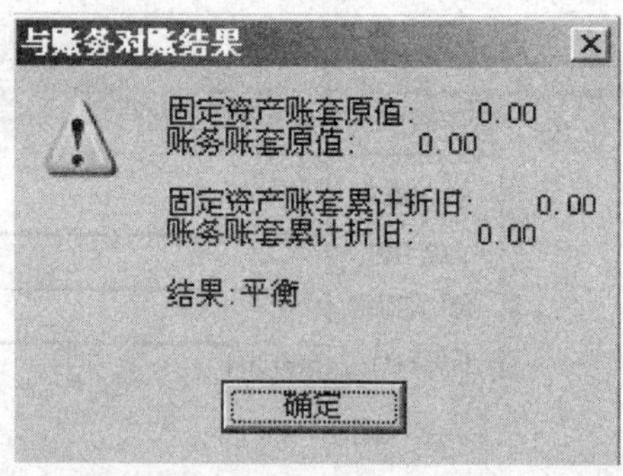

图 7-44

三、应收账款管理系统参数设置

（一）K/3 路径

在 K/3 主控台中，点击【系统设置】→【系统设置】→【应收款管理】→【系统参数】。具体操作请参考第五章第一节。

（1）启用期间为 2009 年 1 月。

（2）其他应收单、销售发票、收款单、退款单的科目均设置为 1131 应收账款。

（3）单据审核人与制单人可为同一人。

（4）坏账损失科目为“5502.09 管理费用——其他”，坏账准备科目为“1141 坏账准备”。

（二）用友 U8 操作路径

1. 参数设置

点击【基础设置】→【业务参数】→【财务会计】→【应收账款】，系统弹出账套参数设置窗口，保持系统默认即可（如图 7-45 所示）。

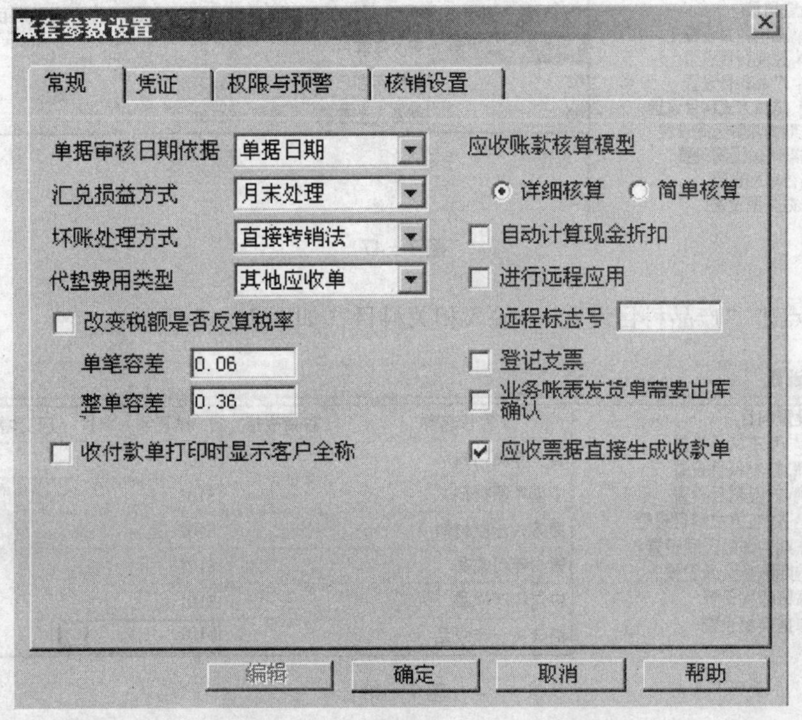

图 7-45

2. 初始设置

（1）点击【业务工作】→【账务会计】→【应收款管理】→【设置】→【初始设置】，点击“基本科目设置”，选择相应的科目（如图 7-46 所示）。

初始设置

设置科目
基本科目设置
控制科目设置
产品科目设置
结算方式科目设置
账期内账龄区间设置
逾期账龄区间设置
报警级别设置
单据类型设置

应收科目 本币 1131 外币
商业承兑科目 本币 外币
运费科目 本币 外币
预收科目 本币 外币
银行承兑科目 本币 外币
保险费科目 本币 外币

图 7－46

（2）点击“控制科目设置”，输入科目“1131 应收账款”（如图 7－47 所示）。

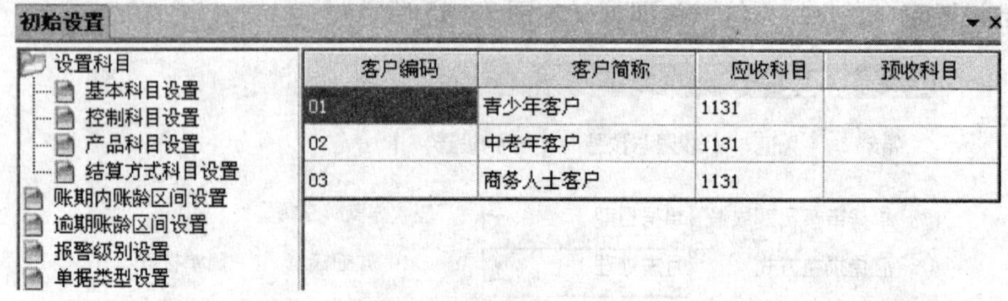
初始设置

设置科目
基本科目设置
控制科目设置
产品科目设置
结算方式科目设置
账期内账龄区间设置
逾期账龄区间设置
报警级别设置
单据类型设置

客户编码	客户简称	应收科目	预收科目
01	青少年客户	1131	
02	中老年客户	1131	
03	商务人士客户	1131	

图 7－47

（3）点击“产品科目设置”，输入相关科目（如图 7－48 所示）。

初始设置

设置科目
基本科目设置
控制科目设置
产品科目设置
结算方式科目设置
账期内账龄区间设置
逾期账龄区间设置
报警级别设置
单据类型设置

存货名称	存货规格	销售收入科目	应交增值税
青少年原材料		5102	
中老年原材料		5102	
商务人士原材料		5102	
青少年产成品		5101	
中老年产成品		5101	
商务人士产成品		5101	

图 7－48

（4）点击“结算方式科目设置”，输入结算方式“现金”，并选择科目为“1001 库存现金”（如图 7－49 所示）。

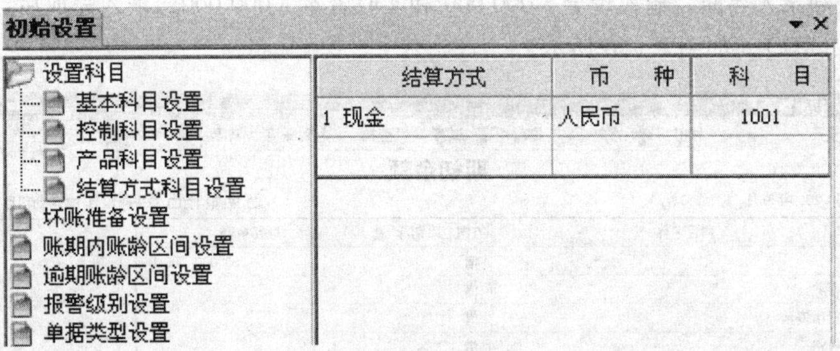

图 7-49

四、初始余额录入

总账期初数据录入

K/3 路径：在 K/3 主控台中，点击【系统设置】→【初始化】→【总账】→【初始数据录入】。具体操作请参考第三章第二节。

相关资料见表 7-18。

表 7-18

科目名称	方向	期初金额
资产：		
货币资金	借	3 000 000
资产合计：		3 000 000
所有者权益		
实收资本（股本）	贷	3 000 000
负债与所有者权益合计：		3 000 000

固定资产与应收系统期初余额均为 0。

五、进行试算平衡检查

K/3 路径：在 K/3 主控台中，点击【系统设置】→【初始化】→【总账】→【初始数据录入】，选择“综合本位币”，点击【平衡】。具体操作请参考第三章第二节。

六、试算平衡，结束初始化工作

（一）K/3 路径

点击【系统设置】→【初始化】→【总账】→【结束初始化】→【开始】。具体操作请参考第三章第二节。

（二）用友 U8 操作路径

在企业应用平台中，点击【业务工作】→【总账】→【设置】→【期初余额】，进入期初余额录入界面，输入现金 3 000 000 和实收资本 3 000 000，输入完成后点击工具栏上的【试算】（如图 7－50 所示）。

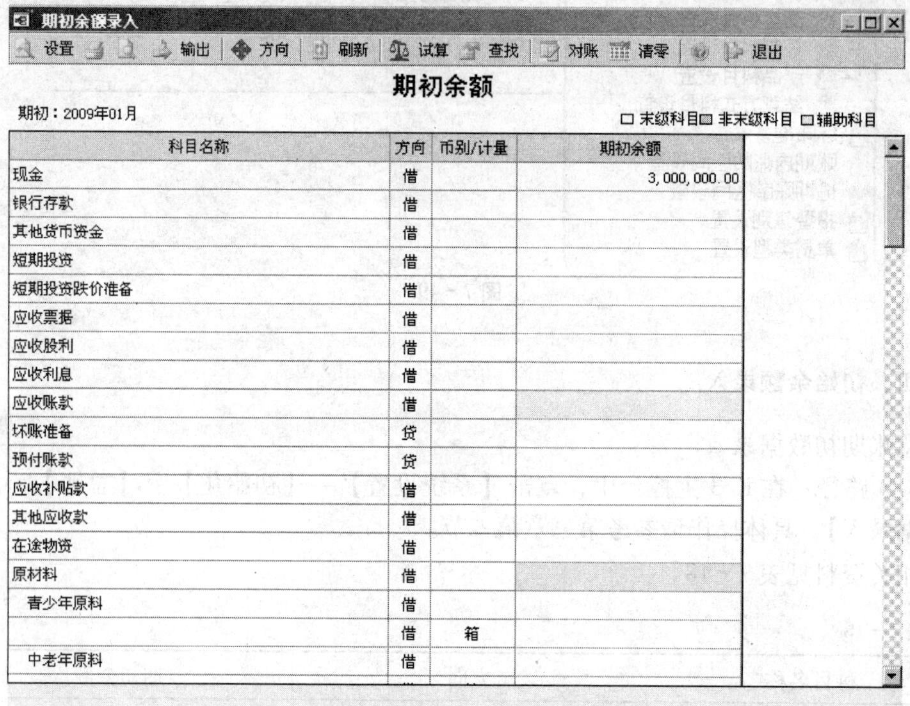

科目名称	方向	币别/计量	期初余额
现金	借		3,000,000.00
银行存款	借		
其他货币资金	借		
短期投资	借		
短期投资跌价准备	借		
应收票据	借		
应收股利	借		
应收利息	借		
应收账款	借		
坏账准备	贷		
预付账款	贷		
应收补贴款	借		
其他应收款	借		
在途物资	借		
原材料	借		
青少年原料	借		
	借	箱	
中老年原料	借		

图 7－50

系统弹出“期初试算平衡表”（如图 7－51 所示）。

期初试算平衡表

资产 = 借 3,000,000.00　　负债 = 平

共同 = 平　　权益 = 贷 3,000,000.00

成本 = 平　　损益 = 平

合计 = 借 3,000,000.00　　合计 = 贷 3,000,000.00

试算结果平衡

确定　打印

图 7－51

第四节　2009 年 1 月经济业务处理

一、经济业务及 K/3 操作路径

（一）2009 年 1 月发生如下经济业务

1. 1 日追加对中老年和商务人士新产品的研发投入各 10 万元。

借：管理费用——研发费——中老年	100 000
管理费用——研发费——商务人士	100 000
贷：现金	200 000

2. 3 日进行短期贷款，本金 491 000 元，贷款利率为 10%，采用贴现法进行贷款。

借：现金	441 900
财务费用——短贷利息支出	49 100
贷：短期借款	491 000

3. 10 日调整销售渠道。

（1）追加对华东市场开发投入 10 万元。

借：销售费用——市场开发费——华东市场	100 000
贷：现金	100 000

（2）追加对东北市场开发投入 10 万元。

借：销售费用——市场开发费——东北市场	100 000
贷：现金	100 000

（3）追加对华北市场开发投入 10 万元。

借：销售费用——市场开发费——华北市场	100 000
贷：现金	100 000

（4）追加对华中市场开发投入 10 万元。

借：销售费用——市场开发费——华中市场	100 000
贷：现金	100 000

（5）追加对华南市场开发投入 10 万元。

借：销售费用——市场开发费——华南市场	100 000
贷：现金	100 000

4. 12 日调整厂房设备

购买两条需要安装的柔性生产线，1 200 000 元/条，安装期为一个月。

借：在建工程	2 400 000
贷：现金	2 400 000

5. 30 日支付各项费用

（1）支付行政管理费 10 万元。

借：管理费用——行政管理费	1 000 000
贷：现金	1 000 000

（2）支付生产线维修费80 000元。

借：管理费用——维修费　　80 000

　贷：现金　　80 000

（3）支付厂房租金80 000元。

借：管理费用——租金　　80 000

　贷：现金　　80 000

（二）K/3操作路径

1. 基本要求

（1）将上述经济业务生成凭证，并进行记账凭证审核、过账。

在K/3主控台中，输入凭证时，点击【财务会计】→【总账】→【凭证处理】→【凭证录入】；审核凭证时，点击【财务会计】→【总账】→【凭证处理】→【凭证查询】→【编辑】→【成批审核】；凭证过账时，点击【财务会计】→【总账】→【凭证处理】→【凭证过账】。具体操作请参考第三章第三节。

（2）制作一张“支付行政管理费”的模式凭证。

在K/3主控台中，点击【财务会计】→【总账】→【凭证查询】，以查询方式打开所选凭证，选择【文件】菜单→【保存模式凭证】。具体操作请参考第三章第三节。

（3）查看各种总分类账、明细分类账等。

在K/3主控台中，查看总分类账时，双击【财务会计】→【总账】→【账簿】→【总分类账】；查看明细分类账时，选择【财务会计】→【总账】→【账簿】→【明细分类账】。具体操作请参考第三章第三节。

（4）查看科目余额表、试算平衡表等。

在K/3主控台中，查看科目余额表时，选择【财务会计】→【总账】→【报表】→【科目余额表】；查看试算平衡表时，选择【财务会计】→【总账】→【报表】→【试算平衡表】。具体操作请参考第三章第三节。

2. 进行期末处理

（1）结转当期损益（注意：先将当月未过账凭证全部过账）。

在K/3主控台中，点击【财务会计】→【总账】→【结账】→【结转损益】。具体操作请参考第三章第四节。

（2）将结转损益的记账凭证过账。

3. 制作如下报表

（1）制作当期利润表。

在K/3主控台中，点击【财务会计】→【报表】→【（行业）—股份制】→【股份制利润表】。具体操作请参考第三章第五节。

（2）制作当期资产负债表。

在K/3主控台中，点击【财务会计】→【报表】→【（行业）—股份制】→【股份制资产负债表】，具体操作请参考第三章第五节。

4. 期末结账

K/3路径：固定资产结账，点击【财务会计】→【固定资产管理】→【期末处理】→【期末结账】；应收账款系统结账，点击【财务会计】→【应收款管理】→

【期末处理】→【结账】；总账系统结账，点击【财务会计】→【总账】→【结账】→【期末结账】。具体操作请参考第四章第四节、第五章第四节以及第三章第四节。

二、用友 U8 操作路径

（一）录入凭证

步骤：

以财务主管 CFO 的身份登录企业应用平台，点击【业务工作】→【财务会计】→【总账】→【凭证】→【填制凭证】，点击【新增】按钮，录入凭证相关内容，依次输入日期、摘要、科目、金额等。以第一笔业务为例（如图 7－52 所示）。

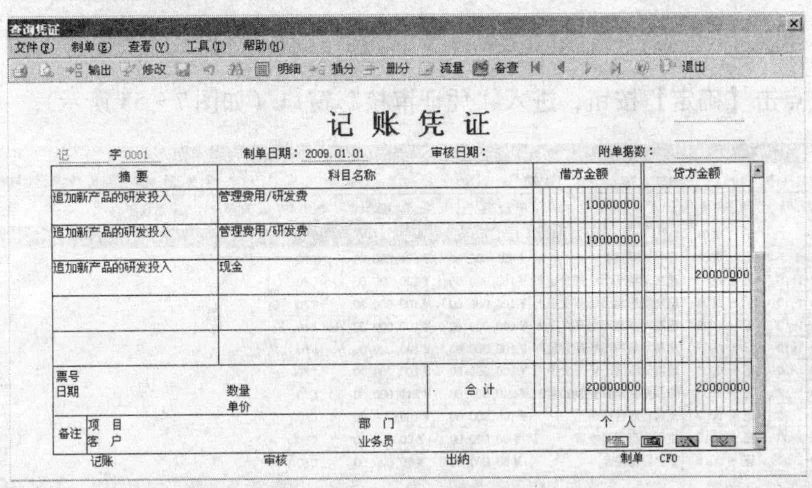

图 7－52

输入借方科目“管理费用/研发费”后敲击 Enter 键，系统弹出辅助核算项窗口，点击“ … ”按钮，分别选择“中老年产成品”和“商务人士产成品”后点击【确定】（如图 7－53 所示）。

图 7－53

其他业务的输入方法与此相同。

（二）凭证审核

（1）点击【业务工作】→【财务会计】→【总账】→【凭证】→【审核凭证】，弹出过滤窗口，在过滤窗口中，选择凭证类别为“记账凭证”（如图 7－54 所示）。

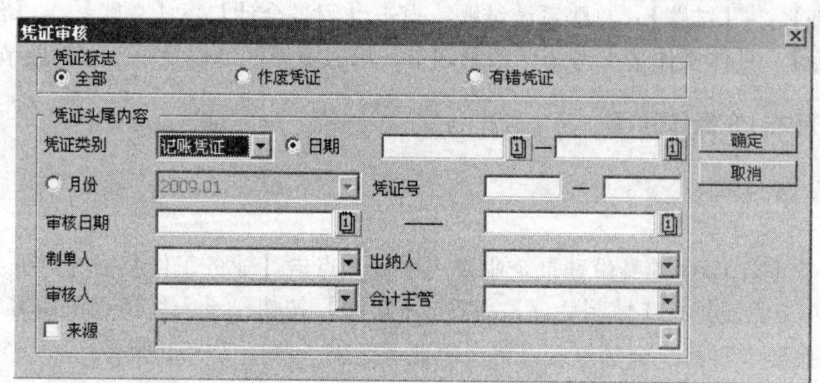

图 7－54

（2）点击【确定】按钮，进入“凭证审核”窗口（如图 7－55 所示）。

凭证审核

凭证共 11张　已审核 0 张　未审核 11 张　凭证号排序　制单日期排序

制单日期	凭证编号	摘要	借方金额合计	贷方金额合计	制单人	审核人	系统名	备注	审核日
2009-1-1	记 - 0001	追加新产品研发投入	¥200,000.00	¥200,000.00	CFO				
2009-1-3	记 - 0002	进行短期贷款	¥491,000.00	¥491,000.00	CFO				
2009-1-10	记 - 0003	追加对华东市场开发投入	¥100,000.00	¥100,000.00	CFO				
2009-1-10	记 - 0004	追加对东北市场开发投入	¥100,000.00	¥100,000.00	CFO				
2009-1-10	记 - 0005	追加对华北市场开发投入	¥100,000.00	¥100,000.00	CFO				
2009-1-10	记 - 0006	追加对华中市场开发投入	¥100,000.00	¥100,000.00	CFO				
2009-1-10	记 - 0007	追加对华南市场开发投入	¥100,000.00	¥100,000.00	CFO				
2009-1-12	记 - 0008	购买两条需要安装的柔性	¥240,000.00	¥240,000.00	CFO				
2009-1-30	记 - 0009	支付行政管理费	¥100,000.00	¥100,000.00	CFO				
2009-1-30	记 - 0010	支付生产线维修费	¥80,000.00	¥80,000.00	CFO				
2009-1-30	记 - 0011	支付厂房租金	¥80,000.00	¥80,000.00	CFO				

对照式审核　取消审核　确定　取消

图 7－55

（3）再点击【确定】，进入凭证界面，点击工具栏上的【审核】按钮，选择“成批审核凭证”，系统自动对未审核的凭证进行审核，审核结束后提示审核结果。审核成功后，在凭证底端的“审核”项目后会有审核人员的名字，以表明凭证已经过审核。

（三）凭证记账

点击【业务工作】→【财务会计】→【总账】→【凭证】→【记账】，弹出记账窗口，点击【全选】，选中记账凭证的范围，再点击【记账】，系统自动进行记账（如图 7－56 所示）。

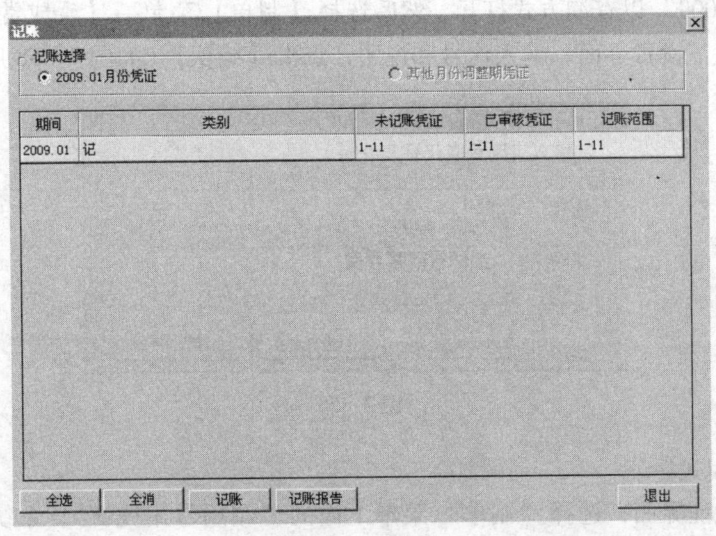

图 7－56

在记账过程中，系统会弹出期初试算平衡表，检查期初试算是否平衡，点击【确定】，进入记账过程（如图 7－57 所示）。

记账

记账选择

2009.01月份凭证　　其他月份调整期凭证

凭证张数：11

科目编码	科目名称	外币名称	数量单位	金额合计	
				借方	贷方
1001	现金			441,900.00	3,360,000.00
1506	在建工程			2,400,000.00	
2101	短期借款				491,000.00
5502	营业费用			500,000.00	
550202	市场开拓费			500,000.00	
5503	管理费用			460,000.00	
550301	行政费			100,000.00	
550302	租金			80,000.00	
550303	设备维护费			80,000.00	
550305	研发费			200,000.00	
5504	财务费用			49,100.00	

正在对辅助总账进行记账...

记账　记账报告　退出

图 7－57

记账成功后，系统会提示“记账完毕”。

（四）制作一张“支付行政管理费”的模式凭证

1. 生成常用凭证

步骤：

点击【业务工作】→【财务会计】→【总账】→【凭证】→【查询凭证】，弹出过滤窗口，选择凭证类别为“记账凭证”后点击【确定】，进入凭证查询列表窗口，双击凭证“记 0009”以查询方式打开，然后选择【制单】菜单→【生成常用凭证】。系统弹出模式凭证设置界面，输入代号和说明，点击【确认】(如图 7 - 58 所示)。

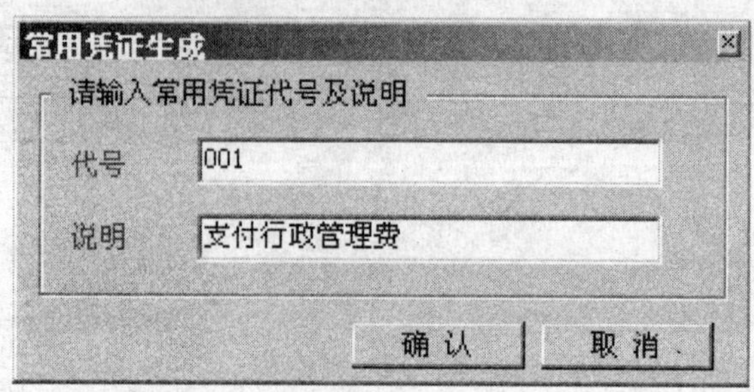

图 7 - 58

2. 调用模式凭证

在填制凭证界面，选择“制单”菜单下面的“调用常用凭证”，系统弹出“调用常用凭证”对话框，点击“ … ”，进入“常用凭证”列表界面（如图 7 - 59、图 7 - 60所示）。

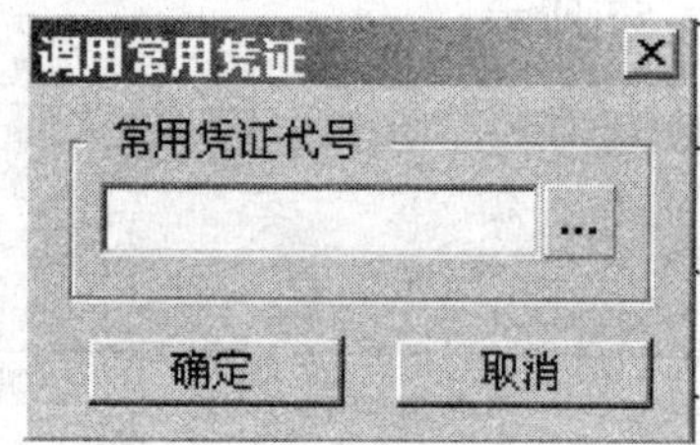

图 7 - 59

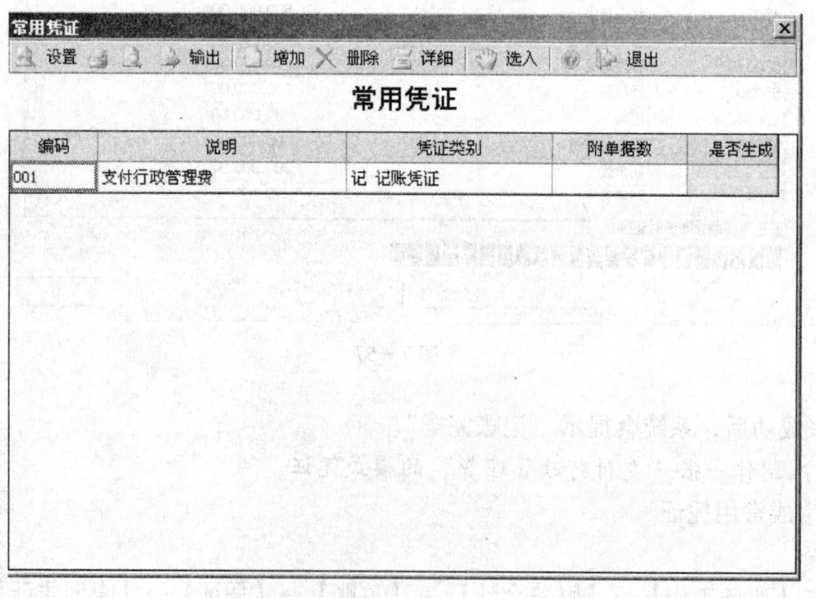

图 7 - 60

点击工具栏中的【选入】，系统会自动生成一张支付行政管理费的凭证。

（五）查看各种总分类账、明细分类账及科目余额表

1. 查看总分类账

步骤：

（1）双击【业务工作】→【总账】→【账表】→【科目账】→【总账】，在弹出的过滤条件窗口中选择需要查询的科目级别、科目代码等（如图 7－61 所示）。

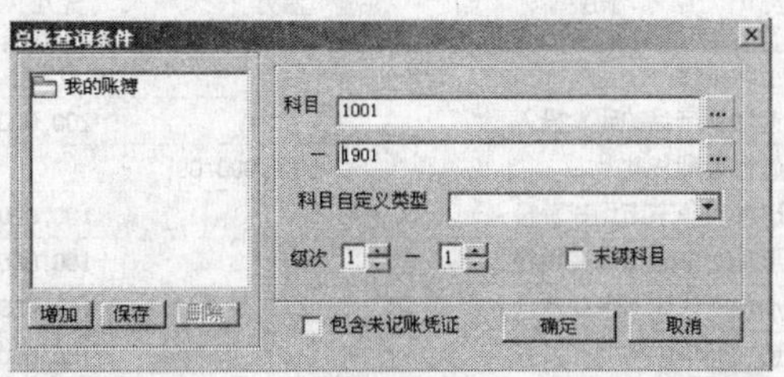

图 7－61

（2）选择过滤条件后，点击【确定】按钮，进入查看总分类账的界面（如图 7－62 所示）。

金额式

现金总账

科目 1001 现金

2009年 月	日	凭证号数	摘要	借方	贷方	方向	余额
			上年结转			借	3,000,000.00
01			当前合计	441,900.00	3,360,000.00	借	81,900.00
01			当前累计	441,900.00	3,360,000.00		

图 7－62

在“科目”复选框中可以选择不同的科目查看总账金额。

2. 查看明细分类账

步骤：

（1）双击【业务工作】→【总账】→【账表】→【科目账】→【明细账】，在弹出的过滤条件窗口中选择需要查询的科目级别、科目代码、会计期间等（如图 7－63 所示）。

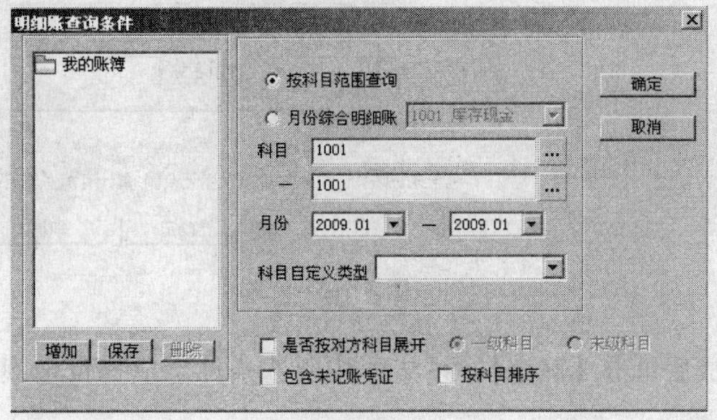

图 7－63

（2）输入完成后单击【确定】，系统即按所选条件生成明细分类账（如图7－64所示）。

金额式

现金明细账

科目 1001 现金　　　　月份：2009.01-2009.01

2009年		凭证号数	摘要	借方	贷方	方向	余额
月	日						
			上年结转			借	3,000,000.00
01	01	记-0001	追加新产品的研发投入		200,000.00	借	2,800,000.00
01	03	记-0002	进行短期贷款	441,900.00		借	3,241,900.00
01	10	记-0003	追加对华东市场开发投入		100,000.00	借	3,141,900.00
01	10	记-0004	追加对东北市场开发投入		100,000.00	借	3,041,900.00
01	10	记-0005	追加对华北市场开发投入		100,000.00	借	2,941,900.00
01	10	记-0006	追加对华中市场开发投入		100,000.00	借	2,841,900.00
01	10	记-0007	追加对华南市场开发投入		100,000.00	借	2,741,900.00
01	12	记-0008	购买两条需要安装的柔性生产线		2,400,000.00	借	341,900.00
01	30	记-0009	支付行政管理费		100,000.00	借	241,900.00
01	30	记-0010	支付生产线维修费		80,000.00	借	161,900.00
01	30	记-0011	支付厂房租金		80,000.00	借	81,900.00
01			当前合计	441,900.00	3,360,000.00	借	81,900.00
01			当前累计	441,900.00	3,360,000.00	借	81,900.00

图7－64

3. 查看科目余额表

步骤：

（1）双击【业务工作】→【总账】→【账表】→【科目账】→【余额表】，在弹出的过滤条件窗口中选择需要查询的科目级别、科目代码、会计期间等（如图7－65所示）。

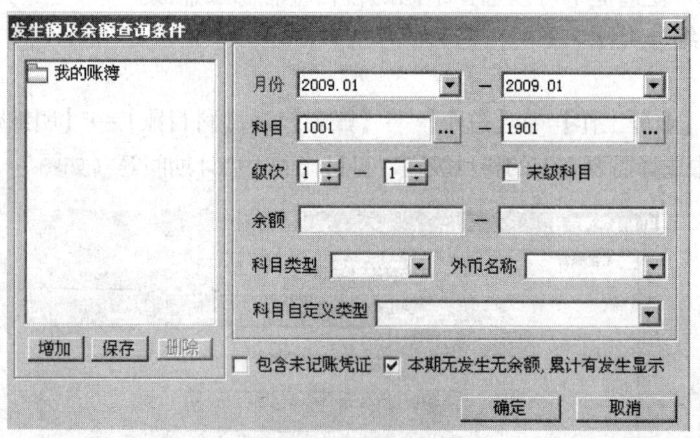

图7－65

（2）输入完成后单击【确定】，系统即按所选条件生成科目余额表（如图7－66所示）。

金额式

发生额及余额表

月份：2009.01-2009.01

科目编码	科目名称	期初余额		本期发生		期末余额	
		借方	贷方	借方	贷方	借方	贷方
1001	现金	3,000,000.00		441,900.00	3,360,000.0	81,900.00	
1506	在建工程			2,400,000.0		2,400,000.00	
资产小计		3,000,000.00		2,841,900.0	3,360,000.0	2,481,900.00	
合计		3,000,000.00		2,841,900.0	3,360,000.0	2,481,900.00	

图 7－66

（六）结转损益处理

步骤：

1. 期间损益结转设置

双击【业务工作】→【总账】→【期末】→【转账定义】→【期间损益】，在“期间损益结转设置”窗口，选择本年利润科目为“3131”，点击【确定】退出（如图7－67所示）。

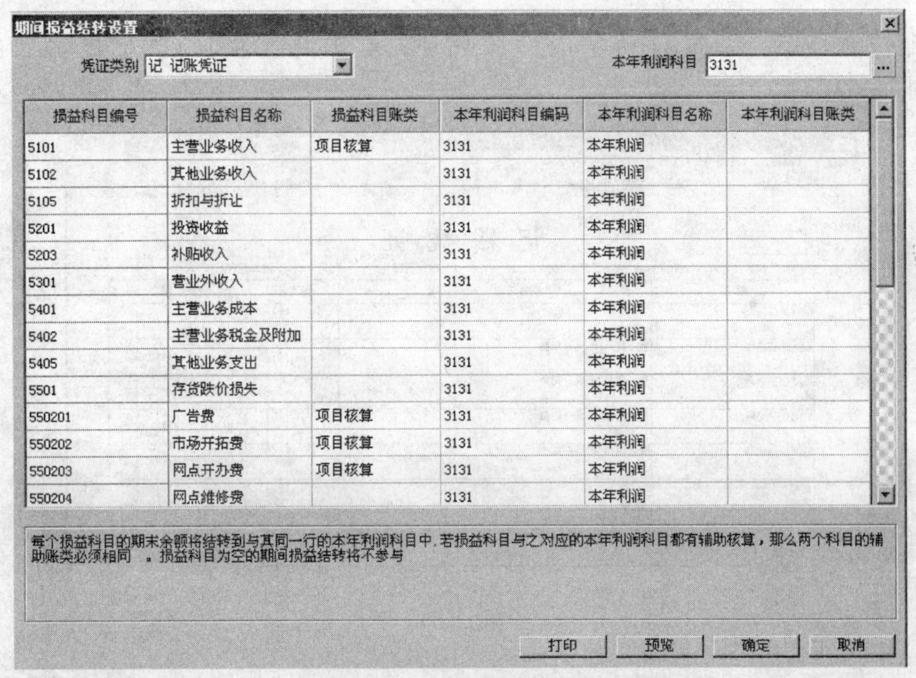

期间损益结转设置

凭证类别 记 记账凭证　　本年利润科目 3131

损益科目编号	损益科目名称	损益科目账类	本年利润科目编码	本年利润科目名称	本年利润科目账类
5101	主营业务收入	项目核算	3131	本年利润	
5102	其他业务收入		3131	本年利润	
5105	折扣与折让		3131	本年利润	
5201	投资收益		3131	本年利润	
5203	补贴收入		3131	本年利润	
5301	营业外收入		3131	本年利润	
5401	主营业务成本		3131	本年利润	
5402	主营业务税金及附加		3131	本年利润	
5405	其他业务支出		3131	本年利润	
5501	存货跌价损失		3131	本年利润	
550201	广告费	项目核算	3131	本年利润	
550202	市场开拓费	项目核算	3131	本年利润	
550203	网点开办费	项目核算	3131	本年利润	
550204	网点维修费		3131	本年利润	

每个损益科目的期末余额将结转到与其同一行的本年利润科目中，若损益科目与之对应的本年利润科目都有辅助核算，那么两个科目的辅助账类必须相同　。损益科目为空的期间损益结转将不参与

打印　预览　确定　取消

图 7－67

2. 结转期间损益

双击【业务工作】→【总账】→【期末】→【转账生成】，在“转账生成”界面，选择期间损益结转项目，并点击【全选】，点击【确定】，系统进行期间损益的结转（如图7－68所示）。

转账生成

结转月份 2009.01　　类型 全部　　全选　全消

○ 自定义转账
○ 对应结转
○ 自定义比例结转
○ 销售成本结转
○ 售价（计划价）销售成本结转
○ 汇兑损益结转
◉ 期间损益结转
○ 费用摊销与预提

损益科目编码	损益科目名称	损益科目账类	利润科目编码	利润科目名称	利润科目账类	是否结
5101	主营业务收入	项目核算	3131	本年利润		Y
5102	其他业务收入		3131	本年利润		Y
5105	折扣与折让		3131	本年利润		Y
5201	投资收益		3131	本年利润		Y
5203	补贴收入		3131	本年利润		Y
5301	营业外收入		3131	本年利润		Y
5401	主营业务成本		3131	本年利润		Y
5402	主营业务税金		3131	本年利润		Y
5405	其他业务支出		3131	本年利润		Y
5501	存货跌价损失		3131	本年利润		Y
550201	广告费	项目核算	3131	本年利润		Y
550202	市场开拓费	项目核算	3131	本年利润		Y
550203	网点开办费	项目核算	3131	本年利润		Y

□ 按科目+辅助核算+自定义项展开

确定　取消

图 7－68

结转完成后，系统自动生成一张凭证，点击【保存】，系统提示已生成（如图 7－69所示）。

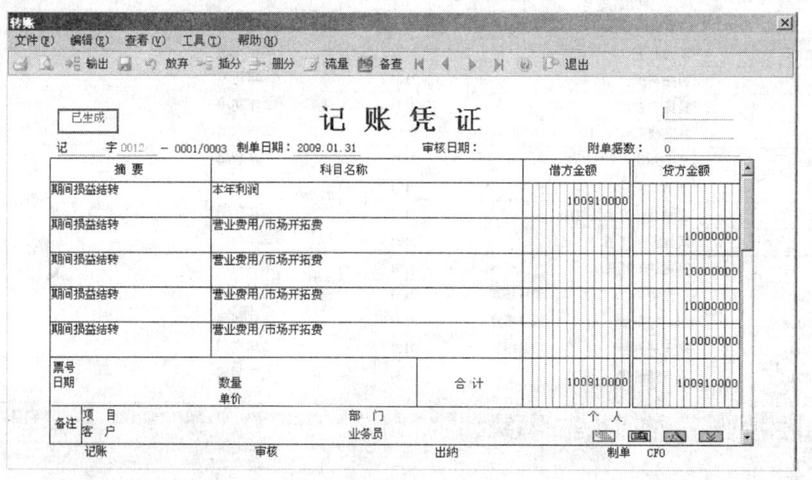

图 7－69

生成结转损益凭证后，进行审核并过账。

（七）制作利润表与资产负债表

1. 利润表

步骤：

（1）点击【财务会计】→【UFO 报表】→【文件】→【新建】，点击工具栏中的【格式】按钮，选择报表模板。系统弹出报表模板选择窗口，选择所在行业和报表类型。其中，“行业”选择“新会计制度科目”，表示在新会计科目下使用的行业；“财务报表”选择“利润表”。打开此模板，选择“文件”菜单中的“另存为”选项，将模板保存在指定的磁盘中，修改报表名称，保存即可。

（2）设置报表公式。在利润表模板中，查看左下角的状态是否为“格式”，若为“数据”则点击“数据”，切换为格式状态（如图7－70所示）。

UFO报表 － [利润表]

文件(F) 编辑(E) 格式(S) 数据(D) 工具(T) 窗口(W) 帮助(H)

C10 =fs(5501,月,"借",年)

	A	B	C	D
1	利润表			
2				会企02表
3	编制单位:	xxxx 年	xx 月	单位:元
4	项　　目	行数	本月数	本年累计数
5	一、主营业务收入	演示数据 1	公式单元	公式单元
6	减：主营业务成本	4	公式单元	公式单元
7	主营业务税金及附加	5	公式单元	公式单元
8	二、主营业务利润（亏损以“－”号填列）	10	公式单元	公式单元
9	加：其他业务利润（亏损以“－”号填列）	11	公式单元	公式单元
10	减：营业费用	14	公式单元	公式单元
11	管理费用	15	公式单元	公式单元
12	财务费用	16	公式单元	公式单元
13	三、营业利润（亏损以“－”号填列）	18	公式单元	公式单元
14	加：投资收益（损失以“－”号填列）	19	公式单元	公式单元
15	补贴收入	22	公式单元	公式单元

格式　计算完毕!　账套:[001]ERP沙盘俱乐部　操作员:CFO

图7－70

以“管理费用”为例进行公式设置。双击“管理费用”科目对应的本月数栏，系统弹出定义公式对话框，将原有的公式删除，点击函数向导。在函数向导窗口，函数分类选择“用友账务函数”，函数名选择“发生（FS）”，点击【下一步】（如图7－71所示）。

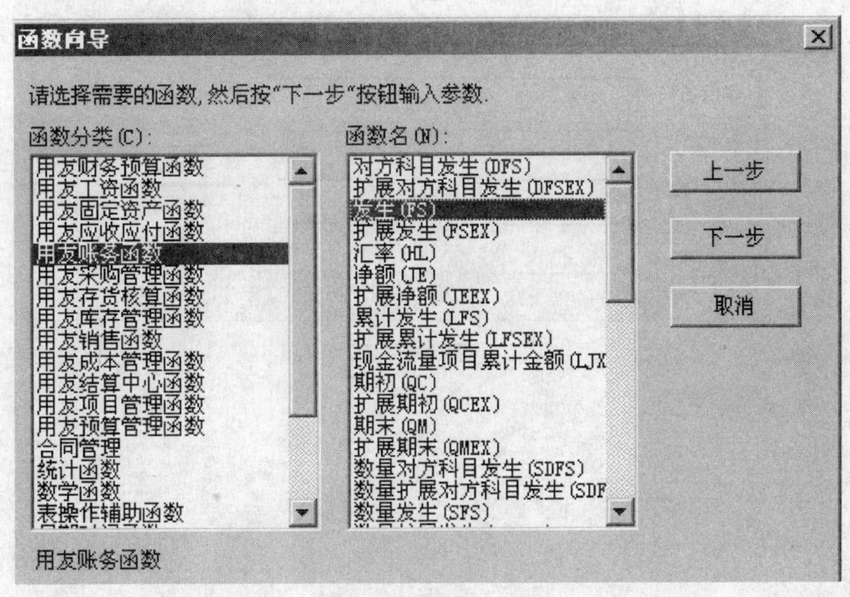

图7－71

进入用友“账务函数”窗口，点击【参照】，进入下一步的设置。在“账务函数”窗口中，选择账套号和会计年度、科目、方向等项目，点击【确定】完成公式的设置（如图 7－72 所示）。

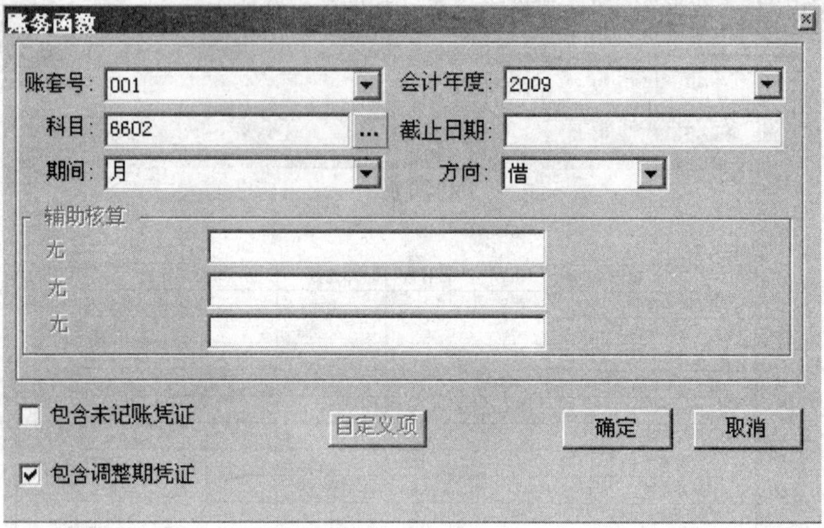

图 7－72

（3）将所有公式设置完成后，点击左下角的“格式”切换为数据状态，系统提示“是否进行报表重算”，选择【是】，系统自动进行重算，在数据状态下，点击工具栏上的【数据】，选择【关键字】→【录入】。

（4）在“录入关键字”窗口，录入“年”、“月份”后点击【确认】（如图 7－73 所示）。

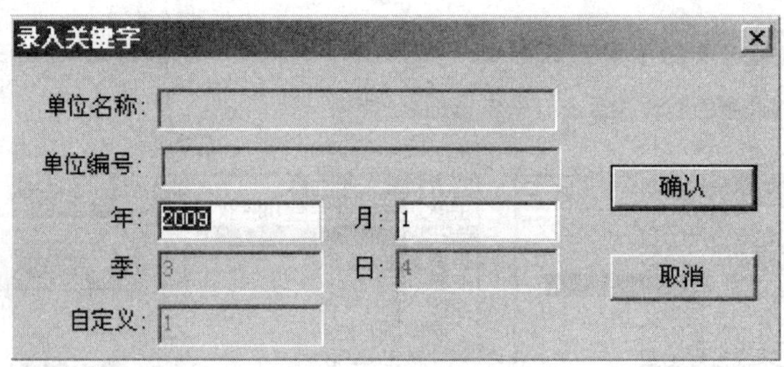

图 7－73

（5）系统再次提示“是否重算第1页”，选择【是】，系统自动重新计算。2009年1月的利润表如图7－74所示。

利润表

会股02表

编制单位：　　2009 年 1 月　　单位:元

项目	行数	本月数	本年累计数
一、主营业务收入	1		
减：折扣与折让	2		
主营业务收入净额	3		
减：主营业务成本	4		
主营业务税金及附加	5		
二、主营业务利润	10		
加：其他业务利润（亏损以“-”号填列	11		
减：存货跌价（亏损以“-”号填列）	12		
营业费用	13	500,000.00	500000.00
管理费用	14	460,000.00	460000.00
财务费用	15	49,100.00	49100.00
三、营业利润（亏损以“-”号填列）		-1009100.00	-1009100.00
加：投资收益（损失以“-”号填列）	19		
补贴收入	22		
营业外收入	23		
减：营业外支出	25		
四、利润总额（亏损总额以“-”号填列）	27	-1009100.00	-1009100.00
减：所得税	28		
五、净利润（净亏损以“-”号填列）	30	-1009100.00	-1009100.00

图7－74

2. 资产负债表

（1）点击【财务会计】→【UFO报表】→【文件】→【新建】，点击工具栏中的【格式】按钮，选择报表模板为“资产负债表”。具体操作参考利润表的制作。

（2）修改公式。公式设置与利润表的公式设置相同。

（3）将所有公式设置完成后，点击左下角的“格式”切换为数据状态，系统提示“是否进行报表重算”，选择【是】，系统自动进行重算。在数据状态下，点击工具栏上的【数据】，选择【关键字】→【录入】。具体操作参考利润表的制作。

2009年的资产负债表如图7－75所示。

资产负债表

会股01表

编制单位:　　　　2009 年 1 月 31 日　　　　单位:元

资产	行次	年初数	期末数	负债和股东权益	行次	年初数	期末数
流动资产:				流动负债:			
货币资金	1	3,000,000.00	81,900.00	短期借款	61		491,000.00
短期投资	2			应付票据	62		
减:短期投资跌价准备	3			应付账款	63		
短期投资净额	4			预收账款	64		
应收票据	5			代销商品款	65		
应收股利	6			应付工资	66		
应收利息	7			应付福利费	67		
应收账款	8			应付股利	68		
减:坏账准备	9			应交税金	69		
应收账款净额	10			其他应交款	70		
预付账款	21			其他应付款	71		
应收补贴款	24			预提费用	72		
其他应收款	25			一年内到期的长期负债	73		
存货	30			其他流动负债	74		
减: 存货跌价准备	31						
存货净额	32						
待摊费用	33						
待处理流动资产净损	34						
年内到期的长期债权投资	35						
其他流动资产	36						
流动资产合计	39	3,000,000.00	81,900.00	流动负债合计	80		491000.00
长期投资:				长期负债:			
长期股权投资	40			长期借款	81		
长期债权投资	41		演示数据	应付债款	82		
长期投资合计	42			长期应付款	83		
减: 长期投资减值准	43			住房周转金	84		
长期投资净额	44			其他长期负债	85		
固定资产:				长期负债合计	90		
固定资产原价	45			递延税项:			
减: 累计折价	46			递延税款贷项	91		
固定资产净值	47						
工程物资	48						
在建工程	49		2,400,000.00				
固定资产清理	50			负债合计	92		491000.00
待处理固定资产净损	51			股东权益:			
固定资产合计	53		2400000.00	股本	93	3,000,000.00	3,000,000.00
无形资产及其他资产:				资本公积	94		
无形资产	54			盈余公积	95		
无办费	55			其中: 公益金	96		
长期待摊费用	56			未分配利润	97		-1,009,100.00
其他长期资产	57						
无形资产及其他资产合计	58						
递延税款:							
递延税款借项	59			股东权益合计	98	3,000,000.00	1,990,900.00
资产总计	60	3000000.00	2481900.00	负债和股东权益总计	99	3,000,000.00	2,481,900.00

图 7－75

（八）结账

1. 固定资产模块结账

（1）对账。与固定资产期初对账操作相同。

（2）固定资产系统结账。点击【业务工作】→【财务会计】→【固定资产】→【处理】→【月末结账】，点击【开始】。

2. 应收系统结账

步骤：

选择【业务工作】→【财务会计】→【应收款管理】→【期末处理】→【月末结

账】，在弹出的月末处理窗口中，双击一月份对应的空白一栏，系统会选中一月份进行结账（如图 7－76 所示）。

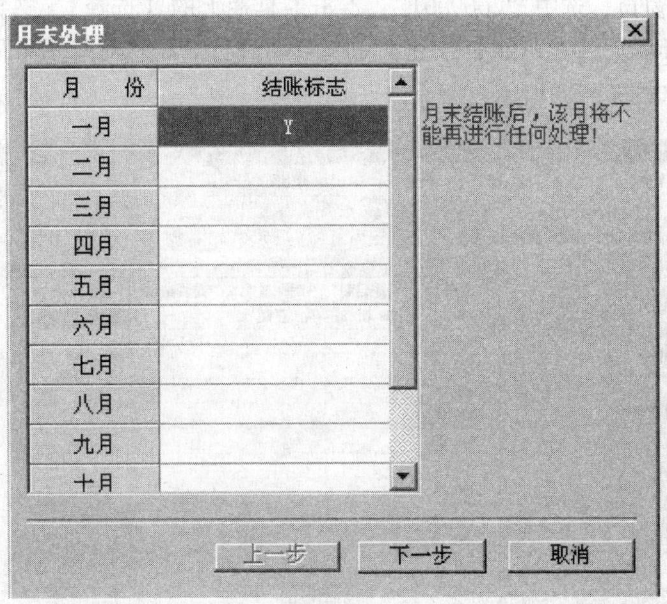

图 7－76

点击【下一步】，系统显示处理情况（如图 7－77 所示）。

月末处理

处理类型	处理情况
截止到本月应收单据全部记账	是
截止到本月收款单据全部记账	是
截止到本月应收单据全部制单	是
截止到本月收款单据全部制单	是
截止到本月票据处理全部制单	是
截止到本月其他处理全部制单	是

上一步 完成 取消

图 7－77

点击【完成】，系统提示结账成功。

3. 总账系统结账

（1）对账。点击【业务工作】→【财务会计】→【总账】→【期末】→【对账】，弹出对账窗口，选中“2009.01”，点击工具栏上的【选择】，选择一月份进行对账；再点击工具栏上的【对账】按钮，系统自动进行对账；对账结束后，显示对账结果是否正确（如图7－78所示）。

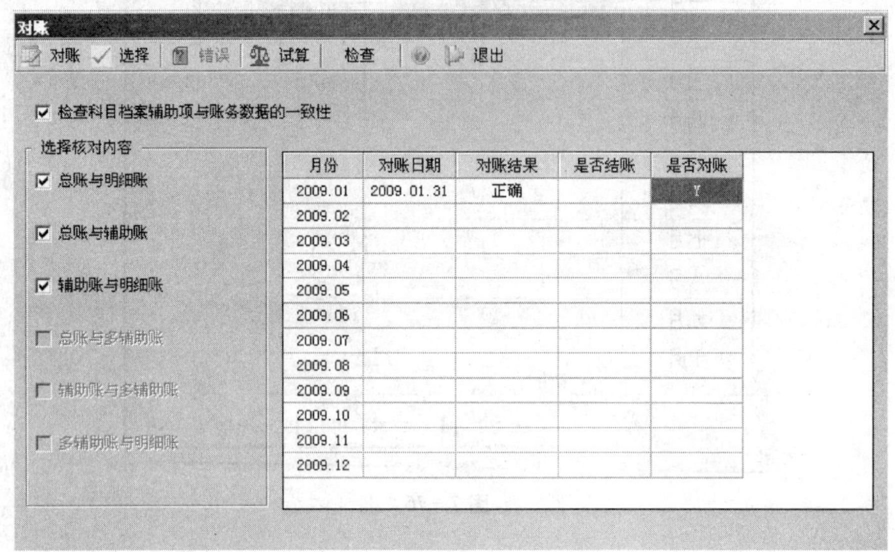

图7－78

（2）结账。点击【业务工作】→【财务会计】→【总账】→【期末】→【结账】，弹出结账窗口，选中“2009.01”，点击【下一步】（如图7－79所示）。

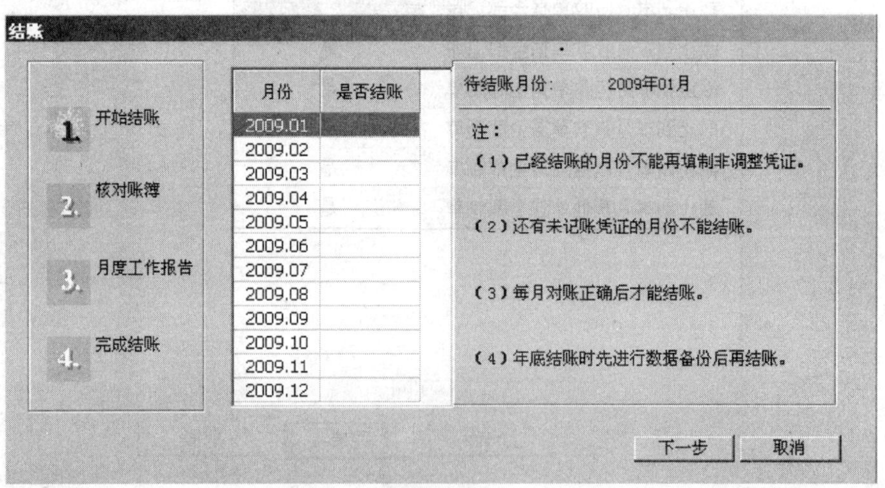

图7－79

点击图 7－80 中的【对账】按钮。

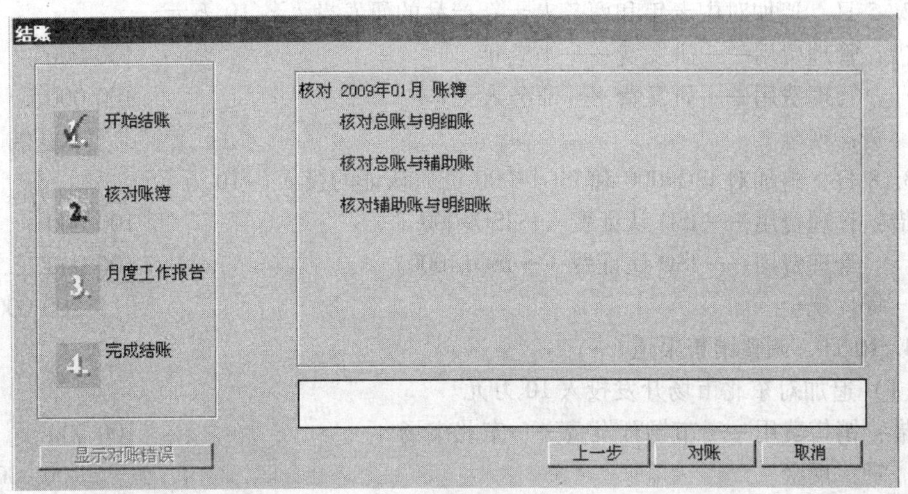

图 7－80

连续点击【下一步】，直至系统提示结账完成（如图 7－81 所示）。

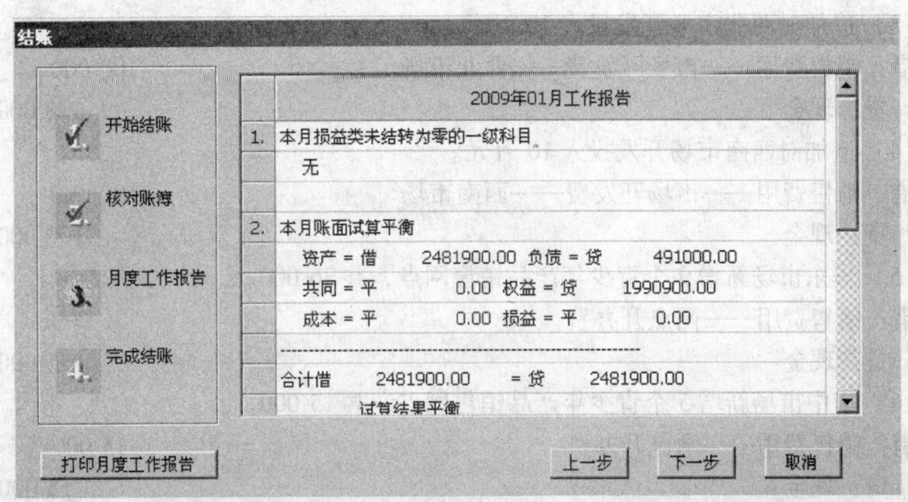

图 7－81

第五节　2009 年 2 月经济业务处理

一、2009 年 2 月发生如下经济业务

1. 3 日进行短期贷款，本金 1 499 900 元，贷款利率为 10%，采用贴现法进行贷款。

借：现金　　1 349 910

　　财务费用——短贷利息支出　　149 990

贷：短期借款 1 499 900

2. 5 日，追加对中老年和商务人士新产品的研发投入各 10 万元。

借：管理费用——研发费——中老年 100 000

管理费用——研发费——商务人士 100 000

贷：现金 200 000

3. 8 日，追加对 ISO9000 和 ISO14000 资质认证的投入各 10 万元。

借：管理费用——ISO 认证费——ISO9000 100 000

管理费用——ISO 认证费——ISO14000 100 000

贷：现金 200 000

4. 10 日，调整销售渠道。

（1）追加对东北市场开发投入 10 万元。

借：销售费用——市场开发费——东北市场 100 000

贷：现金 100 000

（2）追加对华北市场开发投入 10 万元。

借：销售费用——市场开发费——华北市场 100 000

贷：现金 100 000

（3）追加对西北市场开发投入 10 万元。

借：销售费用——市场开发费——西北市场 100 000

贷：现金 100 000

（4）追加对西南市场开发投入 10 万元。

借：销售费用——市场开发费——西南市场 100 000

贷：现金 100 000

（5）华东市场新增 9 个青少年产品销售网点，共 36 000 元。

借：销售费用——网点开办费 36 000

贷：现金 36 000

（6）华中市场新增 5 个青少年产品销售网点，共 15 000 元。

借：销售费用——网点开办费 15 000

贷：现金 15 000

（7）华南市场新增 6 个青少年产品销售网点，共 24 000 元。

借：销售费用——网点开办费 24 000

贷：现金 24 000

5. 12 日，调整厂房设备。

上期购买的两条需要安装的柔性生产线安装完毕，转入固定资产。

借：固定资产 2 400 000

贷：在建工程 2 400 000

6. 15 日，采购 4 000 箱青少年产品原材料，单价 200 元/箱，总价款 800 000 元，款未付，不考虑增值税。

借：原材料——青少年产品原材料 800 000

贷：应付账款——青少年产品原料供应商 800 000

7. 16 日，安排本月生产，投入 2 000 箱青少年产品原材料，并支付本月生产加工费40 000元。

借：生产成本——原材料　　400 000

　　　　　　——加工费　　40 000

　贷：原材料——青少年产品原材料　　400 000

　　　现金　　40 000

8. 17 日，安排本月生产，投入 2 000 箱青少年产品原材料，并支付本月生产加工费40 000元。

借：生产成本——原材料　　400 000

　　　　　　——加工费　　40 000

　贷：原材料——青少年产品原材料　　400 000

　　　现金　　40 000

9. 20 日，16 日开始生产的产品生产完成，下线 2 000 箱青少年产成品，单位成本 220 元/箱，入成品库。

借：库存商品——青少年产品　　440 000

　贷：生产成本——原材料　　400 000

　　　　　　　——加工费　　40 000

10. 21 日，17 日开始生产的产品生产完成，下线 2 000 箱青少年产成品，单位成本 220 元/箱，入成品库。

借：库存商品——青少年产品　　440 000

　贷：生产成本——原材料　　400 000

　　　　　　　——加工费　　40 000

11. 22 日，追加对华东市场的品牌及广告投入 35 000 元。

借：销售费用——广告费——华东市场　　35 000

　贷：现金　　35 000

12. 22 日，追加对华中市场的品牌及广告投入 18 000 元。

借：销售费用——广告费——华中市场　　18 000

　贷：现金　　18 000

13. 22 日，追加对华南市场的品牌及广告投入 37 000 元。

借：销售费用——广告费——华南市场　　37 000

　贷：现金　　37 000

14. 23 日，在华东市场销售青少年产品 674 箱，收到现金 380 136 元。另外为销售产品，以现金支付运费 13 480 元。不考虑增值税。

借：现金　　380 136

　贷：主营业务收入——华东市场（青少年产品）　　380 136

借：销售费用——运输费　　13 480

　贷：现金　　13 480

15. 24 日，在华中市场销售青少年产品 383 箱，收到现金 198 777 元。另外为销售产品，以现金支付运费 7 660 元。不考虑增值税。

借：现金 198 777
　贷：主营业务收入 ——华中市场（青少年产品） 198 777
借：销售费用——运输费 7 660
　贷：现金 7 660

16. 25 日，在华南市场销售青少年产品 482 箱，货款共计 274 258 元，暂未收，预计收款期为下个月。另外为销售产品，以现金支付运费 9 640 元。不考虑增值税。

借：应收账款 274 258
　贷：主营业务收入——华南市场（青少年产品） 274 258
借：销售费用——运输费 9 640
　贷：现金 9 640

17. 28 日，支付各项费用：

（1）支付行政管理费 10 万元。

借：管理费用——行政管理费 1 000 000
　贷：现金 1 000 000

（2）支付青少年产品设计费 100 000 元。

借：管理费用——研发费 ——青少年产品 1 000 000
　贷：现金 1 000 000

（3）支付生产线维修费 80 000 元。

借：管理费用——维修费 80 000
　贷：现金 80 000

（4）支付厂房租金 80 000 元。

借：管理费用——租金 80 000
　贷：现金 80 000

（5）支付销售网点维护费 75 000 元。

借：销售费用——网点维护费 75 000
　贷：现金 75 000

18. 28 日，计提固定资产折旧费用

19. 28 日，结转本期已销售产品成本。本期共销售青少年产品 1 539 箱，单位成本为 220 元/箱，总成本为 338 530 元。

借：主营业务成本 338 530
　贷：库存产品 338 530

二、要求利用“ERP 沙盘俱乐部”账套继续进行如下操作

1. 基本要求

（1）将上述经济业务生成凭证，并对记账凭证进行审核、过账。

（2）查看各种总分类账、明细分类账等。

（3）查看科目余额表、试算平衡表等。

2. 进行期末处理

（1）结转当期损益（注意：先将当月未过账凭证全部过账）。

（2）将结转损益的记账凭证过账。

3. 制作如下报表

（1）制作当期利润表。

（2）制作当期资产负债表。

2009 年 2 月经济业务处理的操作方法与 1 月相同，可参考上一节内容进行处理。

练习篇

练习一

重点掌握总账日常业务处理、应收账款普通业务处理及固定资产中增加固定资产的业务处理。本案例操作时间为120分钟，满分100分。

一、新建公司机构及账套（3分）

1. 账套号：学号后两位
2. 账套（公司）名称：日本丰田公司（学生姓名）

其他参数默认

二、设置账套参数（2分）

1. 机构名称：丰田公司
2. 记账本位币：人民币；货币代码：RMB
3. 账套启用期间：2009年5月01日
4. 凭证过账前必须审核

三、添加用户（5分）

用户名	认证方式	用户组	权限
学号后三位	密码认证（不设密码）	Administrators（系统管理员组）	不需授权
姓名	密码认证（不设密码）	Users（一般用户组）	授予所有权限

四、基础设置（13分）

1. 科目选用“股份制”。(1分)

2. 增加一种外币：美元（USD）；记账汇率：7；折算方式：原币＊汇率=本位币；汇率类型：固定汇率。(1分)

3. 凭证字为“记”字。(1分)

4. 增加两个计量单位组及相应组里的计量单位。(2分)

计量单位组	代码	计量单位名称	系数
重量组	KG	千克	1
数量组	T	台	1

4. 新增相关核算项目资料。(4分)

(1) 新增“客户”资料：青羊区（01），光华公司（01.01），柳林公司（01.02）。

(2) 新增“部门”资料：财务部（01），销售部（02），生产部（03）。

(3) 新增“职员”资料：财务部张华（001）；销售部赵立（002）、王林（003）；生产部刘红（004）。

(4) 新增产成品“丰田汽车（01）”，其他内容自行设置。

5. 会计科目设置：(2 分)

(1) 银行存款科目下设“建行”（核算单位：人民币）；“中行”（核算单位：美元）。

(2) 原材料科目下设“甲材料”，核算单位：千克。

其他科目，根据后续内容需求进行相应的设置。

6. 期初余额：建行存款 500 000 元；库存商品 500 000 元；实收资本 1 000 000 元。(2 分)

五、总账日常业务及期末业务（28 分）

1. 5 日，从建设银行提取现金 10 000 元备用。
2. 15 日，销售部王林向光华公司销售产品 60 000 元。
3. 20 日，用建行存款采购甲材料 1 000 千克，单价 70 元／千克。
4. 25 日，收到某外商的投资款 20 000 美元，存入中行。
5. 30 日，现金支付本月通信费 900 元，其中销售部王林 500 元，赵立 400 元。
6. 期末账项结转业务

请按照资产负债表内容填写下表（单位：元）

项目	金额	项目	金额
期初货币资金		期末货币资金	
期初总资产		期末总资产	
期初负债＋所有者权益		期末负债＋所有者权益	
生成分录（笔）		期末未分配利润	

并请将此资产负债表命名为“练习一——总账”另存至你的文件夹。

六、固定资产日常管理业务（24 分）

(一) 初始设置（3 分）

1. 与总账系统相联。
2. 允许改变基础资料编码。
3. 系统启用期间与总账一致。

固定资产模块的其余初始设置根据做题需要进行选择。

（二）日常业务及期末业务（21 分）

1. 增加固定资产类别（如下表所示）：(2 分)

代码	名称	使用年限	净残值率	计量单位	预设折旧方法	固定资产科目	累计折旧科目	卡片编码规则	是否计提折旧
001	房屋及建筑物	30	5%	幢	动态平均法	1501	1502	FW -	不管使用状态如何一定提折旧
002	办公设备	5	3%		平均年限法	1501	1502	BG -	由使用状态决定是否提折旧

2. 录入初始数据（如下表所示）：(1 分)

资产编码	FW - 001
名称	办公楼
类别	房屋及建筑物
计量单位	幢
数量	1
变动日期	2000. 9. 1
存放地点	
经济用途	经营用
使用状态	正常使用
变动方式	自建
使用部门	行政部
折旧费用科目	管理费用——折旧费
币别	人民币
原币金额	1 000 000
购进累计折旧	无
开始使用日期	2000. 8. 30
已使用期间	100
累计折旧金额	360 000
折旧方法	动态平均法

3. 本月 13 日购进两台电脑，原币金额为 24 000 元，开始使用日期为 2009 年 5 月 15 日，折旧方法为年限平均法（第一种）。(2 分)

4. 计提折旧。(2 分)

5. 账务处理（生成会计凭证并继续做期末账项结转处理）。

请按照资产负债表内容填写下表（单位：元）。(每空 1 分，共 9 分)

项目	金额	项目	金额
期初货币资金		期末货币资金	
期初总资产		期末总资产	
期初负债+所有者权益		期末负债+所有者权益	
期末累计折旧		期末固定资产	
生成分录（笔）			

并请将此资产负债表命名为“练习一——固定资产”另存至你的文件夹。（5分）

七、应收款管理日常业务（25分）

（一）初始设置（3分）

1. 应收账款坏账计提方法：备抵法——应收账款百分比法；坏账计提比例：0.5%。

2. 应收系统的其余初始设置根据做题需要进行选择。

（二）日常业务及期末业务（22分）

1. 5日，收到光华公司货款定金20 000元。（2分）

2. 15日，销售部王林赊销一批丰田汽车给光华公司，数量2台，不含税单价为100 000元/台，增值税率17%，发票号256430，预计收款日期为下一个月15日。（2分）

3. 30日，收到光华公司本月15日所欠剩余货款。（2分）

核销往来业务、坏账业务和总账凭证处理。（2分）

请按照资产负债表内容填写下表（单位：元）。（每空1分，共9分）

项目	金额	项目	金额
期初货币资金		期末货币资金	
期初总资产		期末总资产	
期初负债+所有者权益		期末负债+所有者权益	
期末坏账准备		期末应收账款	
生成分录（笔）			

并请将此资产负债表命名为“练习一——应收”另存至你的文件夹。（5分）

练习二

重点掌握总账期末调汇业务处理、应收账款中其他应收单相关的业务处理及固定资产中减少固定资产的业务处理。本案例操作时间为120分钟，满分100分。

一、新建公司机构及账套（3 分）

1. 账套号：学号后两位

2. 账套（公司）名称：日本丰田公司（学生姓名）

其他参数默认

二、设置账套参数（2 分）

1. 机构名称：丰田公司

2. 记账本位币：人民币；货币代码：RMB

3. 账套启用期间：2008 年 9 月 01 日

4. 凭证过账前必须审核

三、添加用户（5 分）

用户名	认证方式	用户组	权限
学号后三位	密码认证（不设密码）	Administrators（系统管理员组）	不需授权
姓名	密码认证（不设密码）	Users（一般用户组）	授予所有权限

四、基础设置（13 分）

1. 科目选用“股份制”。（1 分）

2. 增加一种外币：美元（USD）；记账汇率：7；折算方式：原币 * 汇率 = 本位币；汇率类型：浮动汇率。（1 分）

3. 凭证字为“记”字。（1 分）

4. 增加两个计量单位组及相应组里的计量单位。（2 分）

计量单位组	代码	计量单位名称	系数
重量组	KG	千克	1
数量组	T	台	1

4. 新增相关核算项目资料。（4 分）

（1）新增“客户”资料：青羊区（01），光华公司（01.01），柳林公司（01.02）。

（2）新增“部门”资料：财务部（01），销售部（02），生产部（03）。

（3）新增“职员”资料：财务部张华（001）；销售部赵立（002），王林（003）；生产部白雪（004）。

（4）新增产成品“丰田汽车（01）”，内容自行设置。

5. 会计科目设置：（2 分）

（1）银行存款科目下设“建行”（核算单位：人民币）、“中行”（核算单位：美元）。

（2）原材料科目下设“甲材料”，核算单位为千克。

其他科目，根据后续内容需求进行相应的设置。

6. 期初余额：建行存款 1 500 000 元；库存商品 500 000 元；实收资本 1 500 000 元。（2 分）

五、总账日常业务及期末业务（28 分）

1. 5 日，从建设银行提取现金 1 000 元备用。
2. 15 日，销售部王林向光华公司销售产品 69 000 元。
3. 20 日，用建行存款采购甲材料 1 000 千克，单价 70 元 / 千克。
4. 25 日，收到某外商的投资款 20 000 美元，存入中行。
5. 30 日，进行期末结转处理。

请按照资产负债表内容填写下表（单位：元）。

项目	金额	项目	金额
期初货币资金		期末货币资金	
期初总资产		期末总资产	
期初负债 + 所有者权益		期末负债 + 所有者权益	
生成分录（笔）		期末未分配利润	

并请将此资产负债表命名为“练习二——总账”另存至你的文件夹。

六、固定资产日常管理业务（24 分）

（一）初始设置（3 分）

1. 与总账系统相联。
2. 允许改变基础资料编码。
3. 系统启用期间与总账一致。

固定资产系统的其余初始设置根据做题需要进行选择。

（二）日常业务及期末业务（21 分）

1. 增加固定资产变动方式“报废”。（1 分）
2. 增加固定资产类别（如下表所示）。（2 分）

代码	名称	使用年限	净残值率	计量单位	预设折旧方法	固定资产科目	累计折旧科目	卡片编码规则	是否计提折旧
001	房屋及建筑物	30	5%	幢	动态平均法	1501	1502	FW -	不管使用状态如何一定提折旧
002	机器设备	10	2%	条	双倍余额递减法	1501	1502	JQ -	由使用状态决定是否提折旧

3. 录入初始数据（如下表所示）。(2 分)

资产编码	FW－001	JQ－001
名称	办公楼	柔性生产线
类别	房屋及建筑物	机器设备
计量单位	幢	条
数量	1	2
变动日期	2000. 9. 1	2008. 1. 1
存放地点		车间
经济用途	经营用	经营用
使用状态	正常使用	正常使用
变动方式	自建	购入
使用部门	行政部	生产部
折旧费用科目	管理费用——折旧费	制造费用——折旧费
币别	人民币	人民币
原币金额	1 000 000	800 000
购进累计折旧	无	无
开始使用日期	2000. 8. 30	2007. 12. 5
已使用期间	100	12
累计折旧金额	360 000	40 000
折旧方法	动态平均法	双倍余额递减法

4. 本月 21 日，将 JQ－001 固定资产卡片中的一条柔性生产线报废，发生清理费用 720 元，以现金支付，同时得到残值收入 3 650 元，存入建行。(1 分)

5. 折旧处理。(1 分)

6. 总账账务处理。

请按照资产负债表内容填写下表（单位：元）。(每空 1 分，共 9 分)

项目	金额	项目	金额
期初货币资金		期末货币资金	
期初总资产		期末总资产	
期初负债＋所有者权益		期末负债＋所有者权益	
期末累计折旧		期末固定资产	
生成分录（笔）			

并请将此资产负债表命名为“练习二——固定资产”另存至你的文件夹。(5 分)

七、应收款管理日常业务（25 分）

（一）初始设置（3 分）

1. 应收账款坏账计提方法：备抵法——应收账款百分比法；坏账计提比例：0.5%。

2. 单据审核人与制单人可为同一人。

应收系统的其余初始设置根据做题需要进行选择。

（二）日常业务及期末业务（22 分）

1. 5 日，收到光华公司货款定金 20 000 元。(2 分)

2. 15 日，张华因私向公司借款 3 000 元，预计借款期为 1 个月。(2 分)

3. 30 日，收到张华还来 15 日所欠借款。(2 分)

核销往来业务、坏账业务和总账账务处理。(2 分)

请按照资产负债表内容填写下表（单位：元）。(每空 1 分，共 9 分)

项目	金额	项目	金额
期初货币资金		期末货币资金	
期初总资产		期末总资产	
期初负债 + 所有者权益		期末负债 + 所有者权益	
期末坏账准备		期末应收账款	
生成分录（笔）			

并请将此资产负债表命名为“练习二——应收”另存至你的文件夹。(5 分)

练习三

重点掌握总账中自动转账业务处理、应收账款中应收票据及贴现业务处理及固定资产变动的业务处理。本案例操作时间为 120 分钟，满分 100 分。

一、新建公司机构及账套（3 分）

1. 账套号：学号后两位

2. 账套（公司）名称：日本丰田公司（学生姓名）

其他参数默认

二、设置账套参数（2 分）

1. 机构名称：丰田公司

2. 记账本位币：人民币；货币代码：RMB

3. 账套启用期间：____2010____年____1____月 01 日

4. 凭证过账前必须审核

三、添加用户（5分）

用户名	认证方式	用户组	权限
学号后三位	密码认证（不设密码）	Administrators（系统管理员组）	不需授权
姓名	密码认证（不设密码）	Users（一般用户组）	授予所有权限

四、基础设置（13分）

1. 科目选用“股份制”。（1分）

2. 增加一种外币：美元（USD）；记账汇率：7.2；折算方式：原币 * 汇率 = 本位币；汇率类型：固定汇率。（1分）

3. 凭证字为“记”字。（1分）

4. 增加两个计量单位组及相应组里的计量单位。（2分）

计量单位组	代码	计量单位名称	系数
重量组	KG	千克	1
数量组	T	台	1

5. 新增相关核算项目资料。（4分）

（1）新增“客户”资料：青羊区（01）；光华公司（01.01）；柳林公司（01.02）。

（2）新增“部门”资料：财务部（01），销售部（02），生产部（03）。

（3）新增“职员”资料：财务部张华（001）；销售部赵立（002），王林（003）；生产部白雪（004）。

（4）新增产成品“丰田汽车（01）”，内容自行设置。

6. 会计科目请自行设置。（2分）

（1）银行存款科目下设“建行”（核算人民币）、“中行”（核算美元）。

（2）原材料科目下设“甲材料”，核算单位为千克。

其他科目，根据后续内容需求进行相应的设置。

7. 期初余额：建行存款1 000 000元，库存商品200 000元，待摊费用3 000元；短期借款300 000元，实收资本903 000元。（2分）

五、总账日常业务及期末业务（28分）

1. 5日，从建设银行提取现金1 000元备用。

2. 15日，销售部王林向光华公司销售产品69 000元。

3. 20日，现金支付本月通信费900元，其中销售部王林500元，赵立400元。

4. 25日，计提短期借款利息，利率6%。

5. 30日，摊销本月报刊费250元。
6. 期末账项结转业务。
请按照资产负债表内容填写下表（单位：元）：

项目	金额	项目	金额
期初货币资金		期末货币资金	
期初总资产		期末总资产	
期初负债＋所有者权益		期末负债＋所有者权益	
生成分录（笔）		期末未分配利润	

并请将此资产负债表命名为“练习三——总账”另存至你的文件夹。

六、固定资产日常管理业务（26分）

（一）初始设置（3分）
1. 与总账系统相联。
2. 允许改变基础资料编码。
3. 系统启用期间与总账一致。
固定资产系统的其余初始设置根据做题需要进行选择。
（二）日常业务及期末业务（23分）
1. 增加固定资产变动方式“报废”。（1分）
2. 增加固定资产类别（如下表所示）。（2分）

代码	名称	使用年限	净残值率	计量单位	预设折旧方法	固定资产科目	累计折旧科目	卡片编码规则	是否计提折旧
001	房屋及建筑物	30	5%	幢	动态平均法	1501	1502	FW－	不管使用状态如何一定提折旧
002	交通工具	10	3%	辆	工作量法	1501	1502	JT－	由使用状态决定是否提折旧

3. 录入初始数据（如下表所示）。（2分）

资产编码	FW－001	JT－001
名称	办公楼	小汽车
类别	房屋及建筑物	交通工具
计量单位	幢	辆
数量	1	1
变动日期	2000. 9. 1	2007. 6. 1
存放地点		车库

表(续)

资产编码	FW－001	JT－001
经济用途	经营用	经营用
使用状态	正常使用	正常使用
变动方式	自建	购入
使用部门	行政部	行政部、销售部（费用比例各占50%）
折旧费用科目	管理费用——折旧费	管理费用、销售费用
币别	人民币	人民币
原币金额	1 000 000	600 000
购进累计折旧	无	无
开始使用日期	2000. 8. 30	2007. 5. 7
已使用期间	100	工作总量为30万千米，已使用18万千米
累计折旧金额	360 000	160 000
折旧方法	动态平均法	工作量法（计量单位：千米）

4. 本月24日，将JT－001固定资产卡片中的小汽车转为财务部使用，并转换相应的折旧科目。(2分)

5. 计提折旧。(1分)

6. 账务处理（生成会计凭证并继续做期末账项结转处理）。(1分)

请按照资产负债表内容填写下表（单位：元）。(每空1分，共9分)

项目	金额	项目	金额
期初货币资金		期末货币资金	
期初总资产		期末总资产	
期初负债＋所有者权益		期末负债＋所有者权益	
期末累计折旧		期末固定资产	
生成分录（笔）			

并请将此资产负债表命名为“练习三——固定资产”另存至你的文件夹。(5分)

七、应收款管理日常业务 (23分)

(一) 初始设置 (1分)

1. 应收账款坏账计提方法：备抵法——应收账款百分比法；坏账计提比例为0.5%。

2. 单据审核人与制单人可为同一人。

应收系统的其余初始设置根据做题需要进行选择。

（二）日常业务及期末业务（22 分）

1. 5 日，销售部王林赊销一批丰田汽车给光华公司，数量 5 台，不含税单价为 100 000元/台，增值税率 17%，发票号 256439，预计收款日期为下一个月 30 日。（2 分）

2. 15 日，收到光华公司签发并承兑的一张不带息商业承兑汇票抵消应收账款，到期日 4 月 15 日，票面金额 585 000 元，票据编号 001。(2 分)

3. 30 日，将 15 日收到的商业汇票贴现，贴现率为 5%。(2 分)

核销往来业务、坏账业务和总账凭证处理。(2 分)

请按照资产负债表内容填写下表（单位：元）。(每空 1 分，共 9 分)

项目	金额	项目	金额
期初货币资金		期末货币资金	
期初总资产		期末总资产	
期初负债 + 所有者权益		期末负债 + 所有者权益	
期末坏账准备		期末应收账款	
生成分录（笔）			

并请将此资产负债表命名为“练习三——应收”另存至你的文件夹。(5 分)

练习四

重点掌握总账中凭证的相关操作、应收账款中坏账处理的操作及固定资产计提折旧的业务处理。本案例操作时间为 120 分钟，满分 100 分。

一、新建公司机构及账套（3 分）

1. 账套号：学号后两位
2. 账套（公司）名称：日本丰田公司（学生姓名）

其他参数默认

二、设置账套参数（2 分）

1. 机构名称：丰田公司
2. 记账本位币：人民币；货币代码：RMB
3. 账套启用期间：____2008____年____12____月 01 日
4. 凭证过账前必须审核

三、添加用户（5分）

用户名	认证方式	用户组	权限
学号后三位	密码认证（不设密码）	Administrators（系统管理员组）	不需授权
姓名	密码认证（不设密码）	Users（一般用户组）	授予所有权限

四、基础设置（13分）

1. 科目选用“股份制”。（1分）

2. 增加一种外币：美元（USD）；记账汇率：7.2；折算方式：原币 * 汇率 = 本位币；汇率类型：固定汇率。（1分）

3. 凭证字为“记”字。（1分）

4. 增加两个计量单位组及相应组里的计量单位。（2分）

计量单位组	代码	计量单位名称	系数
重量组	KG	千克	1
数量组	T	台	1

5. 新增相关核算项目资料。（4分）

（1）新增“客户”资料：青羊区（01），光华公司（01.01），柳林公司（01.02）。

（2）新增“部门”资料：财务部（01），销售部（02），生产部（03）。

（3）新增“职员”资料：财务部张华（001）；销售部赵立（002），王林（003）；生产部白雪（004）。

（4）新增产成品“丰田汽车（01）”，其他内容自行设置。

6. 会计科目请自行设置。（2分）

（1）银行存款科目下设“建行”（核算人民币）、“中行”（核算美元）。

（2）原材料科目下设“甲材料”，核算单位为千克

其他科目，根据后续内容需求，进行相应的设置。

7. 期初余额：建行存款 1 000 000 元，库存商品 200 000 元，其他应收款 500 元（赵立），实收资本 1 200 500 元。（2分）

五、总账日常业务及期末业务（28分）

1. 5日，从建设银行提取现金 1 000 元备用。

2. 15日，销售部王林向光华公司销售产品 75 000 元。

3. 20日，现金支付本月行政管理费 1 000 元。

4. 30日，计算并结转所得税。

5. 月末发现5日已经审核过账的“提取现金”凭证金额出错，正确应为 10 000 元，请用红字冲销法更正。

6. 期末账项结转业务。

请按照资产负债表内容填写下表（单位：元）：

项目	金额	项目	金额
期初货币资金		期末货币资金	
期初总资产		期末总资产	
期初负债+所有者权益		期末负债+所有者权益	
生成分录（笔）		期末未分配利润	

并请将此资产负债表命名为“练习四——总账”另存至你的文件夹。

六、固定资产日常管理业务（24 分）

（一）初始设置（3 分）

1. 与总账系统相联。
2. 允许改变基础资料编码。
3. 系统启用期间与总账一致。

固定资产系统的其余初始设置根据做题需要进行选择。

（二）日常业务及期末业务（21 分）

1. 增加固定资产类别（如下表所示）。(2 分)

代码	名称	使用年限	净残值率	计量单位	预设折旧方法	固定资产科目	累计折旧科目	卡片编码规则	是否计提折旧
001	交通工具	10	3%	辆	工作量法	1501	1502	JT－	由使用状态决定是否提折旧
002	办公设备	5	3%		平均年限法	1501	1502	BG－	由使用状态决定是否提折旧

2. 录入初始数据（如下表所示）。(1 分)

资产编码	JT－001
名称	小汽车
类别	交通工具
计量单位	辆
数量	1
变动日期	2007. 6. 1
存放地点	车库
经济用途	经营用
使用状态	正常使用

表(续)

资产编码	JT－001
变动方式	购入
使用部门	行政部、销售部（费用比例各50%）
折旧费用科目	管理费用、销售费用
币别	人民币
原币金额	600 000
购进累计折旧	无
开始使用日期	2007.5.7
已使用期间	工作总量为30万千米，已使用18万千米
累计折旧金额	160 000
折旧方法	工作量法（计量单位：千米）

3. 本月19日，财务部购买1台电脑，原币金额为10 000元，开始使用日期为20日，折旧方法为年限平均法（第一种）。(2分)

4. 本月工作量1 500千米。(1分)

5. 计提折旧。(1分)

6. 账务处理（生成会计凭证并继续做期末账项结转处理）。

请按照资产负债表内容填写下表（单位：元）。(每空1分，共9分)

项目	金额	项目	金额
期初货币资金		期末货币资金	
期初总资产		期末总资产	
期初负债＋所有者权益		期末负债＋所有者权益	
期末累计折旧		期末固定资产	
生成分录（笔）			

并请将此资产负债表命名为“练习四——固定资产”另存至你的文件夹。(5分)

七、应收款管理日常业务 (25分)

（一）初始设置（3分）

1. 应收账款坏账计提方法：备抵法——应收账款百分比法；坏账计提比例为0.5%。

2. 单据审核人与制单人可为同一人。

应收系统的其余初始设置根据做题需要进行选择。

（二）日常业务及期末业务（22分）

1. 5日，销售部王林赊销一批丰田汽车给光华公司，数量5台，不含税单价为

100 000元/台，增值税率17%，发票号256439，预计收款日期为下一个月30日。（2分）

2. 15日，确凿证据表明，赵立所欠款项已无法收回，确认坏账损失。(2分)

3. 30日，光华公司经济好转，归还前欠款项3 000元，该款项已于11月确认为坏账损失。(2分)

核销往来业务、坏账业务和总账凭证处理。(2分)

请按照资产负债表内容填写下表（单位：元）。(每空1分，共9分)

项目	金额	项目	金额
期初货币资金		期末货币资金	
期初总资产		期末总资产	
期初负债+所有者权益		期末负债+所有者权益	
期末坏账准备		期末应收账款	
生成分录（笔）			

并请将此资产负债表命名为“练习四——应收”另存至你的文件夹。(5分)

综合练习

全面掌握总账、应收账款、固定资产各模块的业务处理。本案例操作时间为120分钟，满分100分。

一、账套资料及要求如下

（一）新建公司机构及账套

1. 账套号：学号后三位
2. 账套名称：自己姓名
3. 账套类型：标准供应链解决方案
4. 数据库实体：默认
5. 数据库文件路径：默认
6. 数据库日志文件路径：默认

（二）设置账套参数

1. 公司名称：创新玩具股份有限公司
2. 地址：
3. 电话：
4. 记账本位币代码：RMB；名称：人民币
5. 会计期间：2008年3月

（三）添加用户

用户姓名	认证方式	权限属性	用户组
自己姓名	密码认证（传统认证方式，密码为空）	根据需要设置	根据需要设置
学号后三位	密码认证（传统认证方式，密码为空）	根据需要设置	根据需要设置

二、初始化工作及要求

（一）从模板中引入会计科目（股份制）

（二）设置总账系统参数

根据需要设置。

（三）系统资料维护

根据需要设置。

1. 会计科目资料

增加或修改会计科目。

科目编码	科目名称	外币核算	期末调汇	数量金额辅助核算	核算项目
1002	银行存款	所有币别	√		
1002.01	建设银行	人民币			
1002.02	中国银行	欧元	√		
1002.03	招商银行	美元	√		
1131	应收账款				客户（往来业务核算）
1133	其他应收款				
1133.01	职员				职员
1211	原材料				
1211.01	短平绒			√（计量单位：件）	
1211.02	松针绒			√（计量单位：件）	
1211.03	玫瑰绒			√（计量单位：件）	
1301	待摊费用				
1301.01	水电费				
2121	应付账款				供应商（往来业务核算）
4101	生产成本				
4101.01	折旧费用				
4105	制造费用				
4105.01	折旧费用				

表(续)

科目编码	科目名称	外币核算	期末调汇	数量金额辅助核算	核算项目
5101	主营业务收入				部门、职员、物料
5501	销售费用				
5501.01	广告费				物料
5501.02	折旧费				
5502	管理费用				
5502.01	行政费				
5502.02	交通费				部门、职员
5502.03	折旧费				
5502.04	办公费				
5503	财务费用				
5503.01	利息				
5503.02	汇兑损益				

（四）初始余额录入

总账期初数据录入：

科目名称	外币/数量	汇率	借方金额	贷方金额
现金			560 000	
银行存款——建设银行			500 000	
银行存款——中国银行	100 000	9.78	978 000	
银行存款——招商银行	100 000	8.45	845 000	
应收账款			274 258	
原材料——松针绒	1 000		20 000	
——玫瑰绒	500		50 000	
库存商品			60 000	
待摊费用——水电费			2 400	
其他应收款——职员	CFO		5 000	
坏账准备				5 000
固定资产			2 400 000	
累计折旧				560 000
应付账款				800 000
短期借款				300 000

表(续)

科目名称	外币 / 数量	汇率	借方金额	贷方金额
实收资本				4 029 658
合计			5 694 658	5 694 658

应收账款初始数据：

客户	时间	事由	金额
西北市场	2000 年 11 月 26 日	销货款	139 458
华南市场	2000 年 12 月 5 日	销货款	134 800
合计		274 258	

应付账款初始数据：

供应商	时间	事由	金额
光明公司	2000 年 10 月 21 日	购买原材料	350 000
力兴公司	2000 年 12 月 13 日	购买原材料	450 000
合计		800 000	

（五）结束初始化工作

固定资产

一、参数要求

与总账系统相联；允许改变基础资料编码；系统启用期间与总账一致；其他根据需要自行设置。

二、基础资料及要求

（一）增加变动方式类别

代码	方式名称	凭证字	摘要	对方科目
002.004	报废	记	报废固定资产	固定资产清理

(二) 固定资产类别

代码	名称	使用年限	净残值率	计量单位	预设折旧方法	固定资产科目	累计折旧科目	卡片编码规则	是否计提折旧
001	房屋及建筑物	30	5%	幢	动态平均法	1501	1502	FW－	不管使用状态如何一定提折旧
002	交通工具	10	3%	辆	工作量法	1501	1502	JT－	由使用状态决定是否提折旧
003	机器设备	10	2%	条	双倍余额递减法	1501	1502	JQ－	由使用状态决定是否提折旧
004	办公设备	5	3%		平均年限法	1501	1502	BG－	由使用状态决定是否提折旧

(三) 存放地点

代码	名称
001	车库
002	车间
003	办公室

(四) 初始数据录入

资产编码	FW－001	JT－001	BG－001
名称	办公楼	小汽车	电脑
类别	房屋及建筑物	交通工具	办公设备
计量单位	幢	辆	台
数量	1	1	1
变动日期	2000.9.1	2000.6.1	2001.1.1
存放地点		车库	办公室
经济用途	经营用	经营用	经营用
使用状态	正常使用	正常使用	正常使用
变动方式	自建	购入	购入
使用部门	行政部	行政部、销售部（费用比例各占50%）	财务部
折旧费用科目	管理费用——折旧费	管理费用、销售费用	管理费用——折旧费
币别	人民币	人民币	人民币
原币金额	1 500 000	870 000	30 000
购进累计折旧	无	无	无

表(续)

资产编码	FW－001	JT－001	BG－001
开始使用日期	2000. 8. 30	2000. 5. 7	2000. 12. 5
已使用期间	100	工作总量为30万千米，已使用18万千米	12
累计折旧金额	360 000	180 000	20 000
折旧方法	动态平均法	工作量法（计量单位：千米）	年限平均法（第一种）

（五）结束初始化

三、业务处理

1. 10日，生产部购买一条柔性生产线，原币金额为1 200 000元，开始使用日期为1月15日，折旧方法为双倍余额递减法。

2. 20日，将BG－001固定资产卡片中的一台电脑报废，发生清理费用720元，以现金支付，同时得到残值收入650元，存入建行。

3. 24日，将JT－001固定资产卡片中的小汽车转为财务部使用，并转换相应的折旧科目。

4. 本月发生工作量2 500公里。

5. 计提固定资产折旧。

6. 生成相关业务凭证传递至总账。

7. 与总账对账。

8. 结账。

应收账款

一、参数要求

1. 系统设置

坏账计提方法：应收账款百分比法；

坏账损失科目：管理费用——坏账损失；

坏账准备科目：坏账准备；

计提坏账科目：应收账款；计提比例：5‰。

2. 其他参数

系统启用期间与总账一致，其他根据需要自行设置。

二、基础资料

1. 初始数据录入

客户职员	单据类型	日期	部门	业务员	事由	往来科目	发生额	商品	数量	单价（不含税）	应收日期
西北市场	销售发票（专用） 应收单	2000.11.26 2000.11.26	销售部 销售部	CMO CMO	销售 代垫运费	应收账款 应收账款	102 960 36 498	长耳兔 可爱熊	80 400	350 150	2001.3.26 2001.3.26
华南市场	销售发票（普通） 应收单	2000.12.5 2000.11.26	销售部 销售部	CMO CMO	赊销 销售	应收账款 应收账款	117000 17 800	可爱熊	200	500	2001.1.15 2001.1.15
CFO	其他应收单	2000.12.8			职员借款	其他应收款	5 000				2001.1.8
东北市场	期初坏账	2000.7.2	销售部	CMO	逾期未还		5 000				

2. 结束初始化

三、业务处理

1. 5 日，销售部 CMO 赊销一批长耳兔给华中市场，数量 100 件，不含税单价为 500 元/件，增值税率 17%，发票号 256430，预计收款日期为 15 日。

2. 15 日，职员 CEO 因出差向公司借款 4 000 元，预计下月 15 日归还。

3. 18 日，收到西北市场签发并承兑的带息商业承兑汇票一张抵消应收账款，到期日下月 18 日，票面金额 105 000 元，票据编号 002。

4. 20 日，收到华中市场本月 5 日所欠全部货款，结算方式支票，部门销售部。

5. 23 日，职员 CFO 还来前欠个人借款 5 000 元。

6. 25 日，收到西北市场支票一张，金额为 50 000 元，用于偿还前欠货款，剩余金额作为产品定金。

7. 26 日，销售部 CMO 收回东北市场初始坏账 5 000 元当中的 3 500 元，结算方式为现金。

8. 31 日，将华南市场逾期未还且明显无法收回的前欠货款中的 10 000 元列为坏账，进行坏账损失处理。

9. 计提当年坏账准备。

10. 核销往来业务。

11. 生成所有业务的相关凭证并传递至总账系统。

12. 结账。

总账账务处理资料及要求（凭证均要求过账）

公司本月发生如下经济业务：

1. 3 日，以建行存款 3 300 元支付产品大嘴狗广告费。

2. 12 日，销售长耳兔给华东市场，价款600 000 元，增值税额为102 000 元，销货款同时收到。

3. 17 日，收到外商投资款5 000 欧元，存入中行，当日汇率9. 785。

4. 22 日，采购原材料短平绒500 件，单价80 元/件；玫瑰绒800 件，单价60 元/件，增值税率为17%，同时支付货款。

5. 28 日，支付交通费1 000 元。交通费明细表如下：

部门	职员	金额
行政部	CEO	500
采购部	CPO	200
销售部	CMO	300

7. 30 日，支付行政管理费500 元。

8. 进行期末调汇处理。

美元：期末汇率为8. 43

欧元：期末汇率为9. 79

9. 结转当期损益。

10. 计算所得税并结转所得税（所得税率25%）。

11. 结转本年利润。

12. 结账。

报 表

1. 编制创新玩具股份有限公司200＊年＊月资产负债表和利润表。

2. 制作一张自定义内部报表。

内部报表

单位名称：创新玩具股份有限公司　200＊年＊月30 日　　单位：元

金额 / 项目	资产资料		损益资料	
	年初数	期末数	本期发生额	本年累计数
现金				
货币资金				
应收账款				
总资产				
所有者权益				
管理费用				
净利润				

单位负责人：　　会计主管：　　制表人：

后 记

由于市场竞争的加剧和信息化的不断发展给企业管理带来挑战，培养企业急需的综合型管理人才的任务日益紧迫。着眼于大学生综合素质与实践能力的提高，培养能适应社会和经济发展的创新型人才，已成为我国高校教育教学改革中的一项重要任务。企业资源计划（ERP）概念的升级扩展，各类财务软件的广泛应用，理论知识的深入探究和实务操作的能力锻炼，均成为高校学子与财务工作人员亟须学习的内容。

本书由软件公司的实务专家和高校教授、实验专职教师共同编写，共分为三篇七章。第一章主要介绍E时代下国内外企业资源计划的先进软件和财务软件，由李卫东、李丽执笔。讲解篇共五章，主要以金蝶国际软件公司的ERP软件K/3为例，模拟某一企业一个会计期间的数据，讲解了会计循环在实务中的操作与应用，由邹燕、周陶、易志清、刘海燕执笔。应用篇结合企业模拟经营实战的数据案例，给出K/3的操作路径，让读者结合讲解篇进行具体操作，同时辅以用友股份有限公司的ERP软件U8，详细阐述了其对数据案例的应用与操作，旨在给读者提供多种财务软件的操作方法，在比较分析中掌握不同财务软件对同一会计循环的账务处理，由张冬、邹燕、侯爱华、李丽执笔。练习篇是编者结合多年的教学经验，有针对性地汇编的四套自我检测型练习和一个大型综合案例，供读者反复练习，进一步熟悉财务软件操作应用，由张冬、邹燕执笔。

知识来自于实践，能力来自于实践，素质更需要在实践中养成。本书是高校本科生、研究生、MBA开展ERP实验教学的实训教材，也可作为财务类、会计类从业人员的培训教材。对于已上线或即将上线财务软件的各类企业的管理人员，也可将此书作为学习财务软件日常业务操作的参考书；对于社会上广大的财务软件初学者来讲，本书也具有极强的可读性和可操作性。

在书稿的写作和修改过程中，得到了金蝶软件（中国）有限公司和用友股份有限公司的实务技术指导，同时得到了西南财经大学教务处经济管理实验教学中心、会计学院和西南财经大学出版社的大力支持，在此表示深深的感谢。

本书不足之处，敬请读者批评指正。电子邮箱：zouyan@ swufe. edu. cn.

编者

2010年7月

图书在版编目(CIP)数据

财务软件应用/邹燕,李卫东,张冬主编.—成都:西南财经大学出版社,2010.9

ISBN 978-7-81138-952-4

Ⅰ.①财… Ⅱ.①邹…②李…③张… Ⅲ.①会计—应用软件
Ⅳ.①F232

中国版本图书馆 CIP 数据核字(2010)第 184886 号

财务软件应用

主编:邹燕 李卫东 张冬

责任编辑:杨琳

助理编辑:李婧 李思齐

封面设计:何东琳设计工作室

责任印制:封俊川

出版发行	西南财经大学出版社(四川省成都市光华村街55号)
网　　址	http://www.bookcj.com
电子邮件	bookcj@foxmail.com
邮政编码	610074
电　　话	028-87353785 87352368
印　　刷	四川森林印务有限责任公司
成品尺寸	185mm×260mm
印　　张	17.75
字　　数	410 千字
版　　次	2010 年 9 月第 1 版
印　　次	2010 年 9 月第 1 次印刷
印　　数	1—2000 册
书　　号	ISBN 978-7-81138-952-4
定　　价	33.80 元